Karl Keppel

Deutsche Geschichte in Verbindung mit den Hauptmomenten

aus der bayerischen Geschichte und einem kurzen Überblick über die alte Geschichte für

Mittelschulen

Karl Keppel

Deutsche Geschichte in Verbindung mit den Hauptmomenten
aus der bayerischen Geschichte und einem kurzen Überblick über die alte Geschichte für Mittelschulen

ISBN/EAN: 9783743486430

Hergestellt in Europa, USA, Kanada, Australien, Japan

Cover: Foto ©ninafisch / pixelio.de

Manufactured and distributed by brebook publishing software (www.brebook.com)

Karl Keppel

Deutsche Geschichte in Verbindung mit den Hauptmomenten

Deutsche Geschichte

mit

Hervorhebung der Hauptmomente

aus der

bayerischen Geschichte

und

einem kurzen Ueberblick über die alte Geschichte

für Mittelschulen

von

Carl Keppel,

königl. Reallenlehrer an der Gewerbschule zu Hof.

Zweite, vermehrte und verbesserte Auflage.

Hof.
Verlag von Franz Büching.
1872.

Zusammenstellung

der

bayerischen Regenten.

I. Die Agilolfinger von 554—788.

Garibald I.	554—595
Thassilo I., Neffe (?) Garibald's I.	595—610
Garibald II.	610—640
Theobo I.	640—680
Theobo II.	680—717
Theobald ⎫	702—712
Theobebert ⎬ Söhne Theobo's II.	702—724
Grimoald ⎭	702—725
Hugibert, Sohn des Theobebert	725—737
Odilo	738—748
Thassilo II.	748—788

II. Die Karolinger von 788—911.

Karl der Große	788 - 814
Ludwig I., der Fromme († 840)	814—817
Ludwig II., der Deutsche	817—876
Karlmann ⎫	876—880
Ludwig III. ⎬ Brüder	880—882
Karl der Dicke ⎭	882—887
Arnulf I., Karlmanns Sohn	887—899
Ludwig das Kind	899—911

III. Beamtenherzöge aus verschiedenen Häusern
911—1070.

Arnulf der Schyre	911—937
Eberhard	937—938
Berthold (Arnulfs Bruder)	938—948
Heinrich I. (Bruder des sächsischen Kaisers Otto I.)	948—955
Heinrich II., der Zänker (als Kaiser: Heinrich II.) .	955 - 976
	und 985—995
Otto I. von Schwaben	976—982
Heinrich III. (Sohn des Schyren Berthold) . .	982—985
Heinrich IV., der Heilige	995—1004
	und 1008—1017
Heinrich V. v. Luxemburg (Schwager v. Heinrich IV.)	1004 - 1008
	und 1017—1026
Heinrich VI., der Salier (als Kaiser: Heinrich III.)	1027—1040
Heinrich VII. von Luxemburg . . .	1042—1047
Konrad von Zütphen	1049—1053
Heinrich VIII. (als Kaiser Heinrich IV.) . .	1053—1056
Agnes (Heinrichs Mutter)	1056—1061
Otto von Nordheim	1061—1070

IV. Die Welfen von 1070—1180.

Welf I.	1070—1101
Welf II.	1101—1120
Heinrich IX. (Bruder Welfs II.) . . .	1120—1126
Heinrich X., der Stolze	1126 - 1138
Leopold der Babenberger ⎱ Stiefbrüder des Kaisers	1138—1141
Heinrich XI., Jasomirgott ⎰ Konrad III.	1142—1156
Heinrich XII., der Löwe (Sohn Heinrichs X.) .	1156—1180

V. Die Wittelsbacher seit 1180.

A. Bayern ein erbliches Herzogthum von 1180—1648.

Otto I., der Große	1180—1183
Ludwig I., der Kelheimer	1183—1231
Otto II., der Erlauchte	1231 -1253
Ludwig II. und Heinrich XIII. . . .	1253—1255

Erste Theilung 1255.

Oberbayern-Pfalz.
Ludwig II, der Strenge —1294.

- Rudolf der Stammler 1294—1317 | (Pfalz und Oberpfalz) Rudolfsche Linie bis zur Gegenwart.
- Ludwig der Bayer 1302—1347 | (Vertrag zu Pavia 1329) (Oberbayern) Ludwig'sche Linie —1777.

Niederbayern.
Heinrich XIII. —1290.

- Otto III. 1290—1312
  - Heinrich XV. der Natternberger —1333.
- Ludwig III. 1290—1296
  - Heinrich XIV. —1339.
    - Johann —1340. (Erlöschen der Linie.)
- Stephan I. 1290 1310
  - Otto IV. —1335.

Ober- und Niederbayern wieder vereinigt 1340—1349.
Ludwig der Bayer —1347.
Dessen 6 Söhne gemeinschaftlich —1349.

Zweite Theilung 1349.

Oberbayern-Tyrol-Brandenburg.
getheilt 1351 in

- Oberbayern-Tyrol.
  Ludwig der Brandenburger 1349—1361.
  Mainhard. —1363 (erloschen.)
- Brandenburg.
  Ludwig der Römer —1365
  Otto V. —1375
  (erloschen.)

Niederbayern-Holland.
getheilt 1353 in

- Niederbayern-Landshut.
  Stephan II. mit der Hafte 1349—1375.
- Niederbayern-Straubing-Holland.
  Albrecht I. —1404 u. Wilhelm I. —1377
  - Wilhelm II. —1417.
    Jakobäa †1436 (erloschen).
  - Albrecht II. —1399. (erloschen, Straubing fällt an Bayern zurück.)
  - Johann —1425.

Ober- und Niederbayern zum zweitenmal vereinigt 1363—1392.

Stephan II. mit der Hafte . . . . . —1375.
Stephan III., Friedrich u. Johann gemeinschaftlich —1392.

Dritte Theilung 1392.

Bayern=Ingolstadt.
Stephan III. . . . —1413
Ludwig d. Gebartete —1443
(†1447)
Ludwig d. Höckerige . —1445
(erloschen, an Landshut).

Bayern=Landshut.
Friedrich . . . . —1393
Heinrich der Reiche . . —1450
Ludwig der Reiche . . —1479
Georg der Reiche . . —1503
(erloschen, 1507 an München).

Bayern=München.
Johann . —1392
Ernst I. 1392—1438.
Wilhelm III. } Brüder 1392—1435.
Albrecht III., der Fromme (Ernst's Sohn) —1460.
Albrecht IV., der Weise —1508.

Ober- und Niederbayern bleibend vereinigt 1507.
Albrecht IV., der Weise . . . —1508
Wilhelm IV., der Standhafte . . —1550
(Wilhelms Bruder Ludwig Mitregent v. 1514—1545)
Albrecht V., der Großmüthige . —1579
Wilhelm V., der Fromme (†1626) . —1598
Maximilian I. . . . . . —1651

B. Bayern ein Kurfürstenthum von 1648 (1623)—1806.
Maximilian I. . . . . . —1651
Ferdinand Maria . . . . —1679
Max II. Emanuel . . . . —1726
Karl Albrecht (Kaiser Karl VI.) . —1745
Maximilian III., der Gute . . —1777
(die Ludwig'sche Linie erloschen).

Bayern und die Pfalz bleibend vereinigt 1777.
Karl Theodor aus der Linie Pfalz=Sulzbach . . —1799
(erloschen).
Maximilian Joseph aus der Pfälzischen Linie
Zweibrücken=Birkenfeld=Bischweiler . . —1825

C. Bayern ein Königreich seit 1806.
Maximilian I. Joseph . . . . —1825
Ludwig I. (†1868) . . . . —1848
Maximilian II. . . . . . —1864
Ludwig II. seit 1864.

Vorwort zur zweiten Auflage.

———

Vorliegendes Lehrbuch, dessen erste Auflage im Januar dieses Jahres erschien, ist zwar vorzugsweise für die bayrischen Gewerb- und Handelsschulen bestimmt, dürfte sich aber auch für andere Lehranstalten: Präparanden-, höhere Bürger- und Realschulen ꝛc., sowie zur Vorbereitung auf das Examen für den einjährigen Freiwilligendienst eignen und fand auch außerhalb Bayerns großen Absatz.

Veränderungen habe ich äußerst selten und stets nur da vorgenommen, wo dieselben unbedingt nöthig waren. Durch einige Ergänzungen und Erweiterungen, durch Fortführung der Geschichte bis 1871 und Hinzufügung der Hauptdaten aus der Culturgeschichte und einer Tabelle der bayr. Regenten suchte ich die Brauchbarkeit dieses Buches zu erhöhen.

Benützt sind: die Geschichte der Welt von Dittmar, die Werke und Lehrbücher der deutschen Geschichte von Menzel, W. Müller, Schwedler ꝛc., die bayrische Geschichte von Zitzlsperger, verschiedene Zeitschriften u. a. m.

Um den Schülern das Aussprechen der Eigennamen der alten Geschichte zu erleichtern, bezeichnete ich den Vocal der zu betonenden Silbe öfters durch einen lateinischen Buchstaben.

Schließlich bitte ich auch für die zweite Auflage um freundliche Aufnahme.

Hof, am 18. Oktober 1871.

Der Verfasser.

Druckfehlerverbesserung.

Kurzer Ueberblick über die alte Geschichte.

Von der Erschaffung der Welt bis auf die Erscheinung
Christi.

I. Das erste Menschengeschlecht.

Der Wohnsitz der ersten Menschen war das Paradies. Wo
dies zu suchen ist, ist nicht genau bekannt. Einige verlegen es in
die Gegend des Aralsee's, andere in das heutige Kaschmir im
Norden von Vorderindien.

Die ersten Menschen hießen Adam und Eva und wurden
nach dem Sündenfalle aus dem Paradies vertrieben. Kain trieb
Ackerbau und Abel Viehzucht. Jabal war der Stammvater der
Hirten, Jubal erfand die Tonkunst und Tubalkain die Metall=
arbeiten. Je mehr sich die Menschen vermehrten, desto mehr
nahm die Sünde überhand. Deshalb vernichtete endlich Gott
durch eine große Sündfluth (1656 nach der Schöpfung) fast die
ganze Menschheit. Nur Noah und dessen Familie errettete Gott
auf wunderbare Weise, und nach den 3 Söhnen Noah's theilten
sich alle späteren Bewohner der Welt in Semiten, Hamiten und
Japhetiten. Die Semiten breiteten sich besonders über Südwest=
Asien, die Hamiten über Afrika und die Japhetiten über Europa und
Asien aus. Nach der Vereitelung des Thurmbaues zu Babel zer=
streuten sich die Menschen immer mehr, und es entstanden verschie=
bene Sprachen und Sitten. Viehzucht, Jagd, Fischerei, Ackerbau,
Handel ꝛc. vervollkommneten sich. Die meisten Menschen suchten
sich allmählich feste Wohnplätze, und nur die Nomaden oder Hir=
tenvölker wanderten beständig umher. Die Völker theilten sich in
Stämme und Völkerschaften, und über dieselben regierten bald
Familienoberhäupter, Stammeshäupter, Fürsten und Könige ꝛc.

1

II. Asiatische Staaten.

1. **Indien.** Die Indier wohnten zwischen Ganges und Indus in Vorderindien und waren in 4 scharf von einander geschiedene Klassen oder Kasten eingetheilt: in Brahminen oder Priester, Krieger, Ackerbauer und Handwerker. Die Sonne galt als Abbild des höchsten, körperlosen Urwesens, Brahma genannt. — Seelenwanderung als Strafe für Vergehungen. — Wunderbare Bauwerke — auf den Inseln Salsette und Elephante und bei Ellora — sowie zahlreiche Schriften über Naturkunde, Mathematik (ihnen verdanken wir das Zehnersystem), Rechtswissenschaft, Philosophie, Dichtkunst und Musik, und blühender Handel lassen auf hohe Bildung schließen. Die Sprache der Indier — Sanskrit — ist die Mutter der persischen, griechischen, lateinischen, deutschen ꝛc.

2. **China.** Die Chinesen zeichneten sich schon frühzeitig durch Ackerbau und Erfindungen aus (Seidenbau, Porzellan, Schießpulver, eine Art Bücherdruck, Compaß ꝛc.). Ihre Schrift ist eine eigenthümliche Wörter= und Silbenschrift und besteht aus etwa 80,000 verschiedenen Chiffern oder Zeichen. Ein merkwürdiger Mann dieser Nation war Confucius (500 v. Chr.), der Stifter einer besseren Sittenlehre. Die spätere Geschichte hat wenig Interesse für uns, da sich die Chinesen von allen andern Völkern abschlossen und deßhalb sogar eine große circa 300 Meilen lange Mauer an der Nordgrenze ihres Reiches erbauten.

3. **Chaldäa oder Alt=Babylonien** lag zwischen dem untern Euphrat und Tigris. Nimrod erscheint um 2200 v. Chr. als der erste Regent und als Gründer der Hauptstadt Babylon. Canäle erhöhten die Fruchtbarkeit des Landes, und die Bewohner zeichneten sich bald durch Leinwand= und Wollenweberei, Purpurfärberei ꝛc. aus. Die Magier oder Priester beschäftigten sich besonders mit Astronomie und Astrologie. Die Chaldäer wurden von ihren Nachbarn vielfach bedrängt und endlich von den Assyrern unterjocht, welche Unterkönige über das Land setzten.

4. **Alt=Assyrien** lag am obern Euphrat und Tigris, und kurz vor 2000 gründete der König Ninus die Hauptstadt Ninive und unterjochte auch die umliegenden Länder Alt=Babylonien, Medien, Lydien ꝛc. Ninive hatte 24 Stunden lange, 100' hohe

und 20—24' dicke Mauern mit 1500 je 200' hohen Thürmen und zählte zur Zeit der größten Blüthe 2 Mill. Einwohner.

Ninus' Gemahlin und Nachfolgerin Semiramis verschönerte Babylon (Mauern mit 250 Thürmen und 100 ehernen Thoren, hängenden Gärten ꝛc.) und machte Kriegszüge bis Indien und Aegypten. Sardanapal, der letzte Fürst über Alt-Assyrien, regierte sehr schlecht, wurde deßhalb von Arbaces, Statthalter von Medien, und Belesis, Oberpriester von Babylon, vom Throne gestürzt und verbrannte sich, als er keine Rettung mehr sah, mit seinen Schätzen und Frauen 888 v. Chr. in seinem Palast zu Ninive. Es entstanden nun die 3 Reiche Neu-Assyrien, Neu-Babylonien und Medien.

5. Neu-Assyrien. König Phul, Sohn des Belesis, machte sich Israel zinsbar, und Phuls zweiter Nachfolger, Salmanassar, eroberte Samaria und führte 722 Israel in die assyrische Gefangenschaft. Als letzter König über Neu-Assyrien ‚erscheint Kynilaban. Dieser unterlag im Jahre 625 dem Chaldäer Nabopolassar und dem Medier Kyaxares. Ninive wurde zerstört und das Reich mit

6. Neu-Babylonien vereinigt. Der denkwürdigste König dieses Reiches ist **Nebukadnezar**, Sohn des Nabopolassar. Er machte **Babylon zur ersten Weltmacht**, schlug den ägyptischen König Necho bei Circesium (Karchemisch) am Euphrat (606), eroberte Jerusalem, führte die Juden in die babylonische Gefangenschaft (588 v. Chr.), zerstörte Tyrus, unterwarf sich Syrien und Aegypten und drang bis Libyen und Arabien vor. Bald nach seinem Tode zerfiel das Reich; denn unter seinem vierten Nachfolger, Belsazer oder Naboned, (Prophet Daniel — **Mene, mene, tekel, upharsin**) wurde Babylon 538 durch den Perser- und Mederkönig Cyrus erobert und Belsazer ermordet.

7. Medien mit der Hauptstadt Ekbatana. Medien lag südlich und südwestlich vom caspischen Meere und wurde durch den oben erwähnten Arbaces ein selbständiges Reich. Anfangs war es ein Priesterstaat und erst 710 schuf Dejoces eine unumschränkte Königsmacht. 558 wurde König Astyages von seinem Enkel Cyrus besiegt und Medien dadurch eine Provinz

8. des großen **persischen Weltreiches**. Persien stand erst unter assyrischer und später unter medischer Herrschaft und zerfiel in Satrapieen oder Statthaltereien. 558 wurde es durch **Cyrus** frei und bald das mächtigste Reich der Welt. Cyrus war ein

1*

Enkel des Mederkönigs Astyages, welcher seine Tochter Mandane an einen persischen Satrapen verheirathete.

Von Cyrus erzählt die Geschichte Folgendes: Sein Großvater Astyags wünschte seinen Tod. Der königliche Befehl wurde aber nicht ausgeführt und Cyrus als der Sohn eines Hirten erzogen. Sein früh sich äußernder hoher Geist verrieth, als er 10 Jahr alt war, seine wahre Herkunft, und er wurde durch Astyages seinen Eltern wieder übergeben. Als er zum Jüngling herangewachsen war und die schändlichen Absichten seines Großvaters erfuhr, beschloß er, sich an demselben zu rächen und sein Vaterland zu befreien, was ihm auch mit Hilfe seiner tapferen Landsleute gelang.

Er eroberte Medien, Syrien, Phönizien, Lydien (König Krösus — Solon — Fluß Halys) und Babylonien, entließ die Juden aus der Gefangenschaft und starb 529 im Kampfe gegen die Scythen*). Sein grausamer Sohn Kambyses eroberte Aegypten, zog bis nach Aethiopien und starb an einer Verwundung, die er sich selbst durch Unvorsichtigkeit beigebracht hatte. Die hierauf folgenden Könige Darius (v. 521—485) und Xerxes (v. 485—465) werden uns in der Geschichte der Griechen begegnen.

Zur Zeit des Königs Darius wurden bei Hofe täglich 15,000 Menschen gespeist und die Unterhaltung des Hofes soll täglich 600,000 Thlr. gekostet haben.

Durch Schwelgerei und Ueppigkeit sank Persien immer mehr. Der letzte König, Darius Cobomannus, wurde von Alexander dem Großen völlig besiegt und von seinem Statthalter Bessus ermordet, und Persien kam an Macedonien.

9. Phönizien mit den Städten Tyrus und Sidon war nur 150 ☐M. groß und lag an der Küste des Mittelmeeres bis zum Antilibanon. Die Phönizier waren als Kaufleute überall bekannt, verkehrten auf Schiffen von Cedernholz mit Nordafrika, Griechenland, Spanien, England (Zinn), Preußen (Bernstein) rc. und sollen selbst Afrika umschifft haben. Sie handelten hauptsächlich mit Edelsteinen, edlem Metall, Bernstein, (dem Golde gleich gerechnet) Elfenbein, Räucherwerk, Pelzwerk, gestickten Zeugen u. dgl. m., und erfanden die Buchstabenschrift, das Glas, die Purpurfarbe rc. Fast in allen bekannten Ländern gründeten sie Colonieen, so z. B. Karthago in Afrika (gegründet durch die

---

*) Die Scythen waren zahlreiche kriegerische Völkerstämme in Südrußland und im heutigen Turan.

vertriebene Königstochter Dido 888 v. Chr. — (Ochsenhaut).
Erst nach 13jähriger Belagerung konnte Nebukabnezar Tyrus
erobern, und nachdem diese Stadt auf einer nahen Insel wieder
erbaut und durch Alexander den Großen nochmals erobert wor=
den war, sank die Blüthe Phöniziens zusehends, und der Welt=
handel gieng an die durch Alexander in Afrika gegründete Stadt
Alexandrien über.

10. Die Geschichte des jüdischen Volkes darf als genug=
sam bekannt vorausgesetzt werden.

III. Aegypten

umfaßte etwa 1500 □ M. und zerfiel in Oberägypten mit
Theben, Mittelägypten mit Memphis und dem künstlichen See
Möris — und Unterägypten mit Heliopolis, Sais, dem Nil=
delta und Alexandrien.

Das Volk zerfiel in 4, später 7 Kasten: Priester, Krieger,
Ackerbauer, Gewerbtreibende, Nilschiffer, Dolmetscher, Schweine=
hirten, und von der hohen Stufe der Cultur, auf der Aegypten
stand, geben noch heute die vielen Baudenkmäler Kunde.

Die höchsten Pyramiden (wahrscheinlich Königsgräber) mögen
800' und darüber hoch gewesen sein. Die Obelisken sind 50 bis
180' hohe und mit Hieroglyphen bedeckte Spitzsäulen aus einem
Steine. Das Labyrinth enthielt 1500 unterirdische und 1500 über=
irdische Gemächer aus weißem Marmor erbaut. Die Katakomben
sind in Felsen gehauene Grabkammern und gewähren uns durch die Art
und Weise ihrer Ausstattung, sowie durch sehr gut erhaltene Wand=
gemälde ein vollständiges Bild von dem häuslichen und öffentlichen Leben
der alten Aegypter. Unter den Ruinen des 100thorigen Theben bemerkt
man noch mehrere Säulen, 20 Ellen im Umfange und 40 Ellen hoch
und eine 30 Ellen hohe sitzende Bildsäule, und in der Nähe der Ruinen
von Memphis ragt der 13 Ellen messende Kopf einer riesigen Sphinx
aus dem Sande hervor.

Auch in manchen Wissenschaften waren die Aegypter weit
vorgeschritten, so besonders in der Astronomie, Geometrie, Heil=
und Gesetzeskunde. Zum Schreiben bedienten sie sich der Hiero=
glyphen (vollen Bilderschrift) oder der hieratischen oder abge=
kürzten Bilderschrift, im gewöhnlichen Leben aber der demoti=
schen Schrift.

Ihre Religion war ein Sterndienst. Später artete derselbe
in häßlichen Thierdienst aus und verehrten sie den Löwen und

Bären, ben Ibis und Stier, das Krokobil u. s. w. Dem Stier Apis wurbe bie höchste Verehrung zu Theil.

Apis galt als Sinnbild ber Sonne (Osiris), wenn sie in bas Zeichen bes Stieres tritt unb bie Erbe befruchtet. Er mußte schwarz sein, ein weißes Dreieck auf ber Stirne, einen halbmonbförmigen Fleck auf ber rechten Seite unb einen käferförmigen Knoten unter ber Zunge haben. Starb er, so war allgemeine Lanbestrauer, bis man einen neuen aufgefunben hatte, worauf er mit Prozession eingeholt unb ein allgemeines Freubenfest gefeiert wurbe.

Die Aegypter glaubten an ein Leben nach bem Tobe; wer nicht sittlich religiös gewanbelt hatte, mußte nach ihrer Meinung eine 3000jährige Wanberung durch Thierleiber antreten unb burfte beshalb nicht einbalsamirt werben.

Ihre Könige führten ben Titel Pharao (Erhabener.) Der erste, Menes, erbaute bie Hauptstabt Memphis. Sesostris theilte bas Lanb in 12 Tempelbistrikte, bestimmte Memphis, Theben unb Heliopolis zu Hauptstäbten seines Reiches, eroberte alle umliegenben Länber unb soll seine Kriegszüge bis Inbien unb Thracien ausgebehnt haben. Psammetich erhielt 650 unter 12 Königen bie Alleinherrschaft, stürzte bie Priesterherrschaft unb grünbete einen Militärstaat, worauf bie Priester mit 240,000 Anhängern nach Aethiopien auswanberten. Sein Sohn Necho ließ Afrika umschiffen unb machte Israel zinsbar. 525 kam Aegypten unter persische, gegen 330 unter macebonische unb 30 unter römische Herrschaft.

IV. Europäische Staaten.

1. Griechenland.

Griechenland theilte sich in Norbgriechenlanb, Hellas unb Peloponnes. In Norbgriechenlanb lagen: Epirus mit Dobona unb Thessalien; in Hellas: Phokis mit bem Orakel von Delphi, Böotien mit Theben unb Attika mit Athen; in Peloponnes: Korinth, Argolis, Lakonika mit Sparta, Arkabien, Elis mit Olympia. Die ältesten Bewohner waren bie in Stäbten mit gewaltigen Ringmauern wohnenben Pelasger unb bie kriegerisch-kühnen, unruhigen Hellenen (Aeolier, Dorier, Jonier, Achäer.) Mit ihnen vermischten sich frembe Einwanberer: Kekrops aus Unterägypten kam nach Athen, Kabmus aus Phönizien grünbete Theben, Pelops aus Kleinasien kam nach Peloponnes, unb Danaus aus Oberägypten nach Argos.

Aus der frühesten Geschichte der Griechen sind noch zu merken: die Thaten der Helden Herkules, Theseus rc., der Argonautenzug, der Zug der Sieben gegen Theben und der trojanische Krieg.

Herkules und Theseus erscheinen in der Sage als Menschen, welche mit den höchsten Kräften und Tugenden geziert waren, ihr Leben nur dem Wohle der Menschen weihten und dabei viel Hindernisse zu besiegen hatten. Beide waren auch bei dem Argonautenzug, welcher (1250?) auf dem Schiffe Argo nach Kolchis am schwarzen Meere unternommen wurde, um dort das goldene Vließ zu holen. Der trojanische Krieg (1194 bis 1184) war ein Zug vieler griechischer Stämme nach Troja in Kleinasien, um sich wegen der Entführung der Helena, der Gemahlin des Königs von Sparta, zu rächen. Nach 10jähriger Belagerung wurde die Stadt durch List (hölzernes Pferd) erobert und zerstört.

Um das Jahr 1120 wanderten die Dorier in den Peloponnes ein und waren bald die Herren der Halbinsel. Viele der früheren Einwohner wanderten aus und gründeten auf Inseln und in Kleinasien rc. Kolonieen, so z. B. Tarent, Syrakusä, Massilia, Synope, Smyrna, Ephesus, Milet rc.

Die Bildung der Griechen wurde besonders befördert durch das reich gesegnete Land, das sie bewohnten, durch zahlreiche Einwanderungen, durch die großen National= oder Festspiele (die dem Zeus geweihten olympischen, die alle 4 Jahre wiederkehrten und nach denen sich ihre Zeitrechnung — Olympiaden — richtete, waren die wichtigsten), durch die Orakel oder Aussprüche ihrer Götter durch den Mund der Priester, und durch den sogenannten Amphiktionen=Bund.

Die zwei berühmtesten Orakel waren zu Delphi und Dodona. Der Amphiktyonenbund bestand aus 12 griechischen Staaten, führte die Aufsicht über die gemeinschaftlichen Heiligthümer und Festspiele und hatte die Streitigkeiten unter einander friedlich beizulegen.

Der olympische Götterkreis bestand aus 12 Göttern: Zeus, Gott des Himmels, Hera, seine Gemahlin, Poseidon, Gott des Meeres, Themis, Göttin der Gerechtigkeit, Pallas, Göttin der Weisheit, Ares, Gott des Krieges, Apollo, Gott der Weissaguug und Dichtkunst rc. Außerdem verehrten die Griechen auch noch Halbgötter oder Heroen, d. h. vergötterte Menschen.

a. Sparta. Durch die Gesetzgebung Lykurgs (888) wurde dieser Staat der wichtigste und erhielt 2 (Titular=) Könige, einen

Rath der Greise (Geronten) und 5 Ephoren. Alles Land gehörte dem Staat und erhielt jeder Spartaner ein Grundstück zur Benützung. Silberne und goldene Münzen, Schmuck und aller Aufwand war streng verboten. Nur eiserne Münzen hatte man. Alle Kinder gehörten dem Staate, wurden gemeinschaftlich erzogen und an kurze Rede, Ertragung aller Schmerzen und Beschwerden, an Muth und Tapferkeit 2c. gewöhnt.

b. Athen. Die Athener zeichneten sich ebenfalls durch körperliche Tüchtigkeit, daneben aber auch durch geistige Ausbildung, durch Wissenschaft, Kunst und Gewerbe aus. Die durch Drako 624 „mit Blut geschriebenen" Gesetze wurden 594 durch Solon gemilbert. Nach seiner Anordnung mußte in den Versammlungen des ganzen Volkes auf öffentlichem Markte über alles, was auf das Wohl des Staates Beziehung hatte, verhandelt werden; ein Rath von 400 Personen bestimmte die Gegenstände, worüber geurtheilt und gestimmt werden sollte und leitete die Verwaltung der Republik, und der ehrwürdige Areopag war der oberste Gerichtshof. Die Erziehung geschah bis zum 16. Jahre im elterlichen Hause und dann bis zum 18. im öffentlichen Gymnasium.

Athen unterstützte 500 die kleinasiatischen Griechen gegen Persien. Deshalb schickte Darius Hystaspis ein Heer zu Lande und zur See gegen Athen; ersteres (unter Mardonius) wurde geschlagen und letzteres fand in den Wellen sein Grab. 490 wurde ein neues Heer der Perser durch die an Zahl 10 mal geringern Griechen unter-Anführung des Miltiades bei Marathon vollständig geschlagen. Xerxes zog hierauf 480 mit fast 2 Mill. Soldaten gegen die Griechen, baute über den Hellespont zwei Brücken und wurde im Engpasse der Thermopylen durch 5500, später 1000 Griechen unter Anführung des Spartanerkönigs Leonidas zwei Tage lang aufgehalten. — Verräther Ephialtes. — Nachdem alle Griechen gefallen waren, überschwemmten die Perser ganz Griechenland und zerstörten Athen. Durch die Seeschlacht bei der Insel Salamis (Themistokles) verlor Xerxes seine ganze Flotte und verließ Griechenland. Sein zurückgelassenes Landheer erlitt 479 bei Plataä eine neue Niederlage, worauf die Perser nicht mehr wagten, Griechenland anzugreifen, zumal am gleichen Tage auch die persische Flotte beim kleinasiatischen Vorgebirge Mykale geschlagen worden war. — Die höchste Macht und Blüthe erreichte Athen unter Perikles' Leitung (444).

c. **Der peloponnesische Krieg 431—404.** Athen hatte sich die Obergewalt oder **Hegemonie** über Griechenland erworben. Diese artete jedoch in eine unerträgliche Bedrückung aus, und so kam es zum Kriege zwischen Griechen und Griechen und standen sich hauptsächlich Athen und Sparta gegenüber. Die Spartaner machten jedes Jahr Einfälle ins athenische Gebiet und verwüsteten das platte Land, während die Athener nur ihre Städte vertheidigten und mit der Flotte die peloponnesischen Küsten verheerten. In Athen brach eine furchtbare Pest aus, die 429 den **Perikles** wegraffte, worauf eine zügellose **Pöbelherrschaft** einriß. 421 wurde zwar durch den Athener **Nikias** ein 50jähriger Frieden vermittelt, aber schon 415 brach der Krieg wieder aus (**Alcibiades**). Bald waren die Athener zu Wasser und zu Lande im Nachtheil, und 404 zerstörte der Spartaner **Lysander** die langen Mauern Athens. Athens Uebergewicht war nun vollständig vernichtet. — (**Sokrates.**)

d. **Sparta's Obergewalt.** Sparta, das durch den peloponnesischen Krieg die erste Macht in Griechenland wurde, machte bald darauf nicht nur das Festland, sondern auch die Inseln und Colonieen in Kleinasien von sich abhängig und herrschte mit Willkür und Uebermuth. Auch gegen die Perser kämpfte es mehrere Jahre siegreich, gab aber doch 387 durch den schimpflichen Frieden des **Antalcidas** die kleinasiatischen Colonieen den Persern preis. Bald sollte es die Strafe hiefür erleiden.

e. **Thebens Vorherrschaft.** Durch List hatten die Spartaner Theben in Besitz genommen, worauf die bedeutendsten Männer der Stadt geflohen waren. Einer derselben, **Pelopidas**, kehrte einige Jahre später wieder zurück und vertrieb in Verbindung mit **Epaminondas** und andern die Spartaner. Es kam nun zum Krieg, in welchem die Thebaner durch die Tapferkeit der 2 genannten Helden die Schlachten bei **Leuktra** 371 und bei **Mantinea** 362 ruhmvoll gewannen. Leider wurde Epaminondas bei Mantinea tödtlich verwundet und starb mit den Worten: „Ich habe genug gelebt, denn ich sterbe unbesiegt!" Mit ihm sank auch Thebens kurze Größe, und bald darauf kam Griechenland unter die Oberhoheit Macedoniens.

Ehe wir jedoch weitergehen, wollen wir die berühmtesten Männer aufzählen, die sich in Kunst und Wissenschaft hervorthaten:

Als Baumeister zeichnete sich **Phidias** aus; die Malerei

wurde durch Zeuris und Apelles gehoben; als Dichter sind zu nennen Aeschylus, Sophokles, Euripides; Herodot ist der Vater der Geschichtsschreibung; Perikles und Demosthenes waren berühmte Redner, und von den Philosophen verdienen Sokrates, Plato, Aristoteles u. a. genannt zu werden.

2. Das große macedonische Weltreich.

Macedonien, im Norden von Griechenland gelegen, war von Doriern bewohnt, welchen sich viele andere, nichtgriechische Völkerbestandtheile beigemischt hatten. Zu Anfang der Perserkriege wurde Macedonien den Persern zinsbar, aber nach der Schlacht bei Platää machte es sich wieder frei. König Philipp von Macedonien hatte sich im Hause des Epaminondas viele Kenntnisse in der Staats- und Kriegskunst angeeignet, aber auch die Schwächen Griechenlands gründlich kennen gelernt. Auf den Thron gelangt, vergrößerte er sein Reich durch das goldreiche Thrazien, und dann suchte er auch Griechenland zu unterjochen. Demosthenes durchschaute seinen Plan und versuchte ihn zu vereiteln, vermochte aber die Griechen nicht aus ihrer Sorglosigkeit und Sicherheit zu erwecken. Erst als sich Philipp der Thermopylen bemächtigt hatte und Herr von Phokis war, erkannte man die Gefahr. Es war zu spät, und die siegreiche Schlacht bei Chäronea 338 machte Philipp zum Herrn von Griechenland. Er ließ sich zum Oberfeldherrn mit unbeschränkter Gewalt ernennen, wurde aber bald darauf durch einen seiner Leibwächter ermordet.

Sein erst 20jähriger Sohn **Alexander** folgte und wurde der Gründer des **macedonischen Weltreiches.** Der griechische Philosoph Aristoteles war sein Lehrer. Schon als Jüngling zeichnete sich Alexander durch Unerschrockenheit und Durst nach großen Thaten aus. „Mein Vater wird mir nichts mehr zu thun übrig lassen", äußerte er einmal, als man ihm einen neuen Sieg seines Vaters verkündete. — Pferd Bukephalus. — 336 wurde er König von Macedonien und Oberfeldherr der Griechen und zog mit 34,000 Mann nach Asien. Durch macedonische Kriegskunst (die Phalanx) siegte er 334 am Granikus (südöstlich vom Hellespont) über die Perser, durchhieb in Gordium den unauflöslichen gordischen Knoten, erkrankte nach einem kalten Bad im Flusse Cydnus lebensgefährlich, und schlug 333 bei Issus in Syrien die Perser abermals. Das reiche persische Lager und Darius' Mutter, Gemahlin, Tochter und Sohn fielen in seine Hände. Hierauf eroberte er Syrien, zerstörte Tyrus, eroberte Aegypten, wo er Alexandrien gründete, ließ sich durch das Orakel zu Ammonium in der libyschen Wüste für einen Sohn des Zeus erklären, überschritt den Euphrat und Tigris und schlug 331 bei Gaugamela und Arbela den Perserkönig Darius nochmals. Der persische „Widder" war dem griechischen „Ziegenbock" (Dan. 8), das **persische Weltreich** dem **macedonisch = griechischen** unterlegen. Bald darauf war Persien mit allen seiner Provinzen in den Händen Alexanders. Auch Indien suchte er zu erobern; als er aber am Grenzfluß des Fünfstromlandes angelangt war, versagten seine Macedonier ihm den Gehorsam, und Alexander mußte umkehren. Wieder in Persien angekommen, wollte er die Griechen an persische Sitten und die Perser an griechische Bildung gewöhnen und suchte dies besonders dadurch zu erreichen, daß er durch die große Hochzeit zu Susa sich selbst mit zwei persischen Königstöchtern und 10,000 Macedonier mit Perserinnen vermählte. Als er sich bald darauf zu einem Zuge gegen Arabien vorbereitete, starb er 323, erst 33 Jahre alt, an einem Fieber, das er sich durch den Schmerz über den Tod seines Freundes Hephästion, durch Unmäßigkeit und außerordentliche körperliche und geistige Anstrengung zugezogen hatte.

Alexander's Heerführer geriethen um die Thronfolge in langwierige Kriege, und es entstanden endlich nach der Entscheidungsschlacht bei Ipsus 301 drei Hauptreiche.

a. Seleucus erhielt Syrien, Babylonien und alles Land bis zum Indus. Antiochus Epiphanes verfolgte 175 die Juden, die bald unter syrischer, bald unter ägyptischer Herrschaft standen und sich, um frei zu werden, 160 an die Römer wandten und mit ihnen einen Bund schlossen (die Maktabäer). 63 wurde Syrien durch Pompejus eine römische Provinz und Palästina von den Römern abhängig.

b. Ptolemäus Lagi erhielt Aegypten, Libyen, ein Stück von Arabien und Palästina und gründete das berühmte Museum zu Alexandrien, wo 400,000 Bücherrollen aufbewahrt wurden. Sein Sohn Ptolemäus II. Philadelphus ließ die Schriften des A. T. in's Griechische übersetzen (Septuaginta). 30 wurde Aegypten eine römische Provinz.

c. Caffander erhielt Macedonien und Griechenland. 168 wurde ersteres durch die Schlacht bei Pydna den Römern unter-than, und 146 wurde auch Griechenland unter dem Namen Achaja eine römische Provinz.

3. Das römische Weltreich.

Nach der Sage gründete Aeneas aus Troja Albalonga. Hier regierte später Numitor, welcher von seinem Bruder Amu-lius vom Throne gestoßen wurde. Numitors Tochter gebar bald darauf Zwillingssöhne, Romulus und Remus, welche Amu-lius aussetzen ließ. Eine Wölfin säugte sie und ein Hirte zog sie auf. Nachdem sie ihre Herkunft erfahren hatten, ermordeten sie Amulius und setzten ihren Großvater wieder auf den Thron. Als Lohn erhielten sie ein Stück Land, woselbst sie Rom gründeten 753. Bald mehrten sich die Einwohner, und durch Raub der Sa-binerinnen erwarben sie sich Frauen.

a. Rom unter Königen von 753—510.

Roms Könige besaßen die richterliche und vollziehende Ge-walt, theilten das Recht der Gesetzgebung und die Entscheidung über Krieg und Frieden mit dem aus 300 Mitgliedern bestehen-den Senat und mit der Volksversammlung und wurden von den Vollbürgern oder Patriziern gewählt, d. h. von denjenigen Latinern (oder Römern), Sabinern und Etruskern, welche sich während der Regierung des Romulus in Rom (auf dem palatinischen, kapitoli-nischen und cölischen Hügel) niedergelassen und unter dem Namen Quirites zu einer Gemeinde vereinigt hatten. Der erste König war Romulus. Er führte glückliche Kriege mit mehreren Nach-barstädten und wurde nach seinem Tode als Gottheit unter dem Namen Quirinus verehrt. Numa Pompilius suchte durch Einrichtung des Gottesdienstes und durch Beförderung des Acker-baues die Sitten der Römer zu mildern, verbesserte den Kalender und baute dem Sonnengotte Janus (daher Januar und Sonn-tag) als dem Gotte des Krieges und Friedens einen Tempel (Ja-nustempel), dessen Thore in Kriegszeiten offen, in Friedenszeiten aber geschlossen waren und nach Numas Tode in den folgenden 600 Jahren nur einmal geschlossen werden konnte. Tullus Hostilius führte Krieg mit den Albanern, machte sie durch den Zweikampf der drei Horatier (Römer) gegen die drei Curatier

(Albaner) von Rom abhängig, zerstörte, als sie sich später treulos erwiesen, ihre Hauptstadt Albalonga, verpflanzte die Einwohner nach Rom und legte dadurch den Grund zu der Gemeinde der Plebejer * (Plebs), die sich durch spätere Ansiedlungen besiegter Bürger aus der Nachbarschaft immer mehr vergrößerte. Ancus Marcius beförderte den Handel und Ackerbau und gründete die Hafenstadt Ostia. Tarquinius Priscus erbaute die Ringmauern, die Cloaken, das Forum u. a. Servius Tullius theilte die Römer in 5 Vermögensclassen, wornach sich der Heeresdienst richtete. Tarquinius Superbus endlich, der die sibyllinischen Bücher kaufte, wurde durch Junius Brutus vom Throne gestoßen, worauf Rom eine republikanische Verfassung erhielt.

b. Rom eine Republik von 510—30 v. Chr.

An die Stelle des Königs traten 2 Consuln, die alljährlich gewählt wurden. Tarquinius suchte mit Hilfe des etruskischen Königs Prosenna von Clusium Rom wieder zu gewinnen. Letzterer hätte die Stadt erobert, wenn nicht Horatius Cocles mit außerordentlicher Tapferkeit die Tiberbrücke vertheidigt hätte. Der schmerzverachtende Muth des Cajus Mucius, später Scävola oder Linkhand genannt, bewog bald darauf Porsenna zum Abzug. Die Last der vielen Kriege, die Rom führte, lag besonders schwer auf den Plebejern. Sie verarmten immer mehr. Da man ihnen die in Zeiten der Noth versprochenen Erleichterungen nicht gewährte, so zogen sie 494 auf den heiligen Berg und verschanzten sich dort. Menenius Agrippa bewog sie durch seine Fabel von der Empörung der Glieder gegen den Magen zur Rückkehr, aber erst nachdem man ihnen Volkstribunen (Veto = ich verbiete!) gewährt hatte. Der Kampf der Plebejer mit den Patriziern um Rechtsgleichheit dauerte jedoch noch über 100 Jahre, bevor sie sich dieselbe errungen hatten. 449 erhielt Rom durch die Decemvirn die den Plebejern günstigen Zwölftafelgesetze. — 389 kam Rom durch die Gallier unter Brennus in große Gefahr. Dieser verbrannte die Stadt und belagerte das Kapitol, das nur durch das Geschrei der Gänse und durch die Tapferkeit

---

*) Die Plebejer waren persönlich frei und besaßen Grundeigenthum, durften aber kein Handwerk treiben und hatten keinen Antheil an der Regierung.

des Manlius gerettet wurde. Mit 1000 Pfund Goldes erkaufte sich Rom den Abzug der Feinde. Camillus bewog das Volk zum Wiederaufbau der Stadt und wurde so als der zweite Grün- der Roms gepriesen.

Von jetzt an errangen die Plebejer ein Recht um das an- dere; 366 das Consulat, 350 die Dictatur, und von 302 an wurden sie zu allen hohen Würden, selbst zu den priesterlichen, zugelassen.

Zwischen 343—290 unterwarf sich Rom die tapfern Sam- niter, sowie die zeitweise mit diesen verbundenen Latiner, Etrus- ker, Aequer, Umbrer, Gallier ꝛc., und 280 begann der Krieg mit Tarent in Unteritalien. Diese mächtige Handelsstadt suchte und fand Beistand bei dem König Pyrrhus von Epirus; der sich in Italien ein Reich zu erkämpfen hoffte. Mit Hilfe einiger Elephanten schlug er die Römer 280 bei Heraklea am Siris und 279 bei Asculum. „Noch einen solchen Sieg", rief er aus, „und ich kehre allein nach Epirus zurück." Er schloß einen Waffen- stillstand mit den Römern und kämpfte einige Jahre in Sicilien glücklich für Syrakus gegen Karthago. Als er hierauf wieder gegen die Römer zog, wurde er von diesen 275 bei Beneventum so völlig geschlagen, daß er nach Griechenland zurückkehrte. Tarent mußte sich ergeben, und im Jahr 270 war ganz Unteritalien in der Gewalt der Römer.

Erster punischer Krieg von 264—241. Karthago's große Besitzungen erregten Rom's Neid und veranlaßten 3 Kriege um die Weltherrschaft, zunächst um den Besitz Siciliens. Rom baute sich in 60 Tagen 130 Schiffe, und mit diesen und besonders mit Hilfe der Enterbrücken besiegte Duilius 260 bei den li- parischen Inseln die Karthager. Der röm. Consul Regulus versetzte den Krieg nach Afrika, wurde aber gefangen und später als Gesandter nach Rom geschickt. Er rieth seinen Landsleuten zur Fortsetzung des Krieges, und nachdem die Karthager 241 bei den ägatischen Inseln nochmals eine schwere Niederlage erlitten hatten, überließen sie Sicilien den Römern und zahlten 3200 Talente Kriegsentschädigung.

Zweiter punischer Krieg von 218—201. Hannibal, Feldherr der Karthager, zog nach glücklichen Kriegen in Spanien mit 60,000 Mann durch Gallien über den kl. Bernhard nach Italien, wo er mit 30,000 Mann ankam. Er schlug die Römer am Ticinus und an der Trebia, vernichtete am trasimenischen See ein weiteres römisches Heer und zog an Rom vorüber nach Unteritalien. Fabius der Zauberer folgte ihm vorsichtig und wurde Roms „Schild." Nach dem Siege Hannibals bei Cannä 216, der 50,000 Römern das Leben kostete, stand Rom am Rande des Verderbens; da aber Hannibal von Karthago keine Unterstützung mehr erhielt, so änderte sich bald die ganze Lage der Dinge. Der Römer Marcellus — das Schwert Rom's — belagerte und eroberte Syrakus, wobei der berühmte Mathematiker Archimedes sein Leben verlor. Hasdrubal, der seinem Bruder Hannibal zu Hilfe ziehen wollte, wurde bei Sena 207 geschlagen und getödtet. Scipio der Afrikaner erwarb ganz Spanien für Rom und setzte dann nach Afrika über. Er landete 204 bei Uttika und schlug 202 in der Entscheidungsschlacht bei Zama den aus Italien zurückgerufenen Hannibal so vollständig, daß Karthago unter den härtesten Bedingungen Frieden schließen mußte. Es zahlte 10,000 Talente, gab alle Schiffe bis auf 10 und alle außerafrikanischen Besitzungen heraus und war nun völlig von Rom abhängig. Hannibal versuchte neue Unternehmungen gegen Rom, mußte aber fliehen und tödtete sich 183 durch Gift.

Nun wendete Rom seinen Blick nach Osten, führte mehrere glückliche Kriege mit Macedonien und unterwarf sich, wie schon weiter oder gesagt, 168 Macedonien und 146 Griechenland.

Dritter punischer Krieg von 149—146. Die Karthager hatten gegen den Friedensschluß von 201 einen Krieg mit dem Könige von Numidien geführt. Als die Römer deshalb von ihnen Auslieferung aller Waffen und Niederreißung der Mauern ꝛc. verlangten, rüsteten sie sich zur verzweifelten Gegenwehr. 2 Jahre lang konnten die Römer wenig ausrichten; im Jahre 146 aber eroberte Scipio der Jüngere Karthago und zerstörte diese Stadt gänzlich. Das Land wurde unter dem Namen Afrika eine römische Provinz.

Je mächtiger die Römer wurden und je mehr Reichthümer sie sich erwarben, desto mehr schwand die frühere Einfachheit der Sitten und der strenge Rechtssinn: Üppigkeit, Schwelgerei, Habsucht und Herrsucht traten an deren Stelle. Dabei verarmte das niedere Volk immer mehr, und da auch die Reformversuche der Brüder Gracchus vergeblich waren, so gieng die Republik mit Riesenschritten ihrem Ende entgegen. Blutige Bürgerkriege brachen aus, so z. B. zwischen Marius (dem Besieger der Cimbern und Teutonen — s. deutsche Geschichte) und Sulla.

Im Jahre 60 verbanden sich Pompejus, Julius Cäsar und Crassus zu dem sogenannten 1. Triumvirat. Pompejus unterwarf ganz Syrien und Palästina, und Cäsar führte glückliche Kriege in Gallien und Britannien und mit den Markomannen. Nach dem Tode des reichen Crassus brach zwischen Pompejus und Cäsar ein zweiter Bürgerkrieg aus. Cäsar siegte 48 bei Pharsalus in Thessalien, Pompejus aber floh nach Aegypten und wurde dort ermordet. Bald war das ganze Reich in Cäsar's Händen. Er herrschte in Rom unter dem Titel Dictator und wurde im Jahre 44 an dem Tage, als er zum König über die Länder außerhalb Italiens ausgerufen werden sollte, durch Brutus und Cassius, die die Republik retten wollten, an der Bildsäule des Pompejus ermordet. (Kalenderverbesserung: 365 Tage 6 St.)

Nun entstand durch Octavian, Antonius und Lepidus das 2. Triumvirat. Sie erpreßten sich durch Proscriptionen (Aechtungen) ungeheure Summen und ließen viele Bürger hinrichten, so z. B. den berühmten Redner Cicero. Hierauf theilten sie sich in das römische Reich so, daß Octavian das Abendland (Europa), Antonius das Morgenland (Asien) und Lepidus die afrikanischen Besitzungen erhielt. Octavian und Antonius geriethen in Feindschaft, und in der Seeschlacht bei Actium errang sich ersterer 31 den Sieg und damit die Weltherrschaft. Antonius floh mit der Königin Kleopatra nach Aegypten, Octavian aber zog durch Griechenland nach Syrien, um von da aus Aegypten zu unterwerfen. Als Kleopatra merkte, daß Octavian die Absicht habe, sie in Rom im Triumph aufzuführen, ließ sie sich von einer giftigen Schlange beißen und bewog auch Antonius, sich selbst zu tödten. Aegypten wurde eine römische Provinz, welche Octavian ihrer Wichtigkeit wegen unter seine besondere Verwaltung stellte. Aus der Republik wurde nun

c. ein Kaiserreich (von 30 v. Chr. bis 476 n. Chr.)

Dasselbe erstreckte sich vom atlantischen Meere bis zum Euphrat und von der Donau bis an die Wüsten Afrika's und Arabiens, und über dasselbe regierte Octavian unter dem Namen Augustus ruhmvoll und glorreich von 30 v. Chr. bis 14 n. Chr.

Unter seiner Regierung wurde zu Bethlehem in Palästina Jesus Christus, der Welt Heiland, geboren.

Augustus wollte stets das Beste seines Volkes und erwarb sich daher auch den ehrenden Beinamen: „Vater des Vaterlandes". Kunst und Wissenschaft förderte er auf jede Weise, und sein Zeitalter nennt man das goldene Zeitalter der römischen Literatur. Mit ihm, zum Theil auch etwas vor oder nach ihm lebten die Dichter: Virgilius, Horatius, Ovidius, die Geschichtsschreiber: Julius Cäsar, Cornelius Nepos, Livius und Tacitus, der Redner Cicero, der Philosoph Seneca, der Naturforscher Plinius u. a. m.

Die bildende Kunst und Malerei wurden bei den Römern meist durch Griechen geübt; desto größeren Ruhm aber erlangten die Römer in der Baukunst durch Anlegung ungeheurer Werke, wie Tempel, Amphitheater, Kunststraßen, Wasserleitungen u. s. w., deren großartige Ueberreste wir noch heute bewundern.

Geschichte der Deutschen.

Die deutsche Geschichte erstreckt sich bereits durch zwanzig Jahrhunderte und theilt sich in folgende drei Hauptabschnitte und neun Zeiträume:

A. **Alte Geschichte:** Vom ersten Zusammenstoß der Römer mit den Deutschen, 113 v. Chr., bis zur Theilung des großen fränkischen Reiches, 843 n. Chr.

    I. Zeitraum: Vom ersten Zusammenstoß der Römer mit den Deutschen bis zur Stiftung des fränkischen Reiches durch Chlodwig, von 113 v. Chr. bis 486 n. Chr.

    II. Zeitraum: Von der Gründung des fränkischen Reiches bis zur Theilung desselben, von 486 bis 843 n. Chr.

B. **Mittlere Geschichte oder das Mittelalter:** Von der Entstehung des deutschen Reiches, 843 n. Chr., bis zu Kaiser Karl V. und zum Beginn der Reformation, (1520) 1517 n. Chr.

    III. Zeitraum: Von der Entstehung des deutschen Reiches bis zu den Hohenstaufen, von 843 bis 1137.

    IV. Zeitraum: Die Blüthe des deutschen Kaiserthums unter den Hohenstaufen und der Verfall desselben, von 1137 bis 1273.

    V. Zeitraum: Von Rudolf von Habsburg bis zu Kaiser Karl V., und zum Beginn der Reformation, von 1273 bis (1520) 1517.

C. **Neue Geschichte:** Von Kaiser Karl V. und der Reformation, (1520) 1517 n. Chr., bis zur Wiederentstehung des deutschen Kaiserreiches, 1871 n. Chr.

    VI. Zeitraum: Von Kaiser Karl V. und der Reformation bis zum westfälischen Frieden, von (1520) 1517 bis 1648.

    VII. Zeitraum: Vom westfälischen Frieden bis zur Auflösung des römisch-deutschen Reiches, von 1648 bis 1806.

    VIII. Zeitraum: Von Deutschlands tiefstem Fall bis zur Stiftung des deutschen Bundes, von 1806 bis 1815.

    IX. Zeitraum: Von der Stiftung des deutschen Bundes bis zur Wiederentstehung des deutschen Kaiserreiches, von 1815 bis 1871.

Alte Geschichte.

Erster Zeitraum.

Vom ersten Zusammenstoß der Römer mit den Deut=
schen bis zur Stiftung des Frankenreiches durch
Chlodwig, von 113 v. Chr. bis 486 n. Chr.

1. Das alte Deutschland.

Die Grenzen des alten Deutschlands stimmen nicht mit den
heutigen überein. Es erstreckte sich von den Vogesen und der
Maas bis zur Weichsel und von der Donau bis zur Nord= und
Ostsee und war voll ungeheurer Waldungen, voll Sümpfe und
öber Strecken. Der Schwarzwald, die rauhe Alp, der Spessart,
die Rhön, das Fichtel= und Erzgebirg, der Thüringer= und Böh=
merwald, der Harz und der Teutoburgerwald sind nur Ueberbleibsel
des großen **Hercynischen Waldes**, und in demselben lebten
Bären, Luchse, Wölfe, Auerochsen u. s. w. Die Luft war un=
freundlich und kalt, Regen und Nebel wechselten gewöhnlich mit
einander ab, und der wenig bearbeitete Boden lieferte nur etwas
Gerste und Hafer, Beeren, Rettige, wildes Obst u. dgl. Gleich
Oasen lagen in dieser Waldgegend einzelne gute Weiden, und auf
denselben grasten kleine, aber kräftige Pferde und Rindvieh.
Der Ostseestrand lieferte schon vor mehr als 2000 Jahren den
kostbaren Bernstein, von den übrigen Mineralien aber kannte und
schätzte man nur das Eisen und das Salz.

2*

2. Die Bewohner dieses Landes.

Die Bewohner des eben geschilderten Landes waren **Germanen**, später **Deutsche** genannt. Da „Ger" wahrscheinlich mit dem slavischen gor und dem sanskritischen gir zusammenhängt, welches beides „Berg" heißt, so dürfte man unter Germanen, zumal dieser Name nach Tacitus in Belgien aufgekommen sein soll, Berg- oder Waldbewohner, d. i. Bewohner des großen hercynischen Waldes zu verstehen haben. Der Name Deutsche entstand aus der uralten, ursprünglich einheimischen Bezeichnung ihrer Sprache. Erst allmählich wurde er Gesammtbezeichnung der Völker deutscher Zunge, und seit 813 kommt der Name „deutsch" auch in Urkunden vor.

Die Germanen theilten sich in mehr als fünfzig große und kleine Völkerschaften, lassen sich aber unter folgende drei Hauptstämme zusammenfassen.

I. Der **sächsische** oder **sassische Stamm** wohnte zwischen dem Rhein und der Elbe in Nordwestdeutschland. Zu den Sachsen gehörten: die Cimbern und Teutonen in Schleswig und Jütland; die Chaucen im heutigen Oldenburg; die Friesen an der Nordsee; die Sigambrer zwischen Rhein, Lippe und Sieg; die Cherusker am Harz u. a. m. Fast alle diese Völker hatten feste Wohnplätze und beschäftigten sich hauptsächlich mit Ackerbau. Man nannte sie daher Sassen oder Einsassen, woraus mit der Zeit der Name Sachsen entstanden ist.

II. Der **suevische Stamm** wohnte vom Mittelrhein bis zur Ostsee. Dazu rechnete man: die Markomannen, erst am Oberrhein, später in Mähren und Böhmen; die Quaden an der March und Taya; die Narisker in der Oberpfalz; die Hermunduren in Franken und Thüringen; die Semnonen an der Havel, Spree und Oder; die Longobarden mit dem Hauptort Barbewick an der Elbe (bei Magdeburg); die Katten in Hessen. — Alle diese Völker waren sehr kriegerisch, und man nannte sie, weil sie nie lange in derselben Gegend blieben, die Sueven d. h. Schweifenden. Keiner von ihnen hatte festen Grundbesitz, sondern die Grundstücke wurden alljährlich vertheilt, und wer in diesem Jahr mit dem Heere zog, baute im nächsten Jahr das Feld.

III. Der **gothische Stamm** wohnte erst an der Weichsel und Oder, zog sich aber später mehr südlich an die Unterdonau.

Zu den Gothen gehörten außer den eigentlichen Gothen noch die Heruler, Rugier, Turcilinger, Schyren, Burgunder und Vandalen.

Alle diese Völkerschaften wohnten diesseit des Rheines, d. h. in **Großgermanien.** Aber auch in **Kleingermanien,** d. h. zwischen dem Rhein und den Vogesen, hatten sich Germanen niedergelassen und wohnten daselbst: die Rauraker von Basel bis Kolmar; die Triboker im Gebirgsland des Elsaßes und in der heutigen Rheinpfalz; die Nemeter in der Rheinebene; die Vangionen vom Donnersberg bis Worms und Mainz; die Trevirer um Trier; die Nervier zwischen Maas und Schelde, und die Bataver in Holland.

Auch über Scandinavien und Dänemark hatten sich Germanen verbreitet, und dieselben zerfielen in Swionen oder Schweden, Gauten oder Gothen und Norwegr oder Norweger. Später faßte man alle Germanen scandinavischen Ursprunges unter der Benennung **Normannen** zusammen, und es genossen unter ihnen diejenigen das größte Ansehen, die sich durch Raubzüge zur See als Helden oder Seekönige hervorthaten.

3. Sitten, Gebräuche und Religion der alten Deutschen.

Die alten Deutschen zeichneten sich vor allen andern Völkern vortheilhaft aus und zwar körperlich durch sehr weiße Haut, hellblonde herabhängende Haare, blaue, feurig blickende Augen und gewaltige Kraft; geistig durch großen Muth, unbezwingliche Tapferkeit, große Vaterlandsliebe, ernste Religiösität, unbezwinglichen Freiheitssinn, hohe Achtung der Frauen, Keuschheit, Gastfreundschaft und Treue. „Gute Sitten vermochten bei ihnen mehr, als anderswo gute Gesetze", sagt Tacitus.

In Nahrung und Kleidung lebte der alte Deutsche einfach. Fleisch und Milch war die gewöhnliche Speise und eine Art Bier das beliebteste Getränk. Die Schädelhaut wilder Thiere diente als Helm und das Fell als Mantel. Der größte Theil des Leibes blieb unbedeckt, und es war der Deutsche so abgehärtet, daß er sich selbst im Winter in den Flüssen badete. Bei Gastmählern wurde nicht selten über die wichtigsten Angelegenheiten Rath gehalten; die Beschlußnahme aber erfolgte erst am nächsten Tag. Der Becher kreiste fleißig um den Tisch und Sänger priesen in Liedern die Thaten der im Kampfe gefallenen Helden.

Die Jagd und der Krieg waren die Hauptbeschäftigungen

der Germanen. Schon der Knabe wurde im Gebrauch der Waffen geübt, und es war sein festlichster Tag, wenn er zum erstenmal mit dem Vater im Walde jagen oder in den Krieg ziehen durfte. Das Feld wurde durch die Frauen, Greise und Knechte bestellt, und außerdem beschäftigten sich die Frauen noch mit Spinnen und Weben. Nur die zur Landwirthschaft und zum häuslichen Gebrauch nöthigsten Geräthe wurden verfertigt, und die Küstenbewohner bauten auch Schiffe. Mit Kunst und Wissenschaft beschäftigten sich die alten Deutschen nicht und es konnten dieselben weder lesen und schreiben. Da der Mann in den Friedenszeiten meist müssig war, so ergab er sich zuweilen dem Trunk und Würfelspiel.

Das ganze Volk bestand aus Freien und Nichtfreien. Die Freien waren entweder vollfrei oder nichtvollfrei. Vollfrei war, wer ein Allod, d. i. ein freies Eigenthum besaß und bereits wehrhaft war. Das Allod vererbte nur auf männliche Nachkommen, und der Erbe mußte seine Geschwister und Verwandte davon ernähren. Nichtvollfrei war derjenige Allodbesitzer, der noch nicht wehrhaft war und deshalb noch unter der Vormundschaft und dem Schutze eines Vollfreien stand, zweitens derjenige vollfrei geborne Wehrhafte, der kein Allod hatte, sondern untergeordnet daheim blieb und drittens derjenige, der sich freiwillig dem Dienst eines andern Herrn anschloß, oder von ihm gegen gewisse Abgaben oder Dienste ein Gut, Feod genannt, zu Lehen trug.

Nichtfrei waren die leibeigenen Knechte, wozu man alle Gefangenen machte. Sie hiengen von der Gnade ihres Herrn ab, konnten und durften sich vor Gericht nicht vertheidigen, gehörten sammt ihren Kindern, gleich einer Sache, zum Allod oder auch zum Feod und mußten die Haus- und Feldarbeit verrichten.

Die Frauen wurden bei den Germanen sehr hoch geehrt; die Ehe war ihnen heilig. Heirathete der freie Mann eine Unfreie, so verlor er seinen Stand.

Unsere Vorfahren wohnten in unzusammenhängenden Dörfern; Städte haßten sie. Jeder wohnte inmitten seines Besitzthums und zwar am liebsten an einer Quelle oder einem Flusse oder in einem waldreichen Thale. Eine Anzahl solcher Gehöfte bildete eine Mark oder Ortsgemeinde, mehrere Gemeinden einen Gau oder Bund. Weiter als zu einem Bunde und später zu einem von einer Idee zusammengehaltenen Reiche haben es die alten Deutschen nie gebracht.

Bei manchen germanischen Völkerschaften ragten vornehme Geschlechter durch großen Besitz und durch einen großen Anhang hervor. Sie machten den eigentlichen Abel aus, und aus ihnen wurden durch Stimmenmehrheit die Tapfersten zu Herzögen, die Aeltesten und Erfahrensten zu Gaurichtern oder Grafen und die Gottesfürchtigsten zu Oberpriestern gewählt. Als später (meist durch Eroberung eines Landes) die Fürstenwürde erblich geworden war, bedurfte der erbliche Fürst entweder der Anerkennung und Bestätigung durch das Volk, oder das Volk wählte den Nachfolger aus den Gliedern des fürstlichen Hauses.

Wichtige Angelegenheiten des Ortes, Gaues oder Bundes wurden erst von den Vorstehern berathen und dann der betref=fenden Orts=, Gau= oder Bundesversammlung zur Entscheidung vorgelegt. Diese Versammlungen wurden nur zur Zeit des Neu= und Vollmondes bei heiligen Eichen oder großen Steinen (Mal=statt oder Thing) abgehalten und erschien jeder Deutsche bewaffnet. Ordnung und Stille hielt der Oberpriester aufrecht. Durch Zi=schen und Gemurmel gab man sein Mißfallen, durch Aneinander=schlagen der Waffen seine Zustimmung zu erkennen.

Die Gesetze ruhten auf Gewohnheitsrecht und Herkommen. Die Strafen bestanden in Schadenersatz (Währgeld). Leibes= und Freiheitsstrafen kamen nicht vor; Todesstrafe traf nur Feige und Verräther und konnte nur durch die Priester im Namen der Götter verhängt werden. In Ermanglung anderer Beweise galt ein feierlicher Eid, oder es mußte ein Ordal oder Gottesgericht, d. h. eine Wasser= oder Feuerprobe, oder ein Zweikampf 2c. entscheiden.

Entstand Krieg, so wurden alle freien Männer (der Heer=bann) zu den Waffen gerufen. Gieng es in fremdes Land, so zogen die Frauen und Kinder mit, und erstere sollen mehrmals durch ihr inständiges Bitten die wankende Schlacht wieder herge=stellt haben. Es kam aber auch vor, daß irgend ein bewährter Anführer kriegslustige Jünglinge, die sein Gefolge bildeten, um sich versammelte und mit ihnen auszog, ein Land zu erobern.

Die Waffen der alten Deutschen waren Spieß und Speer, Keule und Streitaxt. Vor der Schlacht stimmten sie einen Schlachtgesang an, der so furchtbar klang, daß er zuweilen allein hinreichend war, die Feinde in die Flucht zu jagen. Wer feig entfloh oder Schild und Waffen im Stiche ließ, ward ehrlos und durfte weder Gottesdienste noch Volksversammlungen mehr besuchen.

Die Religion der Deutschen war eine Naturreligion. In frühester Zeit verehrten sie Sonne, Mond und Sterne, die Erde, das Feuer und andere Elementarkräfte, später persönliche Gottheiten.

Wodan oder Allfabur (Allvater) stand an der Spitze ihrer Götter. Nur ihm durften Menschenopfer gebracht werden. Seine Gemahlin hieß Frea oder Freya und war Göttin der Ehe. Wodans zwei vornehmste Söhne waren Tyr oder Tiu, der Gott des Krieges, und Thorr, Donar oder Thunar, der Gott des Donners. Ein weiterer Gott war Theut oder Thuisko (Stärke), und sein Sohn Man galt als Stammvater der Deutschen. — Die Erde verehrten sie unter dem Namen Hertha. Ihr Bild befand sich auf der Insel Rügen und wurde alljährlich auf einem mit geweihten Kühen bespannten Wagen an einen See gefahren und von Sklaven gewaschen, die sodann in den See geworfen wurden. — Ihre Götter verehrten die Deutschen in Wäldern, geweihten Hainen und unter der heiligen Eiche. — Die Begräbnisse geschahen prunklos. Dem Manne wurden Waffen mit ins Grab gegeben, damit er dieselben in der Walhalla, dem Aufenthalte der Seligen, wo täglich wacker gekämpft wurde, sofort habe. Sehr vornehme oder berühmte Personen wurden mit ihren Waffen verbrannt. Die Frauen und Kinder kamen nicht in die Walhalla, sondern in die übrigen Himmelsräume.

4. Der Kampf der Cimbern und Teutonen mit den Römern.

Um das Jahr 113 v. Chr. erwachte in den Cimbern und Teutonen, die in Schleswig und Jütland wohnten, die Wanderlust. Sie sehnten sich nach besseren Wohn= und Weideplätzen und zogen deshalb mit Weibern und Kindern und in Begleitung der Ambronen südwärts durch ganz Deutschland. Als sie in den steierischen Alpen bei Noreja auf die Römer stießen, erkannte der Feldherr derselben, der Consul Papirius Carbo sofort, daß er keinen unbedeutenden Feind vor sich habe. Er nahm daher seine Zuflucht zur List und stellte sich, als wolle er Freundschaft mit den Deutschen halten und ihnen den Weg ins schöne Italien zeigen. Er lockte sie in einen Hinterhalt, fiel dann über sie her und hoffte, sie gänzlich zu vertilgen. Die über diesen

Treubruch empörten Deutschen ließen sich jedoch nicht aus der Fassung bringen und vertheidigten sich mit solchem Ungestüm, daß Carbo nur unter dem Schutze eines Gewitters entkam. Mehrere Jahre weideten nun die Deutschen ihre Heerden in den fruchtbaren Gefilden zwischen der Donau und den Alpen, und als sie auf ihrem Zuge nach Südgallien kamen, begehrten sie daselbst von den Römern, den Herren jener Gegend, Wohnplätze. Da ihnen diese verweigert wurden, schlugen sie 109 v. Chr. bei Massilia (Marseille) ein zweites römisches Heer und 107 bei Genf ein drittes. Der Anführer desselben, Consul Cassius Longinus, fiel, und der Ueberrest des Heeres mußte durchs Joch gehen. Ein viertes Heer wurde 106 besiegt, und als 105 ein fünftes erschien, wurde es von den vereinigten Cimbern und Teutonen an der Rhone so total geschlagen, daß von den 80,000 Kriegsmännern und 40,000 Troßknechten nur die beiden römischen Feldherren mit 10 Mann nach Italien entkamen. Angst und Entsetzen verbreitete sich in ganz Italien, und der Ausdruck „cimbrischer Schreck" wurde für alle Zeiten zum Sprichwort.

Doch die Deutschen benützten die Verwirrung der Römer nicht, sondern blieben ruhig in Gallien. In dieser Noth übertrugen die Römer gegen das Gesetz das Consulat wiederholt dem Plebejer Marius. Dieser schuf aus Sklaven, Fremdlingen u. a. in Eile ein sechstes Heer, gewöhnte es an strenge Ordnung und Mannszucht, führte es nach Gallien, verschanzte sich an der Rhonemündung und vermied eine offene Feldschlacht; denn er wollte seine Römer erst an den Anblick des gefürchteten Feindes gewöhnen. Die Teutonen und Ambronen hielten dies für Feigheit, und da sie Marius durchaus nicht zum Kampfe bewegen konnten, brachen sie auf und zogen gegen Italien. Marius rückte ihnen auf Seitenwegen nach, und in der Schlacht bei Aquä Sextiä (dem **102** heutigen Aix) rieb er sie gänzlich auf. Nun wandte er sich gegen die Cimbern, die sich von den Teutonen getrennt hatten und unterdessen in Italien eingedrungen waren, erreichte sie und vernichtete sie 101 v. Chr. auf der raudischen Ebene (zwischen **101** Verona und Vercelli).

5. Das linke Rhein- und das rechte Donauufer unter Roms Herrschaft.

Es waren noch keine 50 Jahre nach Vertilgung der Cimbern und Teutonen verflossen, als die Römer schon wieder in Berührung mit den Deutschen kamen. Die Veranlassung war folgende:

Ariovist, ein Heerführer der Sueven, war von den Sequanern, einem mächtigen Volk in Gallien, gegen die Aebuer zu Hilfe gerufen worden. Ariovist erschien mit seinem Volk, schlug die Aebuer und ließ sich in dem nachmaligen Burgund nieder. Den Sequanern gefiel dies sehr übel; als sie aber den Ariovist mit den Waffen vertreiben wollten, wurden sie von diesem aufs Haupt geschlagen. Jetzt wandten sich die Sequaner an den römischen Consul Julius Cäsar, der eben mit seinen Legionen in Südgallien angekommen war, und baten um seinen Beistand. Cäsar forderte Ariovist auf, kein Kriegsvolk mehr über den Rhein zu führen und die gallischen Geiseln frei zu geben. Ariovist berief sich auf das Recht der Waffen, das dem Sieger erlaube, mit dem Besiegten nach Gutdünken zu verfahren. Cäsar rückte hierauf gegen Ariovist vor, schlug ihn in der Nähe von 50 Besançon aufs Haupt und trieb die Deutschen über den Rhein zurück. Einige Jahre später hatte Cäsar alles Land **links des Rheines** in seinen Händen, und nun versuchte er auch in Großgermanien einzubringen. Zweimal überschritt er den Rhein, baute bei Andernach eine Brücke über denselben, verwüstete die Gegend an der Sieg, wagte aber nicht, den Deutschen in die Schrecknisse ihrer Wälder zu folgen. Er erbaute am rechten Rheinufer einige Kastelle, und kurz darauf legten die Römer auch den Grund zur nachmaligen Stadt Cöln (Colonia Agrippina). Da Cäsar die Tapferkeit der Deutschen hatte fürchten lernen, warb er sie für seine Legion an, und als es 48 v. Chr. zwischen ihm und Pompejus zur Entscheidungsschlacht bei Pharsalus kam, hatte er den Sieg vorzugsweise seiner deutschen Reiterei zu verdanken.

Nach Cäsars Tode führte der Kaiser Augustus den Krieg gegen die Germanen fort. Seine beiden Stiefsöhne Drusus und Tiberius, drangen über die Alpen und unterwarfen sich alles Land bis zur Donau.

15 v. Chr. war die **Donau die Nordgrenze des römischen Reiches,** und nach den unterjochten Stämmen nannten die Römer die neuerworbenen Länder: Vindelicien (von den Voralpen bis zur Donau), Norikum (vom Inn bis zum Wienerwald), Rhätien (südlich von Vindelicien).

Aus den festen Lagern, welche die Römer links des Rheines und rechts der Donau hatten, entstanden mit der Zeit folgende wichtige

Städte: Worms, Mainz, Coblenz, Bonn, Cöln, Jülich, Aachen, Trier; — Bregenz, Kempten, Augsburg, Regensburg, Passau, Salzburg, Linz, Wien u. s. w.

6. Deutschlands Unterjochung durch die Römer.

Da die Römer die deutschen Völker rechts des Rheines und links der Donau beständig zu fürchten hatten, beschlossen sie, sich ganz Deutschland zu unterwerfen. Augustus schickte daher seinen Stiefsohn **Drusus** nach Gallien, und dieser unternahm zwischen den Jahren 12 u. 9 v. Chr. vier Feldzüge in das Innere von Deutschland.

Seine Angriffe erfolgten von der Nordsee und vom Rhein aus, und wenn er die Germanen auch nicht völlig unterwerfen konnte, so mußten sie sich doch gefallen lassen, daß er mehrere Zwingburgen, so z. B. Aliso unweit Paderborn, erbaute, den Rhein durch 50 Castelle befestigte und Mainz zum Mittelpunkte seiner Unternehmungen machte. Auf seinem letzten Zuge, der ihn bis zur Elbe führte, verlor er an den Folgen eines Sturzes vom Pferde sein Leben, und in Mainz zeigt man noch heute sein Todtendenkmal. Was der edle Drusus nicht bewerkstelligen konnte, wurde seinem Bruder, dem finstern und grausamen **Tiberius**, möglich. Er suchte Zwietracht unter den deutschen Völkerschaften auszustreuen, hetzte einen Fürsten gegen den andern auf, führte sie durch Treulosigkeit ins Verderben und brachte so ganz Nord=westdeutschland zur Unterwerfung. Im Jahre 4 v. Chr. konnte zwischen dem Rhein und der Weser eine förmliche römische Statthalterschaft eingerichtet werden, und Aliso wurde Residenz des Statthalters. Nur unter stetem Widerstreben gehorchten die Deutschen, und um sie zu willigen Unterthanen zu machen, sollten ihnen römische Sitten und Ge=bräuche, ja selbst die römische Sprache aufgedrungen werden. Schon hatte es der römische Statthalter **Varus**, der gegen 9 n. Chr. nach Deutschland kam, ziemlich weit hierin gebracht; als er aber nach römischem Gebrauche Beile und Ruthenbündel vor sich hertragen ließ und sich sogar das Recht über Leben und Tod anmaßte, das die Deutschen nur ihren Göttern einräumten: da fühlten diese tief ihre Schmach. Sie ermannten sich und zerrissen die Ketten, die man um sie gelegt, und Rom selbst hatte den Retter deutscher Freiheit erzogen.

7. Hermann, der Retter Deutschlands.

Hermann oder Armin war der heldenmüthige Sohn des Cheruskerfürsten Segimer. Als Knabe kam er mit anderen edlen deutschen Jünglingen als Geisel nach Rom, lernte daselbst römische Staats- und Kriegskunst kennen und kehrte als römischer Bürger und Ritter nach Hause zurück. Als er hier die Schmach und das Elend seines Volkes sah, beschloß er es zu retten. Er verband sich zu diesem Zwecke mit anderen cheruskischen Fürsten, sowie mit den Fürsten der umliegenden Marsen, Bructerer und Katten. Als alles vorbereitet war, mußte ein deutsches Volk an der Weser eine Scheinempörung ins Werk setzen. Sofort brach Varus mit seinen Legionen dahin auf, und der bei Varus wohlgelittene Hermann schloß sich mit seinem Volke den Römern an. Zwar machte Segest, der Schwiegervater des Hermann, Varus auf die Gefahr aufmerksam, allein letzterer glaubte nicht, weil ihm bekannt war, daß Segest mit seinem Schwiegersohne in bitterster Feindschaft lebte.

Hermann führte die Römer immer tiefer in das mit Wald und Sumpf bedeckte Land, und unweit Detmold fielen die Deutschen plötzlich über die nichts ahnenden Römer her. Drei Tage lang kämpften diese unter stetem Zurückweichen; aber von Stunde zu Stunde wurden die Legionen kleiner. Als Varus sah, daß alles verloren sei, stürzte er sich, um nicht als Gefangener in die Hände der Deutschen zu fallen, in sein eigenes Schwert. Das ganze 40,000 Mann starke Heer wurde niedergemacht oder gefangen. Nur Wenige entkamen. Das war die **große Befreiungsschlacht auf dem Winnfeld** im teutoburger Walde (im heutigen Lippe-Detmold) 9 n. Chr.

Sie kostete den Römern die besten Legionen und machte die weitere Behauptung einer römischen Statthalterschaft in Deutschland unmöglich. Mancher edle Ritter oder Senator war in die Hände der Deutschen gefallen, wurde von diesen dem Gott Wodan geopfert, oder mußte als Viehhirt oder Knecht eines deutschen Bauern sein übriges Leben vertrauern.

Als Varus und dessen Legionen vernichtet waren, eroberte und zerstörte Hermann auch alle römischen Zwingburgen diesseit des Rheines und steckte sein Schwert nicht eher in die Scheide, als bis er an den Ufern dieses Stromes stand.

Den abgehauenen Kopf des Varus schickte Hermann als beschämendes Siegeszeichen an den Markomannenkönig Marbod, der dem Befreiungskampfe unthätig zugesehen hatte.

Als Augustus die Niederlage seiner Legionen vernahm, zerriß er vor Schmerz sein Gewand und rief aus: „Varus, Varus, gieb mir meine Legionen wieder!" Er ließ Bart und Haare wachsen und entfernte seine deutsche Leibwache aus Italien. Den listigen Tiberius aber schickte er an den Rhein, dortselbst die Grenzen zu bewachen. Dieser aber fand zu seinem Erstaunen alles ruhig; denn die Deutschen, die nur ihre Freiheit wieder gewinnen, nicht aber Eroberungen machen wollten, waren schon längst in ihre Heimath zurückgekehrt.

8. Hermann und Germanikus.

Nach dem Tode des Kaisers Augustus bestieg **Tiberius***) (v. 14—37) den römischen Thron und schickte sofort den jugendlichen Feldherrn **Germanikus**, Sohn des Drusus, nach Deutschland, die Niederlage des Varus blutig zu rächen. Auf verschiedenen Wegen drang dieser mit mehr als 80,000 Mann in Westfalen ein, und seine erste, jedoch wenig ruhmvolle That war, daß er die hochherzige Thusnelda, Hermanns Gemahlin, gefangen nahm und nach Rom schickte, wo sie in der Gefangenschaft starb. Hermann rief seine getreuen Cherusker zu den Waffen, konnte jedoch nicht verhindern, daß Germanikus bis in den teutoburger Wald vordrang und die traurigen Ueberreste seiner im Jahre 9 vernichteten Landsleute bestatten ließ. Als Germanikus sodann mit den Germanen zusammenstieß, hätte fast auch ihn das Schicksal des Varus betroffen. Nur das rechtzeitige Eintreffen seines Fußvolkes rettete ihn; doch traten die Römer gleich darauf den Rückzug an, und zwar Germanikus mit der Flotte auf der Ems und sein Unterfeldherr Cäcina zu Lande.

Im nächsten Jahre (17) erschien Germanikus abermals in Deutschland, landete bei Amisia (Emden) und brachte bei Ibistavisus (bei Preußisch-Minden) den Deutschen eine schwere Niederlage bei. Hermann wurde verwundet und entkam nur durch die Schnelligkeit seines Pferdes. Die Cherusker faßten hierauf den Plan, von der Weser an die Elbe zu übersiedeln,

---

*) Tiberius führte Hinrichtungen wegen Majestätsverbrechen ein und regierte äußerst grausam und despotisch.

als sie aber sahen, wie die Römer Siegeszeichen aufrichteten, wagten sie noch eine Schlacht am Steinhuber Meer. Zwar schrieben sich die Römer wieder den Sieg zu; aber bald darauf zogen sie ab und kehrten nie wieder. Die mit großer Beute beladene Flotte, die auch Germanikus und dessen Heer trug, wurde auf dem Rückzuge von Stürmen ergriffen und zum großen Theile vernichtet. Germanikus wurde nach Rom zurück gerufen und als Feldherr nach Asien gesendet, wo er bald nachher an Gift starb.

9. Hermann's Ende.

Nach Germanikus' Abberufung wandte sich Hermann gegen einen innern Feind, gegen den mächtigen Markomannenkönig **Marbod**. Die Markomannen wohnten erst im heutigen Baden und Württemberg, wurden aber durch Marbod, der gleich Hermann in Rom erzogen worden war und wahrscheinlich mit den Römern nicht in Berührung kommen wollte, nach Böhmen geführt. Hier wollte sich Marbod ein Reich nach römischem Muster errichten. Sein Volk sträubte sich dagegen und rief die Cherusker zu Hilfe. Diese kamen und besiegten Marbod, der zu den Römern floh und von ihnen 18 Jahre lang zu Ravenna das Gnadenbrod erhielt.

Nachdem Hermann sein Vaterland von äußeren und inneren Feinden befreit hatte, wurde er, wie uns ein römischer Geschichtsschreiber mittheilt, im Jahre 21 n. Chr., 37 Jahre alt, ermordet. Von seinen Nachkommen wurde er hoch geehrt und in Heldenliedern besungen, und noch heute preist ihn die dankbare Nachwelt als den Erretter Deutschlands und als den Erhalter deutscher Sprache, Sitte und Art.

10. Die wichtigsten römischen Kaiser vor 200 und ihre Kriege mit den Deutschen.

Die Römer waren nunmehr nur noch auf die Erhaltung ihrer Grenzländer bedacht und befestigten daher die Rhein- und Donauufer immer mehr. Manche Kaiser versuchten zwar wieder siegreich in Deutschland einzudringen; es gelang ihnen aber nur sehr schlecht, und sie mußten meist mit Schimpf und Schande abziehen.

Die Nachkommen des Augustus regierten bis 68 uub über-
trafen einander an Scheußlichkeiten aller Art. **Cajus Caligula**
(37—41), Sohn des Germanikus, hielt sich für einen
Gott, ernannte sein Lieblingspferd zum Consul und Priester
und wünschte dem ganzen römiischen Volke nur e i n e n Kopf,
um ihn mit e i n e m Hiebe abhauen zu können. **Tiberius**
Claudius (41—54), Bruder des Germanikus, war blöbsin-
nig, überließ die Regierung seinen Günstlingen und wurde
durch seine zweite Gemahlin der Stiefvater seines Nachfolgers
Claudius Nero (54—68). Dieser regierte anfangs gut, bald aber
schlimmer wie Tiberius und Caligula. Er verfiel in rohe Ausschweifungen, mordete seinen Stiefbruder Britannikus, seine beiden
Gemahlinnen, seine Mutter und seinen Erzieher Seneka, reiste als
Sänger und Schauspieler durch Italien und Griechenland, veranlaßte badurch, daß er 64 die Stadt Rom in Brand stecken ließ und
dann die Schuld auf die Juden und Christen schob, die erste
Christenverfolgung, wobei auch die Apostel Petrus und Paulus
ihren Tod gefunden haben sollen, und starb durch Selbstmord.

Als **Vespasian** (69—79) den römischen Thron bestieg,
empörten sich ble Bataver an den Rheinmündungen, und erst
nach mehrjährigem Kriege brachte er es bahin, daß sie tributfreie
Bundesgenossenschaft annahmen. Unter seiner Regierung eroberte
und zerstörte sein Sohn Titus im Jahre 70 Jerusalem, und
während der Regierung des **Titus** (von 79—81) wurden durch
einen Ausbruch des Vesuvs die Städte Herculanum, Pompeji und Stabiä verschüttet.

Der feige und grausame Kaiser **Domitian** (81—96) ge-
rieth mit den Katten in Krieg, wagte aber nicht sie anzugreifen.
Um nicht gar zu schimpflich in Rom einziehen zu müssen, ließ er
Sklaven wie Deutsche kleiden und bemalen und führte sie als
Gefangene im Triumph nach Rom.

Mit mehr Glück führte der eble Kaiser **Trajan** (98 bis
117) Krieg gegen die Katten. Er bemüthigte sie und nahm ihnen
bas Land zwischen dem Donau-Ursprung, dem Untermain und
Oberrhein ab. Einen Theil dieses Landes vertheilte er an gal-
lische und germanische Ansiedler als eine Art Soldatenlehen gegen
die Verpflichtung der Grenzhut und wahrscheinlich auch gegen
einen jährlichen Zehnten. Für letzteren Umstand spricht auch der
Name Zehntland, der dieser Gegend beigelegt wurde. Die
Zehntlande wurden durch den sogenaunten Pfahlgraben, bestehend

aus Thürmen und Burgen, die durch einen Wall verbunden waren, gegen Einfälle der Germanen geschützt und verblieben bis in's 3. Jahrhundert in den Händen der Römer.

Der Pfahlgraben führte von Pföring an der Donau durch das Altmühlthal über Gunzenhausen (Guntia) an den Neckar und Main (bis gegen Aschaffenburg), und von da bis an den Rhein bei Mainz.

Im Zehntlande bezeugen noch jetzt Reste von Tempeln, Bädern und Heerstraßen das ehemalige Dasein römischer Cultur.

Von Augusta Viudelicorum (Augsburg) liefen 6 Heerstraßen auseinander. Dieselben waren geradlinig angelegt und bis 20' breit. Steinerne Meilenzeiger gaben die Entfernungen an, und in größeren Zwischenräumen standen Herbergen für Reisende und kleine Castelle.

Unter Trajan, der zur Verherrlichung seiner vielen Siege zu Rom die 117' hohe Trajanssäule erbaute und dem Volke 123 Tage lang großartige Spiele durch 10,000 Gladiatoren und 11,000 wilde Thiere gab, erreichte das römische Reich seine größte Ausdehnung. Hadrian (117—138) durchreiste (meist zu Fuß) fast alle Provinzen seines Reiches, stellte Mißbräuche ab, ließ Städte, Straßen, Canäle und Brücken rc. erbauen und sorgte so für das Wohl seines Volkes. Antonius Pius (138—161) erwarb sich durch seine ausgezeichneten Regententugenden den Beinamen pater patriae, und er und sein Nachfolger Marcus Aurelius Antonius (161—180) sind die edelsten der römischen Kaiser.

Während der Regierung des M. Aurelius drangen 167 die Markomannen, verbunden mit anderen deutschen Völkerschaften, über die Donau in's römische Reich, und obwohl M. Aurelius, der die Größe der Gefahr wohl einsah, selbst seine Kunstschätze und Kleinodien veräußerte, um ein möglichst großes Heer aufstellen zu können, so konnte er doch nicht verhindern, daß die Feinde bis Aquileja (nördlich vom abriatischen Meer) vordrangen. Nur mit der größten Anstrengung schlug er sie endlich wieder bis über die Donau zurück. Das Ende des Krieges erlebte er jedoch nicht, und sein Sohn und Nachfolger Commodus (v. 180 bis 192), der lieber zu Rom im Circus und Amphitheater als Gladiator und römischer Hercules für Geld auftrat, als gegen Feinde kämpfte, erkaufte von den Markomannen einen schimpflichen Frieden.

11. Die deutschen Völkerbündnisse.

Ein wesentlicher Erfolg dieser vielen Kämpfe mit den Römern war, daß die Deutschen immer häufiger in größere Bündnisse zusammentraten. Dieselben wurden zwar meist nur für Zeiten der Noth geschlossen, bestanden aber trotzdem auch im Frieden fort.

Zwischen 200—300 fanden vier große Bündnisse dieser Art statt, nämlich der Bund der Alemannen, der Franken, der Sachsen und der Gothen.

1. Die **Alemannen** waren eine Vereinigung suevischer Völker im Norden des römischen Grenzwalles am Main und Rhein. Bald aber eroberten sie bleibende Sitze innerhalb dieses Walles und dehnten bei zunehmendem Verfalle Roms ihre Herrschaft auch über Rhätien und das heutige Elsaß aus. Um 500 besaßen sie alles Land vom Lech bis zum Jura und den Vogesen, und von der Wörnitz, der Jart und dem Neckar bis zu den rhätischen Alpen.

2. Die **Franken** entstanden aus mehreren Völkerschaften des sächsischen Stammes und den zu den Sueven gehörenden tapfern Katten, den jetzigen Hessen. Sie wohnten im Norden der Alemannen bis nach den Niederlanden und an die Nordsee hin, wollten franke und freie Leute sein und erhielten davon ihren Namen. Den Römern wurden sie durch ihre Einfälle in Gallien, aus welchem Lande sie stets mit reicher Beute zurückkehrten, bald sehr gefährlich.

3. Die **Sachsen** hatten ihre Sitze im Osten der Franken, von Westfalen an bis an die Elbe, und bestanden aus allen den sassischen Völkerstämmen, die sich nicht zu den Franken geschlagen hatten. Das Hauptvolk des Bundes waren die tapfern Cherusker am Harz. Die Sachsen waren auch kühne Seefahrer und plünderten öfters die römischen Küstenländer.

4. Die **Gothen** wohnten erst an der Ostsee, Oder und Weichsel. Nach ihrer Vereinigung wanderten sie südwärts an die untere Donau und an's schwarze Meer und verdrängten die Römer aus den Ländern, die wir jetzt Ungarn, Wallachei und Moldau nennen. Nach einem glücklichen Kampfe gegen den Kaiser **Decius** (v. 249—251), der 251 Schlacht und Leben verlor, machten sie Eroberungszüge bis Byzanz und Tapezunt, und erst **Aurelian** (v. 270—275) warf sie wieder bis über die Donau

3

zurück. Sie theilten sich in Ost- und Westgothen, die durch den Dnjepr getrennt waren, und nahmen unter allen deutschen Völkern zuerst das Christenthum an. Schon um 380 übersetzte ihr Bischof Ulphilas die Bibel in die gothische Sprache.

Die vier Evangelien der von ihm übersetzten Bibel werden in Upsala unter dem Namen des silbernen Codex aufbewahrt. Das Pergament ist mit Purpur gefärbt, die Buchstaben in Silber eingezeichnet und das ganze Buch durch die Freigebigkeit des schwedischen Marschalls Lagardie in massives Silber eingebunden.

Im Jahre 1818 wurden unter den Schätzen des lombardischen Klosters Bobbia auch die Briefe des Apostels Paulus entdeckt.

12. Die große Völkerwanderung.

Unter Völkerwanderung verstehen wir das durch die Hunnen veranlaßte und die Zerstörung des römischen Weltreiches zur Folge habende Vordringen vieler germanischer Völker von Osten nach Westen und von Norden nach Süden.

Im Jahr 375 erschienen plötzlich an der Wolga die bis dahin unbekannten **Hunnen**, ein wildes, häßliches Volk mongolischer Abkunft. Sie hatten untersetzten Körperbau, dicken Kopf, gelbes Gesicht mit tiefliegenden Augen und vorstehenden Backenknochen, und ihre Nahrung bestand aus Wurzeln und rohem Fleisch. Ihre Weiber und Kinder führten sie auf Karren mit sich; sie selbst aber kamen selten von ihren Pferden herunter. Nachdem sie die an der Wolga wohnenden Alanen besiegt und sich mit ihnen vereinigt hatten, stürzten sie sich auf die Ostgothen, deren 100jähriger König Hermanerich, zum Widerstande zu schwach, sich selbst das Leben nahm, weil er den Untergang seines Reiches nicht überleben wollte. Die Hunnen aber stifteten im heutigen Südrußland ein großes Reich und schweiften in demselben viele Jahre als Nomaden umher. Die Ostgothen wälzten sich auf die Westgothen, und letztere überschritten daher die Donau, begehrten vom römischen Kaiser **Valens** (v. 364—378) Wohnplätze und erhielten solche in Mösien, am südlichen Donauufer. Druck und schmähliche Behandlung von Seite der römischen Statthalter reizte sie aber bald zur Empörung. Sie brachen gegen Konstan-
378 tinopel auf, und bei **Adrianopel** verlor Valens die Schlacht und verbrannte in einer Bauernhütte, in die er sich geflüchtet hatte. Sein Nachfolger **Theodosius** (v. 379—395) schloß Frieden mit den Gothen, wies ihnen Mösien und Thrazien als Wohnplätze an

und benützte sie als Grenzwächter seines Reiches. Nach seinem Tode theilten sich seine beiden Söhne in das Reich. **Arkadius** 395 erhielt das **Morgenland** mit der Hauptstadt Konstantinopel, und **Honorius** das **abendländische Reich** mit Rom. Bald herrschte Neid und Zwietracht zwischen den zwei Kaisern, und da die Gothen gefährliche Nachbarn und Bundesgenossen für die Ost-römer waren, ermunterte Arkadius den tapferen Westgothenkönig **Alarich**, sich im schönen Italien ein Reich zu erobern. Alarich ließ sich das nicht zweimal sagen. Er brach mit seinen Gothen auf und fiel in Italien ein. Im Jahr 409 stand Alarich vor Rom, zog aber gegen Auslieferung alles Goldes und Silbers, sowie aller Sklaven germanischer Abkunft wieder ab; doch schon 410 erschien er wieder, nahm nach kurzer Belagerung diese ehe-malige Weltbeherrscherin, die sich rühmte, seit 800 Jahren keinen Feind in ihren Mauern gesehen zu haben, durch einen nächtlichen Sturm ein und gab sie der Plünderung preis. Sodann zog er nach Unteritalien, um über Sicilien nach Afrika überzusetzen; denn er wollte sich an den Küsten des Mittelmeeres ein großes Reich gründen. Bei Consenza in Unteritalien aber ereilte ihn der Tod, und seine Gothen bereiteten ihm im Flußbett des Busento ein Grab.

Alarichs Schwager **Adolf** (Athaulf) führte hierauf die Go-then über Rom nach Südgallien und Nordspanien, stiftete dort 412 das **westgothische Reich** mit der Hauptstadt Toulouse, spä-ter Toledo, und heirathete Placida, die Schwester des Kaisers Honorius.

Der letzte König der Westgothen war Roderich. Er wurde 711 durch die Araber bei Xeres de la Frontera in Südspanien geschla-gen, und damit hatte das westgothische Reich ein Ende.

Doch nicht nur die Gothen, sondern auch andere deutsche Völker waren um diese Zeit in Bewegung gerathen, und es entstan-den kurz hinter einander auf römischem Gebiet das Reich der Burgunder, der Vandalen und der Angeln und Sachsen.

Die **Burgunder** wohnten ursprünglich an der Weichsel, er-schienen um 275 am Neckar, drangen 407 über den Rhein (Worms wurde Hauptstadt), zogen bald darauf nach Südostgallien und nahmen schon frühe das Christenthum und milbere Sitten an. 534 wurde Burgund eine fränkische Provinz.

Die **Vandalen**, die ursprünglich am Riesengebirge und spä-ter in Pannonien (Ungarn) Wohnplätze hatten, traten um 407 in

Spanien auf. Als hier auch die Gothen erschienen, schifften die Vandalen nach Nordafrika über und gründeten unter ihrem Kö= 429 nige **Geiserich** in der Gegend, wo jetzt Algier und Tunis liegt, ein mächtiges Reich mit der Hauptstadt **Karthago**. 455 setzten sie (von der Kaiserin=Wittwe Eudoxia aus Rache dorthin berufen) nach Italien über, eroberten Rom und plünderten es 10 Tage lang mit solcher Barbarei, daß man noch heute den höchsten Grad von Barbarei und Unmenschlichkeit mit dem Ausdruck „Vandalis= mus“ bezeichnet. Die schönsten Denkmäler alter. Kunst giengen dabei zu Grunde. Im Jahr 534 eroberte der byzantinische Feld= herr **Belisar** das Vandalenreich für seinen Kaiser Justinian, und 688 fiel jene Gegend an die Araber.

Die **Angeln** und **Sachsen** wohnten an der Elbe= und We= 449 sermündung. 449 wurden sie von den Briten gegen die Picten und Scoten zu Hilfe gerufen. Sie landeten unter **Hengist** und **Horsa** in England, schlugen die Picten und Scoten bei Stam= fort, setzten sich aber dann selbst im Lande fest und gründeten die **sieben angelsächsischen Königreiche:** Sussex, Essex, West= sex, Ostangeln, Northumberland, Kent und Mercia. 827 wurden dieselben nach langen Kämpfen durch **Egbert** unter dem Namen **England** zu einem Reiche vereinigt.

13. Attila der Hunnen König.

Im Laufe der Zeit waren die Hunnen weiter nach Westen vorgedrungen, und als 444 Attila, der sich selbst am liebsten **Etzel**, d. i. Gottesgeisel, nannte, ihr Oberhaupt wurde, war **Tokay** in Ungarn die Hauptstadt (das Hauptlager) ihres Rei= ches. Erst wandte er sich gegen den oströmischen Kaiser Theo= dosius II., schlug ihn wiederholt, zerstörte gegen 70 blühende Städte, bedrohte sogar Konstantinopel und nöthigte Theodosius zur Zahlung eines jährlichen Tributes. Hierauf trieb ihn Ero= berungslust zu einem Zuge gegen das weströmische Reich, und die mißlungene Bewerbung um die Schwester des Kaisers Valenti= nian, von dem er die Hälfte des römischen Reiches als Mitgift begehrte, lieh ihm einen Vorwand. 450 brach er mit 700,000 Streitern auf, drang durch Norikum, Vindelicien und Alemannien nach Gallien, und Blut und Verheerung kennzeichneten seinen Weg. Auf den **catalaunischen Feldern** (bei dem heutigen Cha= 451 lons an der Marne) stellte sich ihm das vereinigte Heer der Rö=

mer, Burgunder, Westgothen und Franken unter dem trefflichen römischen Feldherrn **Astius** entgegen, und die hartnäckige Schlacht endete mit der völligen Niederlage der Hunnen. Attila zog nach Ungarn zurück und brach 452 zerstörend in Italien ein. Die Bewohner der von ihm zerstörten Stadt Aquileja flüchteten in die Lagunen des adriatischen Meeres und legten den Grund zur Stadt Venedig. Attila aber ließ sich durch den römischen Bischof Leo I. und durch Krankheiten in seinem Heere bestimmen, wieder umzukehren. 454 starb Attila, sein Reich zersplitterte, und die Hunnen kehrten wieder nach Asien zurück.

14. Der Untergang des weströmischen Reiches.

Während der Kriege mit den Germanen war Rom immer schwächer geworden. Aber nicht die Kriege waren die Ursache — Kriege hatten Rom ja früher groß gemacht — sondern die immer mehr um sich greifende sittliche Verkommenheit war der Grund. Daß Rom nicht mehr war, was es früher gewesen, beweist schon der Umstand, daß es zwischen den Jahren 180—300, also in 120 Jahren, 36 Imperatoren hatte, und daß von diesen 27 ermordet wurden, 3 im Kriege fielen und nur 6 eines natürlichen Todes starben.

Als **Constantin der Große** (v. 306—337) nach seinem Siege bei Rom über seinen Nebenkaiser Maxentius anfieng, 312 die christliche Religion zur herrschenden zu machen, schien das römische Reich wieder emporzukommen: allein es war nur das letzte Aufflackern eines erlöschenden Lichtes. Immer stärker wurden die Stöße, die gegen das morsche Reich geführt wurden, und nach der Trennung in ein ost= und weströmisches Reich (395) war der Untergang des letzteren nur noch eine Frage der Zeit.

Nach dem Abzuge der Vandalen (455) vergab der Sueve Ricimer, Anführer der deutschen Söldlinge, den römischen Kaiserthron dreimal nach Gefallen, und als nach Ricimers Tode große Verwirrung wegen der Thronfolge entstand, indem der oströmische Hof diese für sich in Anspruch nahm, stürzte Odoaker, der Anführer der Heruler, Rugier, Turcilinger und Scyren im Dienste der Römer, im Jahre 476 den jungen Imperator **Ro-** 476 **mulus Augustulus** vom Throne und regierte anfangs im Namen des vom byzantinischen Hof eingesetzten Imperators Julius Nepos, von 480 an aber allein und unabhängig als römischer Patricius und deutscher Heerkönig über Italien.

So ruhmlos endete die Herrschaft der einst weltberühmten Roma im 1229. Jahre nach ihrer Erbauung!

15. Deutschland um das Jahr 476.

Große Veränderungen hatte die Völkerwanderung in Deutschland zur Folge gehabt. Viele germanische Völker waren ausgewandert und hatten neue Wohnplätze gefunden, und in die von den Deutschen aufgegebenen Ostländer waren Slaven gezogen. Andere deutsche Völkerstämme aber waren in ihren alten Wohnplätzen geblieben, und hiezu gehören die Alemannen, Franken, Sachsen, Friesen, Thüringer und Bajuvaren oder Bojoarier.

Wenige Jahre nach dem Sturze Roms kamen auch die Franken in lebhafte Bewegung, und sie waren dazu ausersehen, das mächtigste unter allen Reichen, die auf den Trümmern des weströmischen Reiches errichtet wurden, das große Frankenreich zu gründen.

Bevor wir jedoch mit der Geschichte dieses Reiches beginnen, müssen wir der Thüringer und Bajuvaren mit einigen Worten gedenken, da wir ihnen hier zum erstenmal begegnen.

Die **Thüringer** wohnten zu beiden Seiten des Thüringerwaldes, von der Donau bis zum Harz, und sind die Nachkommen der einst so mächtigen Hermunduren und einiger benachbarten Völker. Um 528 kamen sie unter die Herrschaft der Franken.

Die **Bajuvaren** oder **Bojoarier** wohnten in dem Lande zwischen dem Lech und der Enns und von der Donau bis zu den Alpen. Der Name wurde wahrscheinlich den früher hier seßhaften und von den Cimbern und Teutonen besiegten Bojern, einem celtischen Volksstamme, entlehnt; sie selbst aber waren jedenfalls aus Böhmen durch die Oberpfalz hiehergekommene Markomannen, mit denen sich später eine Anzahl Heruler, Rugier, Turcilinger und Scyren (Zurückgebliebene der Völker, die mit Odoaker nach Italien gezogen) freiwillig verbunden hatten. Hiefür spricht auch der Umstand, daß es in Bojoarien fünf edle Geschlechter gab, die wahrscheinlich die Nachkommen der Häupter der oben genannten fünf Völker waren.

Von 554 bis 788 hatten die Bajuvaren Herzöge aus dem edlen Hause der **Agilolfinger**; allein schon der erste, Garibald I., mußte die Oberhoheit der Franken anerkennen, und 788 wurde **Bayern** eine fränkische Provinz.

Zweiter Zeitraum.

Von der Gründung des fränkischen Reiches bis zur Theilung desselben. 486—843.

16. Die Gründung des fränkischen Reiches durch Chlodwig.

Zehn Jahre nach dem Sturze des weströmischen Reiches gründete Chlodwig in Nordgallien das mächtige Frankenreich. Die Franken standen unter mehreren kleinen Fürsten, über die abwechselnd Einer den Oberbefehl hatte, und theilten sich in 2 Hauptgruppen.

Die ripuarischen Franken wohnten rechts des Rheines und links bis zur Mosel und Maas; die salischen aber von der Maas bis an das Meer.

Als im Jahre 482 **Chlodwig**, ein Fürst der salischen Franken aus dem Geschlechte der Merovinger, den Oberbefehl über die Franken erhielt, erwachte in ihm die Eroberungslust. Unvermuthet überfiel er den römischen Statthalter Syagrius in Gallien, brachte ihm bei Soissons eine völlige Niederlage bei, eroberte rasch alles Land bis zur Loire und gründete **486** das **fränkische Reich**, dessen Erweiterung das Hauptziel seines Lebens war.

Bald darauf zog er dem ripuarischen Frankenkönige Siegbert gegen die Alemannen zu Hilfe, welche nach dem Abzuge der Burgunder aus der Gegend von Mainz immer mehr rheinabwärts drängten, und schlug sie (496) bei **Zülpich** (zwischen Bonn **496** und Aachen).

Im Gedränge der heißen Schlacht hatte Chlodwig gelobt, im Falle eines Sieges Christ zu werden. Noch in demselben

Jahre (496) ließ er sich daher am Weihnachtsfeste mit 3000 edlen Franken zu Rheims taufen. Obwohl er nun der aller- christlichste König genannt wurde, so hatte das Christenthum doch keinen mildernden Einfluß auf sein wildes Gemüth, und ersieht man dies besonders aus seinem späteren Benehmen gegen seine Verwandten.

Nachdem die Alemannen seine Oberhoheit anerkannt hatten, wandte er sich gegen die Burgunder und machte sie durch sei- nen Sieg bei **Dijon** (501) auf einige Jahre zinsbar, und wie- der mehrere Jahre später begann sein Krieg mit den Westgo- 507 then. Er schlug sie (507) bei **Bouglé,** oberhalb Poitiers, nahm ihnen alles Land bis zur Garonne und verlegte nun seine Re- sidenz nach Paris.

Allein auch über sämmtliche Frankenstämme wollte er re- gieren, und um dies zu erreichen, räumte er alle noch übrigen und mit ihm verwandten fränkischen Fürsten durch List und Gewalt, Verrath und Grausamkeit aus dem Wege.

511 511 starb Chlodwig im 45. Lebensjahre, und in sein durch so viel Blut und Unrecht aufgebautes Reich, das von dem atlan- tischen Meere, der Nordsee, der Lippe, der Rhön, dem Spessart, dem Neckar und Oberrhein, der Rhone und den Pyrenäen begrenzt war, theilten sich seine vier Söhne.

17. Die Stiftung germanischer Reiche in Italien.

Inzwischen ereigneten sich auch in Italien wichtige Begeben- heiten; denn Odoaker mußte nach 12jähriger Regierung einem Mächtigeren Platz machen.

Nach dem Untergange der Hunnen hatten sich über Panno- nien die Ostgothen ausgebreitet. Da sie dem angrenzenden by- zantinischen Reiche gefährliche Nachbarn waren, so machte der oströmische Kaiser Zeno dem jungen und tapfern Ostgothenkönig Theodorich den Vorschlag, sich in Italien niederzulassen, und trat ihm sofort das Hoheitsrecht über dasselbe ab. Alsbald brach Theodorich mit den Ostgothen auf, drang in Italien ein, schlug den Odoaker erst bei Aquileja und dann bei Verona (da- her sein Name („Dietrich von Bern"), schloß ihn in Ravenna ein, eroberte hierauf, zum Theil mit Hilfe der Westgothen, in kurzer Zeit ganz Italien und vollendete mit Ravenna's Einnahme und Odoakers Hinrichtung die Gründung des **ostgothischen**

Reiches (493). Bald umfaßte es außer Italien und Sicilien auch **493** Rhätien, Noricum, Istrien, Dalmatien und Pannonien, und **Theo=** **borich der Große** herrschte über dasselbe 33 Jahre lang mit größ= ter Umsicht und Weisheit. Er behandelte die Gothen und Römer mit gleicher Gerechtigkeit und kluger Berücksichtigung ihrer ver= schiedenen Volkseigenthümlichkeiten und Glaubensrichtungen *), be= lebte Ackerbau, Handel und Gewerbe, war ein Beschützer der Künste und Wissenschaften und verschaffte dem Lande die längst vermißte Wohlthat der Ruhe. Mit seinem Tode (526) erlosch die Blüthe des Ostgothenreiches, und nun kamen wieder unglück= liche Zeiten des Krieges. Die oströmischen Feldherrn Belisar und später Narses bekämpften die Gothen, und nach 11jährigem Kampfe kam es zur Entscheidungsschlacht bei Tagenä. Totilas, der letze Ostgothenkönig, verlor Schlacht und Leben.

Noch einen letzten Verzweiflungskampf unternahmen die Gothen am Vesuv; allein sie wurden abermals besiegt. Dadurch gieng **555** 555 das Ostgothenreich völlig unter, und das edle und kräftige Volk verschwand bis auf die letzte Spur. Narses blieb als Statthalter in Italien, wurde aber später mit Hohn abgerufen. Aus Rache hiefür soll er die Longobarden, die in Pannonien saßen, eingeladen haben, sich Italiens zu bemächtigen. Diese hatten sich durch Besiegung der Gepiden einen berühmten Namen erworben (der Longobardenkönig Alboin ließ sich aus dem Schä= del des Gepidenkönigs ein Trinkgeschirr machen) und längst lüsterne Blicke nach Italien geworfen. Im Jahre **568** zog **Alboin** mit seinen Longobarden in Oberitalien ein, nahm die meisten Städte durch Sturm und das feste Pavia nach 3jähri= ger Belagerung durch Hunger und stiftete das **longobardische** **Reich**, das sich über Oberitalien und bald auch über Unteritalien erstreckte. Mittelitalien aber mit dem Exarchate Ravenna verblieb den Byzantinern.

573 wurde **Alboin** auf Anstiften seiner Gemahlin ermordet, weil er sie zwingen wollte, aus dem oben erwähnten Trinkgeschirr, dem Kopfe ihres Vaters, zu trinken.

Alboins zweiter Nachfolger, der durch seine Stärke berühmte **Autharis**, vermählte sich mit Theodolinde, der frommen und hochgebildeten Tochter des Bajuvarenherzogs Garibald. Da

---

*) Die Gothen bekannten sich zum Arianismus, die Römer dagegen zum Katholicismus.

i

sie ihren Gemahl vom Arianismus zum Katholicismus bekehrte, so schenkte ihr der Papst Gregor I. die berühmte eiserne Krone. Diese besteht aus einem goldenen, mit Edelsteinen besetzten Reif, dessen innere Seite mit einem dünnen Eisenstreifen belegt ist, der aus einem Nagel vom Kreuze Christi geschmiedet sein soll.

Für Bajuvarien hatte diese Heirath üble Folgen; denn der Frankenkönig, welcher fürchtete, die beiden Nachbarvölker möchten sich gegen ihn verbinden, überzog Bayern mit Krieg und nöthigte Garibald I. zur Anerkennung der fränkischen Oberhoheit.

18. Die Merovinger und die fränkischen Großhofmeister oder Hausmayer.

Aus dem Frankenreiche waren nach Chlodwigs Tode zwei oder vielmehr vier Reiche entstanden, nämlich)

Austrasien oder das rheinländische Ostfranken mit der Hauptstadt Metz und

Neustrien oder Westfranken, das sich wieder in drei Theile, mit den Hauptstädten Orleans, Paris und Soissons, theilte.

Die Fürsten dieser Reiche lebten in beständiger Feindschaft mit einander, und Bruder und Verwandtenmord und andere unerhörte Gräuel kamen unter den Merovingern sehr häufig vor. (Brunhilde und Fredegunde.)

Gegen außen waren die fränkischen Könige immer glücklich. 528 erwarben sie Thüringen, 534 Burgund, und noch in demselben Jahrhundert mußte auch Bayern ihre Oberhoheit anerkennen.

Um 626 wurden auf Veranlassung des Frankenkönigs Dagobert I. die bajuarischen Gesetze gesammelt und ergänzt.

Die Nachkommen Dagoberts waren so untüchtig und träge, daß sich Bayern auf eine Zeit lang wieder frei machte, und in Frankreich selbst führte bald nicht mehr der König, sondern der Major Domus (Hausmayer) oder Großhofmeister die Regierung.

Anfangs war dem Major Domus nur die Verwaltung der königlichen Privatgüter und die Sorge für das königliche Dienstgefolge übergeben, bald aber wurde er auch bei Regierungsangelegenheiten zu Rathe gezogen und endlich erhielt er die oberste Leitung der ganzen Regierung. Bis 687 fand sich bei jedem der drei fränkischen Höfe (am austrasischen zu Metz, am neustrischen zu Soissons und dem burgundischen zu Orleans) ein Hausmayer; durch den Sieg bei Testri (687) aber wurde **Pipin von Heristall** alleiniger Major Domus der drei Reiche und nannte sich Herzog und Fürst der Franken. Er übte im ganzen Lande die Königsgewalt aus, stellte die gesunkene Ordnung im Reiche wieder her, führte die Märzfelder ein und machte sich um die Einführung des Christenthums unter den heidnischen Germanenstämmen in Ostfranken hoch verdient.

Noch größeres Ansehen erwarb sich sein heldenmüthiger Sohn, **Karl Martell** (der Hammer), der seinem Vater folgte. **714** Auch er sorgte für Ausbreitung des Christenthums in Deutschland; den größten Ruhm aber erwarb er sich durch Besiegung der Araber oder Mauren.

Dieses Volk hatte um das Jahr 622 durch Muhammed einen neuen Glauben (den Islam) erhalten und breitete denselben in kurzer Zeit durch Feuer und Schwert über einen großen Theil der Welt aus. Bald war ganz Westasien und Nordafrika in ihren Händen, und im Jahre 711 überschritten sie die Meerenge von Gibraltar. Durch den Sieg des Xeres de la Frontera über die Westgothen gerieth ganz Spanien in ihre Hände, und auch die Pyrenäen schienen ihnen keine Grenze setzen zu können. Schon hatten sie dieselben überstiegen; schon waren sie bis in das Herz von Frankreich vorgedrungen: da stellte sich ihnen Karl Martell an der Spitze der Franken, Thüringer, Alemannen und Bayern entgegen und schlug sie zwischen **Tours** und **Poitiers** in **732** einer siebentägigen Schlacht so vollständig, daß sie sofort den größten Theil Frankreichs räumten und nach einigen Jahren ganz nach Spanien zurückwichen. Dieser Sieg rettete das ganze Christenthum vor der Gefahr des Unterganges.

Die Westgothen zogen sich nach der Schlacht bei Xeres de la Frontera nach Galizien und Asturien zurück; die Araber aber machten Cordova zur Hauptstadt ihres Reiches, behandelten die Unterworfenen milb, ließen ihnen ihre Religion und ihre Gebräuche, beförderten Gewerbe, Handel, Ackerbau, Künste und Wissenschaften und brachten Spanien zu großer Blüthe. Allmählich aber drangen die Westgothen wieder nach Süden vor, gründeten die Königreiche Portugal, Kastilien und Aragonien und vertrieben nach der Einnahme von Granada (1492) die Araber gänzlich aus Spanien.

Das Frankenreich unter den Karolingern.

19. Pipin der Kleine. 752—768.

Auf Karl Martell folgte 741 dessen Sohn, **Pipin der Kleine**, als Haushofmeister. Dieser erwarb sich die Liebe der Franken in einem solchen Grade, daß es ihm leicht wurde, sich und seinem Hause den königlichen Namen zu erwerben. Mit Ein-

752 willigung des Papstes Zacharias berief er eine große Reichsver-sammlung nach Soissons, und hier wurde der letzte Merovin-ger, der blödsinnige Childerich III., des Thrones entsetzt und in ein Kloster verwiesen, **Pipin der Kleine** aber einstimmig zum **König der Franken** gewählt und nach alter Sitte auf den Schild erhoben. Bei der Krönung verrichteten eine Anzahl fränkischer Bischöfe — nach einer andern Mittheilung der Erzbischof Boni-fazius von Mainz — die Königsweihe.

Aus Dank für diese Bereitwilligkeit der Kirche und des römischen Stuhles kam Pipin dem Papste Stephan zweimal gegen die Lombarden zu Hilfe, entriß diesen den von ihnen er-oberten Theil des Exarchats und gab ihn dem römischen Stuhle. Hierdurch wurde Pipin der Gründer des nachmaligen Kirchen-staates und erhielt dafür vom Papste für sich und seine Dyna-stie die Würde des römischen Patriciats. *)

Im Jahr 748 starb der Bajuarenherzog Odilo, der mit Chiltrude, einer Schwester Pipins, vermählt war, und hinterließ einen 8jährigen Sohn, Thassilo II. Diesen ließ Pipin an den fränkischen Hof brin-gen und mit seinen Söhnen Karlmann und Karl erziehen. Als Thassilo 15 Jahre alt war, wurde er mit Bayern belehnt, konnte aber, da er als Vasall Pipins mit in den Krieg ziehen mußte, die Regierung des-selben noch nicht übernehmen. Hierüber unzufrieden, verließ er 763 heimlich das fränkische Heer und eilte nach Bajuvarien, wo er unum-

768 schränkt regierte. Als Karl der Große den fränkischen Thron be-stieg, mußte Thassilo die fränkische Oberhoheit wieder anerkennen. Durch seine Gemahlin aufgereizt, versuchte er aber wiederholt das fränkische Joch abzuwerfen. Zweimal verzieh ihm Karl; als sich aber Thassilo sogar mit den Avaren verband, wurde er auf einer Fürstenversammlung

788 zu Ingelheim am Rhein des Treubruches angeklagt und von den versammelten Großen zum Tode verurtheilt. Karl der Große begna-

---

*) Als Patricius war Pipin Schirmherr des päpstlichen Stuhles und Inhaber der weltlichen Hoheitsrechte: der Gerichtsbarkeit und militärischen Gewalt über die Stadt Rom und deren Gebiet.

bigte ihn jedoch zu lebenslänglicher Einsperrung in das Kloster St. Goar, welches Loos auch seine Familie traf. Aus Bajuarien wurde nun eine fränkische Provinz.

20. Karl der Große. 768—814.

Kurz vor seinem Tode theilte Pipin das große Frankenreich unter seine zwei Söhne. Karl erhielt den nördlichen Theil (mit den Städten Rouen, Mainz und Aachen) nebst Thüringen und Bayern, und Karlmann den südlichen (mit den Städten Verdun, Metz, Soissons und Paris) nebst Septimanien, Elsaß, Burgund und Alemannien.

Doch schon 771 starb Karlmann, und da die Neustrier nicht Karlmanns kleinen Söhnen unterthan sein wollten, so wurde durch Beschluß der geistlichen und weltlichen Reichsstände **Karl der Große Alleinherrscher der Franken.**

Seine außerordentlichen geistigen Eigenschaften, seine ausgezeichneten Feldherrn- und Herrschergaben, seine glänzenden Verdienste um die Cultur der Völker und um das Christenthum und die weise Einrichtung seines gewaltigen Reiches erwarben ihm den Beinamen des „Großen".

Um sein Reich von den häufigen Raubanfällen der Sachsen zu befreien, beschloß Karl auf einem Reichstag zu Worms 772

1) **den Krieg gegen die Sachsen,** der mit Unterbrechungen 30 Jahre dauerte und schließlich nicht nur ihre Unterwerfung, sondern auch ihre Bekehrung zum Christenthum zur Folge hatte.

Um letzteres zu erreichen, errichtete Karl in ihrem Lande 8 Bisthümer: Münster, Osnabrück, Münden, Paderborn, Bremen, Verden, Hildesheim und Halberstadt.

Auf dem ersten Zuge gegen sie eroberte Karl die Eresburg an der Diemel, zerstörte ihr größtes Heiligthum, die Irminsäule, und drang bis zur Weser vor, worauf er mit ihnen einen Frieden schloß. Unterdessen hatte der Longobardenkönig Desiderius den Papst Hadrian I. aufgefordert, seine Enkel, die Söhne Karlmann's, als fränkische Könige zu krönen, und da dieser es nicht that, überzog er ihn mit Krieg. Hadrian rief Karl zu Hilfe, und so unternahm dieser 773

2) **seinen Zug gegen die Longobarden.** Er überstieg den Mont Cenis, eroberte nach einer halbjährigen Belagerung Pavia, nahm Desiderius gefangen, verwies ihn in's Kloster

Corvey, ließ sich zu Mailand mit der eisernen Krone krönen und schenkte dem Papste Spoleto. Die Abwesenheit Karls hatte die Sachsen zu einem Aufstand aufgereizt; allein dieser unterwarf sie wieder durch einen zweiten und dritten Zug, nahm ihnen auch die Siegburg an der Ruhr ab und erbaute in ihrem Lande einige Burgen.

777 Nun hielt er sie für bezwungen und hielt in ihrem Lande einen Reichstag zu Paderborn. Auf diesem erschienen Abgesandte eines maurischen Statthalters von Saragossa in Spanien und baten um seinen Beistand gegen den Chalifen Abberrahman I. von Cordova. Karl sagte zu und unternahm deshalb

778 3) einen Zug gegen die **Araber in Spanien**. Er eroberte Pampelona und Saragossa, nahm alles Land bis zum Ebro ein und bildete daraus später die sogenannte spanische Mark. Auf dem Rückzuge wurde der Nachtrab von Karls Heer mit seinem tapfern Anführer, dem berühmten Ritter Roland, von den räuberischen Pyrenäenbewohnern erschlagen. (Rolands Horn Olifant.)

Die Sachsen hatten die Abwesenheit Karls im fernen Westen abermals zu einem Aufstande benützt, hatten alle festen Plätze und Kirchen zerstört und ihre Verheerungen auch auf das linke Rheinufer ausgedehnt.

Karl unternahm daher einen vierten Zug gegen sie, drang bis zur Elbe vor und legte auch an diesem Flusse Festungen an. Nun hielt sie Karl für völlig besiegt und wollte mit ihnen einen Kriegszug gegen die Slaven an der Ostsee unternehmen. Sie stellten sich ein, vernichteten aber die mitziehenden Franken beim Berge Süntel an der Weser vollständig Karls Zorn kannte keine Grenzen. Er unternahm einen fünften Zug gegen sie, verheerte alles Land, schloß sie bei Verden an der Aller ein, nahm sie gefangen und ließ ihrer 4500 enthaupten. Dieses große Rachebeispiel, das sich nur durch die Roheit des ganzen Zeitalters einigermaßen entschuldigen läßt, rief das ganze Sachsenvolk unter die Waffen. Erst nach zwei mörderischen Schlachten bei Detmold und am Flusse Hase unterwarfen sich die Sachsenherzöge Albion und Wittekind, gelobten Christen zu werden, kamen 785 nach Frankreich und ließen sich in Karls Gegenwart zu Attigny in der Champagne taufen. Ein dauernder Friede kam aber trotzdem erst 803 zu Selz (dem jetzigen Königshofen in Unterfranken) zu Stande. Nachdem Karl **788**

4) über den **Bajuvarenherzog Thaſſilo** zu Gericht geſeſſen und Bayern zu einer fränkiſchen Provinz gemacht hatte, bemüthigte er ſeit **789**

5) die **Slaven** an der Oſtſee und in Böhmen, machte die Elbe und den Böhmerwald zur Grenze und errichtete gegen ſie **mehrere Marken** (die wendiſche, thüringiſche und ſächſiſche).

Der Krieg gegen die Slaven war noch nicht beendet, als Karl unter ſeiner eigenen Oberleitung **791**

6) einen Zug gegen die **Avaren** in **Ungarn** unternahm. Er ſchlug ſie bis hinter den Wienerwald zurück, mußte aber die Beendigung des Krieges ſeinem Sohne Pipin überlaſſen. Dieſer erſtürmte ihr feſtes Lager an der Theiß, nahm ihnen alles Land zwiſchen Enns und Raab ab und vereinigte es 799 als die ſogenannte Oſtmark mit dem Frankenreich.

Schließlich wandte ſich Karl noch)

7) gegen die **Normannen**, die den Sachſen manchen Dienſt geleiſtet hatten. Zu Waſſer und zu Lande griff er ſie an und machte nach 3jährigem Kampf 810 die Eider zur Grenze gegen ſie.

Alle dieſe Kriege hatten zur Vergrößerung des karolingiſchen Reiches beigetragen und reichte daſſelbe nach 810 vom Ebro bis zur Raab und von der Eider bis zur Tiber.

Da Karl der Große mithin über den größten Theil des früheren weſtrömiſchen Reiches regierte, ſo ſetzte ihm der Papſt Leo III. am Weihnachtsfeſte des Jahres 800 in der Peterskirche zu Rom die Kaiſerkrone auf's Haupt, und das verſammelte Volk ſtimmte freudig in den Ausruf: „Dem von Gott gekrönten, großen und friedebringenden Kaiſer der Römer, Karolus Auguſtus, Leben und Sieg!" **800**

So groß Karl als Feldherr war, ſo groß war er auch als Geſetzgeber und Bildner ſeiner Völker, als Beſchützer des Chriſtenthums, als Beförderer der Künſte, der Wiſſenſchaften, des Handels und des Landbaues, als Erzieher und Hausvater.

Karl ſorgte für ſchriftliche Aufzeichnung der Geſetze, und wo keine vorhanden waren oder wo ſie nicht hinreichten, da gab er ſelbſt zweckmäßige Geſetze. Die Herzogsmacht ſchaffte er allenthalben ab. Dafür theilte er das ganze Reich in Gaue, und über jeden war ein vom König gewählter Gaugraf geſetzt, der die Gerichtsbarkeit hatte, die Steuern erhob und Ruhe und

Ordnung erhielt, und damit kein Graf seine Macht mißbrauchte, ordnete Karl Sendgrafen oder Sendboten zu deren Ueberwachung. Nur die Mark= oder Grenzgrafen waren mit größerer Macht ausgerüstet, da sie auch für die Sicherheit der Grenzen zu sorgen hatten.

Bewunderungswürdig war Karls Sorge um die Volksbil= dung. Er errichtete Schulen, besuchte dieselben, belohnte und bestrafte die Schüler je nach Verdienst, zog bedeutende Lehrer des Auslandes herbei, beschäftigte sich selbst mit der Ausarbeitung einer deutschen Grammatik, gab den Monaten deutsche Namen und sorgte auch für eine Sammlung der alten Heldenlieder, die aber durch seinen Sohn und Nachfolger leider wieder verloren gieng.

Um den Gottesdienst zu heben, ließ er Sänger und Orgel= spieler aus Italien kommen, und daß ihm daran lag, daß das Christenthum immer weiter um sich greife, ersehen wir aus seinem Kriege mit den Sachsen.

Die ausgezeichnetsten Gelehrten des Auslandes rief Karl an seinen Hof, so z. B. den Engländer Alkuin und seinen nach= maligen Geschichtsschreiber und Schwiegersohn (?) Eginhard, und unter den Künsten achtete und beförderte er besonders die Bau= kunst. (Die Pfalzen zu Ingelheim und Aachen, die Marienkirche in Aachen u. a. verdanken ihm ihre Entstehung.)

Um den Handel zu fördern, wollte er den Main und die Donau durch einen Kanal verbinden lassen, und da dieser Plan an technischer Unkunde scheiterte, so sorgte er wenigstens für gute Straßen, verlieh den Handelsplätzen Marktrechte, sicherte den Transport der Waaren durch den sogenannten „Königsschutz" u. s. w.

Aber auch die Hebung des Landbaues lag ihm am Herzen. Er legte Musteranstalten an, war selbst ein tüchtiger Landwirth und bekümmerte sich sogar um die Zahl der Eier, die von seinen Gütern auf den Markt kommen sollten.

In seiner Lebensweise war Karl sehr einfach. Unmäßigkeit und Trunkenheit verabscheute er; Weichlichkeit und Nachahmung fremder Sitten waren im zuwider. Zum Schlaf brauchte Karl wenig Zeit; beim Ankleiden ließ er sich vom Pfalzgrafen die zu erledigenden Reichssagen vortragen, und beim Mittagsmahl hörte er gern Saitenspiel mit Gesang und die Geschichte alter Helden.

Karls Ruhm drang weit über die Grenzen seines Reiches.

Alle umliegenden Völker und Fürsten ehrten oder fürchteten ihn. Der König Egbert von England suchte seinen Beistand, und Harun al Raschid, ein mächtiger Chalif von Bagdad, ließ ihm durch Gesandte werthvolle Geschenke überbringen.

Als Karl 70 Jahre alt war, stellten sich häufig Fieber ein und schwächten seinen sonst so kräftigen Körper. Am 28. Januar 814 starb er, 72 Jahre alt, mit den Worten: „Herr, in deine Hände befehle ich meinen Geist!" Auf einem goldenen Stuhle sitzend, das Haupt mit dem Diadem geziert, mit Schwert und Pilgertasche umgürtet, ein Evangelium auf dem Schoß und im kaiserlichen Ornate wurde er in der kostbar geschmückten Gruft der Marienkirche zu Aachen beigesetzt.

21. Ludwig der Fromme. 814—840.

Die zwei tüchtigsten Söhne Karls, Karl und Pipin, waren leider schon vor ihrem Vater gestorben, und so bestieg 814 Karls dritter Sohn Ludwig der Fromme den Thron. Dieser war zwar ein wohlwollender und gelehrter Mann, aber der Regierung eines so ausgedehnten Landes nicht gewachsen. Schon im dritten Jahre seiner Regierung theilte er das Reich unter seine drei Söhne Lothar, Pipin und Ludwig, und da er später zu Gunsten Karls, seines Sohnes aus zweiter Ehe mit Judith, der Tochter des Grafen Welf von Bayern, wiederholt Theilungen vornahm, so entstand große Verwirrung und Krieg der Söhne gegen den Vater und der Brüder unter einander. Die drei älteren Söhne zogen gegen ihren Vater, und in der Nähe von Colmar standen sich die Heere gegenüber. Während man in Ludwigs Lager mit diesem unterhandelte, gieng fast sein ganzes Heer durch Ueberredung zu den Söhnen über, weshalb noch heute das Feld, wo sich die Heere gelagert hatten, das Lügenfeld genannt wird. Da Lothar seinen Vater in ein Kloster sperrte und zur Abdankung und Kirchenbuße zwang, trat Ludwig seinem unnatürlichen Bruder entgegen und setzte seinen alten Vater wieder auf den Thron. Als Dank hiefür wurde er von diesem bei einer abermaligen Theilung (nach Pipins Tode) wiederum verkürzt. Da ergriff Ludwig die Waffen gegen seinen Vater, der aus Schmerz hierüber, bevor es zu einer Schlacht kam, auf einer Rheininsel zu Ingelheim starb 840.

Lothar's anmaßendes Streben nach der Oberherrschaft

führte nun einen Bruderkrieg herbei, in welchem Ludwig der Deutsche und Karl den Lothar bei Fontenay 841 vollständig schlugen, worauf endlich im Jahr
843 der berühmte **Theilungsvertrag zu Verdün** zu Stande kam. Durch diesen bekam

Lothar, der älteste Bruder, die Kaiserwürde und die Länder Italien, Burgund und das nachmalige Lothringen.

Ludwig der Deutsche, der zweite Bruder, bekam Deutschland rechts des Rheines und links desselben, des Weinbaues wegen, noch die Städte Mainz, Worms und Speier.

Karl der Kahle endlich, der dritte Bruder, erhielt alles Land, das zwischen der Maas, Schelde, Saone, Rhone, den Pyrenäen und dem atlantischen Meer lag und das bis auf den heutigen Tag den Namen Frankenreich, d. i. Frankreich behalten hat.

22. Das Christenthum in Deutschland.

Unter allen Völkern der Erde war es das deutsche, das dazu bestimmt war, vorzugsweise der Träger christlicher Bildung zu werden. Die Juden, die Griechen und auch die Römer waren schon zu sehr verderbt, als daß sie noch gründlich hätten gebessert werden können; die Deutschen dagegen waren noch einfach und unverdorben und nahmen daher auch die Lehre Christi so einfach und rein und doch so warm und mit vollem Herzen auf, wie sie eben aufgenommen werden muß, wenn sie bleibende und gesunde Früchte hervorbringen soll.

Die Gothen, Burgunder und Longobarden lernten das Christenthum durch ihren Verkehr mit den Römern kennen, und unter den Franken verbreitete es sich, nachdem Chlodwig zu demselben übergetreten war. Zu dem Rufe besonderer Gottesfurcht kamen jedoch die Franken nicht und noch weniger ihre Könige, die Merovinger, und es gaben sich dieselben daher auch keine Mühe, das Christenthum unter den von ihnen unterworfenen und noch heidnischen Völkern zu verbreiten. Als die Hausmayer zur Macht gelangten, wurde es besser, und sowohl von Karl Martell als von Pipin dem Kleinen und Karl dem Großen hörten wir, daß sie sich die Ausbreitung des Christenthums sehr angelegen sein ließen. Die Verkündiger des Evangeliums fanden sie jedoch nicht im Frankenland, sondern fromme Männer aus

England, Schottland und Irland waren es, die mit Gefahr ihres Lebens das Christenthum unter den Bayern, Alemannen, Thüringern u. s. w. verkündigten.

So lehrte z. B. Kolumban mit 12 Gehilfen um 600 in den Vogesen und in der Schweiz, und wenig nachher stiftete Gallus das Kloster St. Gallen. Fast zu derselben Zeit (um 650) verkündete Kilian das Christenthum in der Gegend von Würzburg und Emmeran in Bayern. Letzterer verlor in Folge eines falschen Verdachtes durch Lampert, den Sohn des Herzogs Theodor I. v. Bayern, sein Leben. Lampert mußte fliehen; Emmeran aber wurde feierlich begraben und ihm zu Ehren das Kloster St. Emmeran in Regensburg erbaut. Als Apostel der Friesen machte sich Willibrord berühmt, der um 690 mit 12 Gehilfen in Utrecht ankam, viele Friesen zum Christenthum bekehrte und endlich als Erzbischof von Utrecht starb.

Die größten Verdienste um die Einführung des Christen= thums in Deutschland aber hat der englische Benedictinermönch Winfried, genannt **Bonifacius** (der Wohlthäter). Er wird nicht mit Unrecht der Apostel der Deutschen genannt, denn seine Wirksamkeit erstreckte sich über Friesland, Hessen, Thüringen, Bayern und Alemannien. Er vertrieb mit steter Lebensgefahr die Finsterniß des heidnischen Aberglaubens, ließ heilige Bäume umhauen und stürzte Götzenaltäre, und wenn das Volk dann sah, daß weder ein Blitz ihn erschlug, noch Feuer ihn verzehrte (wie die Heidenpriester prophezeit hatten), so erkannte es die Ohnmacht seiner Götzen und glaubte den Worten des h. Boni= fazius. Wegen dieser großen Wirksamkeit ernannte ihn der Papst Gregor II. 745 zum Erzbischof von Mainz und zum Primas von Germanien, und als solcher ordnete und stiftete er viele Bis= thümer, so z. B. Regensburg, Passau, Salzburg und Freising für Bayern; Eichstädt und Würzburg für Franken; Erfurt und Ordruf für Thüringen, und Augsburg, Straßburg, Speyer ꝛc. für Alemannien.

Als 70jähriger Greis wurde er 755 von den Friesen, die er vollends bekehren wollte, in der Gegend von Dokkum er= schlagen, und sein Leichnam erst in Utrecht, dann in Mainz und schließlich in Fulda beigesetzt.

28. Sitten und Einrichtungen der Deutschen nach der Völkerwanderung.

In Folge der Völkerwanderung änderten sich manche Sitten und Gebräuche der Deutschen und zwar hauptsächlich bei den Völkern, die auf römischem Grund und Boden sich neue Reiche gründeten und sich in Folge dessen zum Theil mit den Einge= bornen vermischten. Die Hauptänderung gieng mit ihrer **Sprache** vor; denn aus der deutschen entstanden durch Vermischung mit der Sprache der Eingebornen, welches meist die lateinische (oder römische) war, die sogenannten romanischen Sprachen, wozu man die italienische, französische, spanische und portugiesische rechnet.

Eine zweite, große Veränderung war die, die mit der **Verfassung** der ausgewanderten Völker vorgieng. Es ent= wickelte sich nämlich das **Feudal=** oder **Lehenswesen,** und ver= breitete sich dasselbe vom fränkischen Reiche aus nach und nach auch über Deutschland.

Hatte man nämlich ein neues Reich erobert, so theilte man dasselbe in drei Theile. Einen behielt der Anführer oder Herzog der Eroberer, und es nahm derselbe meist auch alle die Rechte für sich in Anspruch, die früher der römische Kaiser in diesem Lande besaß; den zweiten Theil gab er seinen Kriegsgenossen als Al= lod, d. i. freies Besitzthum, und den dritten durften die Be= siegten gegen gewisse Abgaben behalten. Um aber die Allod= besitzer, die nur zum allgemeinen Heerbann*) verpflichtet waren, mehr an sich zu fesseln, überließ der König denselben Theile seines Besitzthums zu zeitweisem oder lebenslänglichem Genusse. Ein solcher Theil hieß **Feod** oder **Lehensgut** (auf Widerruf geliehenes Gut), der Geber **Lehensherr** und der Empfänger **Lehensmann** oder **Vasall.** Letzterer mußte als Gegengabe seinen Lehensherrn mit Gut und Blut, mit Leib und Leben vertheidigen und auch gewisse Hofdienste übernehmen. Ein ähnliches Verhältniß entstand bald zwischen den königlichen Va= sallen und deren **Unter=** oder **Aftervasallen.** Im Laufe der Zeit wurden die Lehen in männlicher Linie erblich, und mit der Einführung der stehenden Heere löste sich das Lehenswesen all=

---

*) Wer zum Heerbann gehörte, mußte sich selbst vollständig ausrüsten und sich für drei Monate mit Lebensmitteln versehen.

mählich ganz auf, da es dadurch gewaltig an seiner Bedeutung verloren hatte.

Durch die Ausbildung des Lehenswesens trat der Unterschied der Stände immer mehr hervor, und als sich mit der Zeit auch der Priester- und Bürgerstand entwickelte, bestand die Volksvertretung bald nicht mehr aus den Einzelnen, sondern es bildete sich eine Vertretung nach Ständen.

An die Stelle der Gewohnheitsgesetze traten allmählich geschriebene Gesetze und sind noch vorhanden die der Gothen, Franken (lex salica und lex ripuarica), Thüringer, Alemannen, Bajuaren u. dgl.

Nach allen diesen Gesetzen konnten die meisten Verbrechen durch Geldstrafen (Wehrgeld) gesühnt werden, und nur auf Feigheit und Landesverrath stand der Tod.

Nach dem bajuarischen Gesetz z. B. zahlte man: für Ermordung eines Agilolfingers 600, eines Priesters 300, eines Edlen 200, eines Freien 100, eines wandernden Fremdlings 130 Goldgulden, und selbst die Strafen für Verletzungen waren genau bestimmt. Strafe des Diebstahls war neunfacher Ersatz. Da jedoch Geld äußerst selten war, so vertraten andere Dinge dessen Stelle und hatten einen gesetzlich bestimmten Werth. So galt z. B. ein Ochse 1, ein Pferd 6 Goldgulden.

Karl der Große wollte für alle Provinzen seines Reiches ein allgemeines Gesetz durchführen; dies gieng jedoch nicht und bekamen es nur die Völker, die noch kein geschriebenes Gesetz hatten. Die Zusätze hinzu, die sogenannten Kapitularien (so genannt wegen ihrer Eintheilung in Kapitel), hatten aber bei allen Völkern des fränkischen Reiches Geltung.

Während der Regierung der Karolinger konnte jedermann sein Recht in drei Instanzen suchen, bei denen Oeffentlichkeit und Mündlichkeit herrschte, und es hieng die Gerichtsbarkeit mit der Eintheilung des Landes zusammen.

Die Centgerichte standen unter einem Grafen oder dessen Stellvertreter; die Grafschaftsgerichte unter den Sendboten, und die Reichsgerichte unterm Könige oder dessen Stellvertreter: dem Pfalzgrafen.

Kunst und Wissenschaft fanden nur in den Klöstern Pflege; Klostergeistliche beschäftigten sich mit Erziehung der Jugend, verabfaßten Chroniken, schrieben Bücher ab, erbauten Kirchen und fertigten die zum kirchlichen Gebrauche erforderlichen Geräthe aus Gold und anderm Metall.

Einige Ueberbleibsel aus jener Zeit sind noch vorhanden.

Zu Regensburg zeigt man noch den um 700 gefertigten Bischofs=
stab des hl. Erhard und im Kloster Kremsmünster einen Kelch
und zwei Leuchter, Geschenke des Herzogs Thassilo II.

Auch die Gewerbe wurden anfangs nur in Klöstern be=
betrieben. So mußte z. B. jedes Mitglied des Benedictinerordens
(gestiftet durch Benedict von Nursia 515) irgend eine nützliche
Kunst ausüben, und gab es in den Mauern seiner Klöster Werk=
stätten für Schild= und Degenschmiede, Schuhmacher, Walker
u. dgl.

Das Mittelalter.

843—1517.

Dritter Zeitraum.

Von der Gründung des deutschen Reiches bis zu den Hohenstaufen.

843 bis 1137.

24. Die deutschen Könige aus dem Geschlechte der Karolinger.

Ludwig II., der Deutsche, von 843—876.
Karlmann, Ludwig III. und Karl der Dicke von 876—887.
Arnulf von Kärnthen von 887—899.
Ludwig das Kind von 899—911.

Ludwig der Deutsche glich in mancher Hinsicht seinem Großvater. Er war leutselig, einfach, fromm und mild und suchte durch eine weise, tapfere und gerechte Regierung die Wohlfahrt seines Reiches zu fördern. Das Hauptland seines Reiches war Bajuarien und Regensburg seine Residenz.

Um sich gegen die Einfälle der Slaven und Normannen sicher zu stellen, ließ er in den Grenzländern die Herzogsmacht wieder aufkommen. Die Sendboten schaffte er ab, richtete aber dafür für sein Reich ein Hofgericht ein, an dessen Spitze er einen Pfalzgrafen stellte.

In der Erwerbung der Kaiserwürde kam ihm sein Bruder, Karl der Kahle, zuvor; dagegen nöthigte er denselben durch den Vertrag von Marsen an der Maas, ihm einen Theil der Lothar'schen Erbschaft, nämlich Ostlothringen mit Basel, Straßburg, Trier, Köln und Aachen, abzugeben und es gehörten diese Städte von nun an zu Deutschland.

Nach Ludwigs Tode theilten sich seine drei Söhne in Deutschland. Karlmann erhielt Bayern, Kärnthen, Mähren und Böhmen, Ludwig: Franken, Sachsen und Thüringen und Karl der Dicke Alemannien. Karlmann starb jedoch schon 880 und Ludwig 882, und so war Karl der Dicke der Erbe von ganz Deutschland. Wenig Jahre später fiel ihm auch Westfranken und Italien zu und stand nun abermals das ganze Frankenreich (Burgund ausgenommen) unter der Herrschaft eines Einzigen. Da Karl sich jedoch von den Normannen, die auf Schiffen bis Paris gedrungen waren und auch Städte am Rhein, der Elbe, Loire 2c. heimgesucht hatten, zweimal schimpflich den Frieden erkaufte und ihnen bis zur Zahlung des Lösegeldes eine fränkische Provinz zur Plünderung preisgab, so wurde er

887 auf einer Reichsversammlung zu Tribur am Rhein (bei Oppenheim) von den Deutschen und kurz darauf auch in Frankreich des Thrones entsetzt, und es entstanden nun die Reiche Deutschland, Frankreich, Burgund, Arelat und Italien.

In Deutschland wählte man nun den thatkräftigen Sohn Karlmanns, Arnulf, der als Herzog von Kärnthen bereits mehrmals Gelegenheit gehabt hatte, die deutsche Ehre gegen die Slaven zu wahren. Im Jahr 991 schlug er die Normannen am Dylefluß bei Löwen vollständig aufs Haupt, und ein Jahr später bezwang er mit Hilfe der Ungarn auch die Mähren. Auch nach Italien, wo sich mehrere um die Oberherrschaft stritten, zog er zweimal und brachte von seinem zweiten Zug, der ihn 896 siegreich bis Rom führte, die römische Kaiserkrone mit zurück. Doch nur drei Jahre erfreute er sich derselben. Er starb nach dreijährigem Siechen 899 zu Regensburg an Gift, das er in Italien erhalten hatte, und ganz Deutschland betrauerte tief seinen Tod, denn es hatte nie mehr als jetzt seines kräftigen Armes bedurft.

Arnulfs Sohn, **Ludwig das Kind,** war der letzte Karölinger, der über Deutschland regierte. Unter seiner Regierung drangen die Ungarn unter großen Verheerungen mehrmals siegreich bis Bayern vor, und es gehören die Jahre von 899—911 zu den unglücklichsten, die jemals über Deutschland gekommen sind.

Die Ungarn oder Magyaren waren ein wildes Nomaden= oder Reitervolk finnischer Abkunft. Vom Ural aus drängen sie immer weiter nach Westen, ließen sich nach dem Untergange der Avaren in Pannonien nieder und unternahmen von hier aus ihre Raubzüge nach Deutschland. Sie glichen eher wilden Thieren, als Menschen, führten Pfeil und Bogen mit bewunderungswürdiger Gewandtheit, waren äußerst grausam und verbreiteten überall Schrecken und Entsetzen. Die Sage berichtet, daß sie die Herzen der Erschlagenen aßen und ihr Blut tranken.

Zweimal schlug der tapfere Markgraf der Ostmark, Luitpold der Schyre, die Ungarn siegreich zurück; 907 aber wurde das deutsche Heer und die Blüthe des bajuarischen Adels von ihnen bei der Ennsburg fast vollständig vernichtet, und 911 drangen sie sogar bis zur Lechmündung, schlugen daselbst das deutsche Heer, schleppten Tausende in Gefangenschaft und erzwangen sich von Ludwig einen jährlichen Tribut.

Zum Glück für das zerrüttete Land starb Ludwig 911 in seinem 18. Lebensjahre.

Mit dem Erlöschen der Karolinger in Deutschland lös'te sich das bisherige Vereinigungsband der deutschen Stämme, und Deutschland drohte in mehrere Einzelstaaten zu zerfallen. Bei den meisten Völkern war die Herzogsmacht wieder entstanden, so bei den Sachsen, den Rhein= und Ostfranken, den Bayern, Lothringern und Alemannen oder Schwaben.

Nur die Furcht vor den Einfällen der Magyaren und Slaven veranlaßte die Wahl einer neuen Königsdynastie. Erst wählte man den Mächtigsten, den Herzog Otto den Erlauchten von Sachsen; da aber dieser die Krone nicht annahm, weil er schon bejahrt war, so fiel auf seinen Rath und durch den Einfluß Hatto's, des Erzbischofs von Mainz, die Wahl auf den ebenfalls mit den Karolingern verwandten

Konrad I. von Franken, und derselbe regierte von **911** bis 919. Seitdem blieb Deutschland ein Wahlreich, das auf dem Grundsatz ruhte, daß man nach „dem Blute" wählen müsse. Konrad mußte sich jedoch die Anerkennung mehrerer Herzöge erst erkämpfen, und seine Hauptgegner waren die Herzöge von Bayern und Sachsen.

Die Bayern hatten sich 911 **Arnulf** den **Schyren**, den Sohn des schon genannten Markgrafen Luitpold, zum Herzoge gewählt. Ihre Wahl war keine schlechte; denn schon 913 befreite er sein Land durch den glänzenden Sieg bei Oetting am Inn von den Einfällen der Ungarn. Da er den Titel eines Königs der Bajuarier in Anspruch nahm, gerieth er mit Kaiser Konrad von Franken in Krieg. Konrad zog 914 über Forchheim nach Regensburg und eroberte diese Stadt; Arnulf aber floh mit Weib und Kindern zu seinen ehemaligen Feinden, den Ungarn, und kehrte erst nach Konrads Tode wieder nach Bayern zurück.

Aber auch der Herzog Heinrich von Sachsen, Sohn Otto's des Erlauchten, wollte Konrad nicht anerkennen. Es kam zum Krieg, der schließlich, obwohl Konrad besiegt wurde, mit einer völligen Aussöhnung der beiden Fürsten endete.

Da Konrad einsah, daß zur Behauptung der deutschen Krone die geringe Macht seines Hauses nicht ausreiche, schlug er, als er sein nahes Ende fühlte, nicht seinen Bruder Eberhard, sondern seinen ehemaligen Hauptfeind, den mächtigen Herzog der Sachsen, zu seinem Nachfolger vor, und sein Vorschlag wurde zum Glücke Deutschlands befolgt.

Die sächsischen Kaiser. 919—1024.

25. Heinrich I. 919—936.

Zu Fritzlar riefen zuerst die Franken **Heinrich von Sachsen** als deutschen König aus, und ihrem Beispiele folgten jubelnd die Sachsen. Die Boten, die ihm die Reichsinsignien überbrachten, sollen ihn mit Vogelfang beschäftigt angetroffen und er davon den Namen „Vogelsteller oder Finkler" erhalten haben. Schon sein Aeußeres verkündete den Gebieter. Er war eine hohe, urkräftige Gestalt, kühn, tapfer und unverzagt, paarte strenge Gerechtigkeit mit versöhnender Milde und verband mit tiefer Religiosität hohe Achtung der Kirche. Seine Regierung ist eine der wichtigsten in der ganzen deutschen Geschichte, und die Werke, die er stiftete, wirkten segensreich durch mehrere Jahrhunderte. Er förderte die Einheit des deutschen Reiches, besiegte die mächtigsten Feinde der Deutschen, die Ungarn, und wurde der Stifter des deutschen Ritterwesens und des freien Bürgerstandes.

Kaum hatten die Bayern den Tod des Kaisers Konrad I. vernommen, so riefen sie ihren nach Ungarn entflohenen Herzog Arnulf wieder zurück. Dieser kam, waltete wieder mit königlicher Macht und umzog, da er einen Kampf mit dem neugewählten deutschen König voraussah, seine Residenz Regensburg eilfertig mit Mauern und Streitthürmen. Kaum war er damit fertig, so erschien denn auch Kaiser Heinrich mit seinem Heere vor der Stadt. Zu einer Eroberung derselben kam es nicht, wohl aber zu einem gütlichen Vergleich. Arnulf leistete den Huldigungseid, und Heinrich belehnte ihn dafür mit Bayern und vielen Hoheitsrechten (Münzrecht, Ernennung der Bischöfe u. dgl.)

Die Unterwerfung des Schwabenherzogs Burkhard verursachte Heinrich weniger Mühe, und nachdem er durch kluge Benutzung der Umstände Lothringen, welches bei der Wahl Konrads I. zu Frankreich gekommen war, wieder mit Deutschland vereinigt hatte, war die Einheit der deutschen Stämme vollendet, und der Rhein wälzte sich wieder zwischen deutschen Ländern dem Meere zu.

Nach Besiegung der inneren Feinde wandte sich Heinrich gegen die Ungarn, schloß mit ihnen zuerst einen 9jährigen Waffenstillstand und zahlte einen jährlichen Tribut.

Mit außerordentlicher Thätigkeit wurde diese Zeit des Friedens benützt. Burgen und kleine Städte wurden angelegt oder erweitert. So entstanden z. B. in jener Zeit Quedlinburg, Goslar, Meißen, Wittenberg ꝛc., und Merseburg, Nordhausen u. a. wurden mit Mauern umgeben. Jeder neunte Mann mußte zur Besatzung in eine Stadt, und die Landbevölkerung mußte den dritten Theil aller Bodenerträgnisse zur Anlegung von Vorräthen in jene Orte bringen, damit die hinter den Mauern Schutz Suchenden zur Zeit der Noth davon leben könnten.

Um die Bevölkerung der Städte zu heben, mußten ferner alle Versammlungen und Gerichtstage in denselben abgehalten werden, und da sich, sowohl des Schutzes als des Verkehres wegen, bald viele in diesen neu entstandenen Orten ansiedelten, so wird Heinrich nicht mit Unrecht der Gründer des freien Bürgerstandes oder Städtegründer genannt.

Allein auch für ein tüchtiges Kriegsvolk sorgte Heinrich, und bildete er besonders seine Reiterei musterhaft aus. Unablässig wurden Uebungen vorgenommen, und um später den Anprall der anstürmenden Ungarn besser aushalten zu können, lehrte er die Reiter in geschlossenen Reihen kämpfen. Doch auch der Einzelkampf wurde fleißig geübt, und durch die Stiftung der Waffenfeste oder Turniere wurde Heinrich der Veredler des Adels und Begründer der Ritterzeit.

Als die 9 Jahre des Waffenstillstandes abgelaufen waren, bekamen die ungarischen Gesandten statt des Tributes einen räudigen Hund. (So berichtet wenigstens eine alte Sage). Die über diesen Schimpf äußerst erbitterten Ungarn erschienen sofort mit großer Macht in Sachsen und Thüringen, wurden aber **933** vollständig geschlagen und zwar das Hauptheer durch Heinrich selbst bei **Merseburg** und ein zweites Heer bei **Sondershausen.** Die Ungarn wagten sich seit dieser Zeit nicht mehr nach Norddeutschland; Heinrichs Ruhm aber verbreitete sich über die ganze Welt, und sein Heer und Volk begrüßte ihn als den Vater und Erretter des Vaterlandes. Von der Beute stiftete Heinrich das Kloster Quedlinburg, und den Tribut, den er sonst den Ungarn gebracht, schenkte er den Kirchen und Armen.

Schon vor Besiegung der Ungarn hatte Heinrich I. die Slaven in Böhmen und Brandenburg gedemüthigt und zinspflichtig gemacht und zum Schutze gegen sie die Markgrafschaft Meißen errichtet, und nach 933 wandte er sich gegen die Dänen, entriß ihnen die Mark Schleswig wieder und brachte ihren König Kanut dahin, daß er sich taufen ließ.

Nachdem sich Heinrich von den Großen des Reichs zu Erfurt die Nachfolge seines ältesten Sohnes hatte zusichern lassen, starb er in Folge eines Schlaganfalls auf seiner Pfalz zu Memleben an der Unstrut in seinem 60. Lebensjahre und wurde in dem von ihm gegründeten Kloster zu Quedlinburg begraben.

26. Otto I., der Große. 936—973.

Otto der Große war der echte Sohn und würdige Nachfolger seines Vaters. Er hatte dieselbe stattliche Gestalt, langes blondes Haar und große strahlende Augen, und als geistige Eigenschaften zierten ihn besonders hoher Ernst, fester Wille und entschiedene Strenge verbunden mit Großmuth und Gerechtigkeit.

Bei seiner feierlichen Krönung zu Aachen stritten sich die drei geistlichen Reichsfürsten um die Ehre des Salbens; und der dem Krönungsmahle verrichteten die höchsten weltlichen Fürsten zum erstenmal persönlich die Erz- oder obersten Hofämter.

Das Amt des Marschalls (der für die Aufnahme und Unterkunft der Gäste und ihrer Begleitung zu sorgen hatte) versah der Herzog Arnulf von Bayern, das des Truchseß (dem die Anordnung der Tafel oblag) Herzog Eberhard von Franken, das des Mundschenken (der den Becher kredenzte) Herzog Hermann von Schwaben und das des Kämmerers (dem der eigentliche Haushalt oblag) Herzog Giselbert von Lothringen.

Um des Reiches Einheit, die sein Vater wesentlich gefördert hatte, noch zu mehren und zu erhalten, suchte Otto die Macht der Herzöge zu beschränken. Er behandelte deßhalb die Herzog-thümer nur als Provinzen des Reiches und die Herzöge als die obersten Reichsbeamten, deren Ernennung nach freier Wahl er als sein unbestrittenes Recht in Anspruch nahm, und so oft sich ein Reichslehen erledigte, verlieh er es — die Politik seines Vaters befolgend — an einen Verwandten seines Hauses oder einen er-probten, ihm ergebenen Mann. So gab er z. B. seinem Schwie-gersohne Konrad das Herzogthum Lothringen, seinem Sohne Ludolf das erledigte Schwaben, seinem Bruder Heinrich das mächtige Bayern und dem tapfern Hermann Billing, der ihm gegen innere und äußere Feinde treulich beigestanden hatte, sein eigenes Sachsenland.

Mit Heinrich I. begann für Bayern, über welches nach Arnulfs Tode (935) noch zwei Schyren regiert hatten, die Zeit der Amtsherzöge aus verschiedenen Häusern (von 948—1070). Da die meisten derselben nahe Verwandte, einige sogar Söhne des gleichzeitig regierenden deutschen Kaisers waren und ihnen außerdem Pfalzgrafen zur Seite saßen, von denen sie gewissermaßen überwacht wurden*), so war Bayern während dieser Zeit in Wirklichkeit nur eine deutsche Provinz.

Der erste von Otto I. für Bayern ernannte Pfalzgraf, Arnulf der Jüngere, Sohn Arnulfs I., erbaute 940 die Burg Scheyern — das Stammschloß der Wittelsbacher — verlor aber, als er nach der Belehnung Bayerns an Heinrich widersprach, seine Pfalzgrafschaft und durch einen Pfeilschuß sein Leben.

In seinen vielfachen Kriegen mit den äußeren Feinden Deutschlands war Kaiser Otto I. ebenfalls stets glücklich. Er

---

*) Otto übertrug nämlich dem Pfalzgrafen, der ursprünglich nur das oberste königliche Richteramt besaß, auch die Aufsicht über die königlichen Bur-gen, Güter und Lehen und die Verwaltung der Reichseinkünfte.

nöthigte die Böhmen zur Anerkennung der deutschen Oberhoheit, befestigte in den von den Slaven bewohnten Ländern zwischen Elbe und Oder die deutsche Herrschaft und machte auch den König Harald von Dänemark, den er bis zur Nordspitze Jütlands vertrieb (Ottensund) und zur Annahme des Christenthums zwang, zum deutschen Vasallen, und um sowohl die Dänen, als auch die Slaven zum Christenthum zu bekehren, errichtete er die Bisthümer Schleswig, Ripen, Aarhuus; Brandenburg, Havelberg, Meißen, Merseburg 2c. und das Erzbisthum Magdeburg.

Hierauf unternahm er 951 seinen ersten Zug gegen Italien. Von der italienischen Königswittwe Adelheid zur Hilfe gerufen, eilte er rasch dorthin, eroberte Pavia, demüthigte Berengar, den Bedränger Adelheids, vermählte sich mit letzterer und erhielt dadurch die lombardische Krone. Ein Aufstand seines Sohnes Ludolf und seines Schwiegersohnes Konrad, die mit dieser Ehe unzufrieden waren, rief ihn nach Deutschland zurück. Kaum hatte er diese besiegt und ihnen verziehen, so brachen die Ungarn verheerend in Süddeutschland ein und drangen bis zum Lech vor. „Wenn nicht der Himmel über uns hereinbricht oder die Erde uns verschlingt, so werden unsere Rosse die Flüsse aussaufen und die Städte zertreten," so riefen sie prahlend aus.

955 Allein es sollte anders kommen. Am 10. August 955 stellte sich ihnen Kaiser Otto I. an der Spitze der Bayern, Franken, Schwaben und Böhmen entgegen und schlug sie in der Schlacht auf dem Lechfelde bei Augsburg so vollständig, daß sie nie mehr wagten, in Deutschland einzubrechen. Nur wenige sahen ihr Vaterland wieder; denn wer dem Schwerte oder den Wellen des Leches entrann, wurde auf der Flucht erschlagen.

Die Beute des Tages war so groß, daß ein Bauer sich einen silbernen Pflug machen ließ, und die vielen eroberten Pferde sollen die erste Veranlassung des Keferloher Pferdemarktes (bei München) gewesen sein.

Wenige Jahre später zog Otto I. abermals nach Italien, setzte sich zu Mailand die eiserne Krone aufs Haupt und wurde **962** vom Papste zum römischen Kaiser gekrönt. Von nun an blieb die Kaiserwürde beständig beim deutschen Reiche, das fortan den Titel „**heiliges römisches Reich deutscher Nation**" bekam. Auch das Bestätigungsrecht jeder künftigen Papstwahl mußten ihm die Römer feierlich beschwören, und setzte er in Folge dessen mehrere Päpste ab und andere ein.

Das Jahr 966 führte den Kaiser zum drittenmal über die

Alpen. Er nahm den Griechen Unteritalien ab, behielt zwar durch den Friedensschluß nur Benevent und Capua, brachte aber dagegen eine Vermählung seines schon gekrönten Sohnes Otto II. mit der griechischen Kaisertochter Theophania zu Stande und wurde von Seiten des byzantinischen Hofes als weströmischer Kaiser anerkannt.

Ein Jahr nach seiner Rückkehr aus Italien entschlief Otto I. in der Kirche zu Memleben 973 und wurde zu Magdeburg begraben. Seinem 18jährigen Sohne hinterließ er das mächtigste und blühendste Reich in Europa.

27. Otto II. 973—983 und Otto III. 983—1002.

Otto II., der kühne, entschlossene und wissenschaftlich ge= bildete Sohn des großen Otto hatte ebenfalls manchen Streit zu bestehen. Da sein Verwandter, der Herzog Heinrich II. von Bayern, der Zänker genannt, ebenfalls nach der deutschen Krone strebte und sich durch den Bischof von Freising sogar krönen ließ, so mußte Otto gegen denselben zu Felde ziehen. Otto blieb Sieger und setzte Heinrich II. ab. Später (985) bekam Heinrich Bayern zwar wieder, aber mit bedeutend zugeschnittenen Grenzen. Kärn= then, sowie die Ostmark (Oestreich) wurden selbständig, und der Nordgau (Oberpfalz) kam zu Ostfranken.

Im Jahre 978 trieb Otto den König Lothar von Frankreich, der Lothringen für seinen Bruder Karl wollte, von Aachen bis nach Paris zurück und verbrannte die Vor= städte von Paris. Obwohl er die Stadt selbst nicht erobern konnte und Seuchen und der anbrechende Winter ihn zum Rück= zuge nöthigten, so behauptete er Lothringen doch als ein deutsches Lehen.

Hierauf zog Otto II. nach Italien, um Unteritalien, auf das er als Gemahl der griechischen Theophania Ansprüche machte, in Besitz zu nehmen. In der Schlacht bei Basantello aber wurde er 982 von den Griechen mit Hilfe der Araber oder Sarazenen, die sich auch in Unteritalien niedergelassen hatten, vollständig ge= schlagen und entkam seinen Verfolgern nur wie durch ein Wunder. Die Blüthe des deutschen Ritterstandes war dadurch auf viele Jahre vernichtet.

Als Otto sich nach dem glänzenden Reichstage zu Verona 983 zu einem neuen Zuge gegen Unteritalien rüstete, starb er in seinem 28. Lebensjahre und hinterließ Reich und Krone seinem erst 3jährigen Sohne

Otto III. Dieser wurde zu Aachen gekrönt, wuchs unter der Vormundschaft seiner Mutter und des edlen Erzbischofs Willigis von Mainz auf und erhielt durch die drei größten Gelehrten seiner Zeit eine vortreffliche Bildung. Mündig geworden, zog er nach Italien, erhielt zu Rom die Kaiserkrone und ernannte seinen letzten Lehrer, den berühmten Gerbert von Rheims, zum Papste (Silvester II.). Im Jahre 1000 — in welchem man den Untergang der Welt erwartete — unternahm Otto III. eine Pilgerreise nach Gnesen zum Grabe seines väterlichen Freundes, des von den heidnischen Preußen erschlagenen Bischofs Adalbert von Prag, und stiftete das Erzbisthum Gnesen. Hierauf besuchte er das Grab Karls des Großen zu Aachen, begeisterte sich an dem Anblick dieses mächtigen Kaisers und kehrte in sein geliebtes Italien zurück. Gegen seinen Plan, Italien und Deutschland fest zu verbinden, ersteres zum Hauptland und Rom zur Hauptstadt seines Reiches zu machen, sträubte sich das Nationalitätsgefühl der Deutschen, und selbst Italien gieng nicht auf diese Idee ein. Otto III., wegen seiner Gelehrsamkeit das „Wunderkind" genannt, starb in der Blüthe seiner Jahre — 22 Jahre alt — unvermählt zu Paterno, und sein Nachfolger wurde Herzog Heinrich IV. von Bayern, Sohn des Zänkers und Urenkel des ersten Kaisers aus dem Hause der Sachsen.

28. Heinrich II., der Heilige, von 1002—1024.

Kaiser **Heinrich II.***) wurde bis in die neueste Zeit vielfach mißkannt und unterschätzt. Er machte manches wieder gut, was Otto III. verschuldet hatte, verfolgte wieder kräftig die Pläne des ersten Otto, entriß den Polen das von ihnen eroberte Böhmen, und selbst die Stiftung des Bisthums Bamberg hatte einen politischen Grund. Es sollte eine Grenzwache gegen die benachbarten slavischen Völker sein und trug wesentlich dazu bei, daß das ostwärts liegende Land nicht nur germanisirt, sondern auch cultivirt wurde. In Italien, wohin er drei Züge machte, hatte er viel zu kämpfen und kam zu Pavia durch einen nächtlichen

---

*) Ueber Bayern regierte er als Heinrich IV. von 995—1004 und von 1008—1017.

Aufstand in große Gefahr. Er entkam nur durch einen Sprung durchs Fenster und blieb in Folge dessen zeitlebens hinkend. Im Jahr 1014 wurde er zu Rom feierlich als Kaiser gekrönt und erhielt zugleich vom Papste den goldenen Reichsapfel als Sinnbild der Weltherrschaft und die Anerkennung des kaiserlichen Bestätigungsrechtes in Bezug auf die Papstwahl.

Im Jahr 1016 erwarb sich Heinrich II. durch einen Vertrag mit dem kinderlosen König von Burgund die Anwartschaft auf sämmtliche burgundische Länder, und als sich die burgundischen Großen widersetzten, mußten sie die kaiserlichen Waffen fühlen. 1024 starb Heinrich II. auf einer Reise nach Sachsen und wurde in dem von ihm erbauten Dome zu Bamberg begraben. Er und seine fromme Gemahlin Kunigunde wurden später heilig gesprochen.

Die fränkischen oder salischen Kaiser. 1024—1125.

29. Konrad II. 1024—1039.

Da mit Heinrich II. das sächsische Geschlecht ausgestorben war, die Fürsten aber doch das Bedürfniß eines Oberhauptes hatten, so versammelten sich alle deutschen Fürsten am Königsstuhl zwischen Oppenheim und Mainz, und hier wurde auf den Rath des verstorbenen Kaisers von allen geistlichen und weltlichen Fürsten 1024

Konrad der Zweite oder der Salier zum Kaiser gewählt. Mit ihm bestieg ein Haus den Thron, das mit festem Willen das Ziel verfolgte, die königliche Gewalt den Vasallen gegenüber zu kräftigen und den Thron erblich zu machen. In kurzer Zeit hatte Konrad II. sich allgemeine Anerkennung und dem Reiche Ordnung verschafft. Böhmen und Polen mußten ihm huldigen, und schon auf seinem ersten Römerzuge erhielt er zu Mailand die eiserne und zu Rom die Kaiser=Krone. Mit dem mächtigen König von Dänemark und England, Kanut dem Großen, schloß er ein Freundschaftsbündniß, gab ihm die Mark Schleswig zurück und vermählte seinen Sohn Heinrich mit der dänischen Königstochter. Hierauf mußte er sich — wie früher Heinrich II. — durch einen Vertrag die Erbfolge in Burgund zu sichern, zu welchem Reiche das heutige Savoyen, die Schweiz, die Provence mit Toulon und Marseille, die Dauphiné und Franchecomté gehörte. Zwar machte hierauf auch Konrads Stiefsohn, Ernst von Schwaben, Ansprüche; allein Konrad warf einen zweimaligen Aufstand desselben leicht nieder, setzte sich nach dem Tode des kinderlosen Königs Rudolf

1033 zu Payerne (oder Peterlingen), der damaligen Hauptstadt Hochburgunds, die **burgundische Krone** aufs Haupt und bestätigte den in Burgund und den Niederlanden zur Steuerung des Fehdegeistes und des Faustrechtes eingeführten Gottesfrieden.

Auf seinem zweiten Zuge nach Italien machte er zur Schwächung der größeren (hauptsächlich geistlichen) Lehensträger durch ein Gesetz, das bald auch in Deutschland allgemeine Geltung fand, **alle kleineren Lehen erblich.**

1039 starb Kaiser Konrad II. zu Utrecht und wurde in dem von ihm gegründeten Dome zu Speyer begraben.

30. Heinrich III., der Schwarze, von 1039—1056.

Heinrich III., Sohn Konrads II., war vor seiner Kaiserwahl als Heinrich VI. Herzog über Bayern von 1027—1040. Er war ein Mann von kräftigem Geiste und eiserner Willenskraft, der die von seinem Vater angebahnte unumschränkte königliche Machtvollkommenheit zu erstreben suchte und bei längerer Regierungszeit wahrscheinlich auch erreicht hätte. Er besetzte die erledigten Reichslehen ganz nach Gutdünken oder ließ sie gar unbesetzt, und auch nach auswärts verschaffte er sich Geltung. Dem Könige von Frankreich, der seine unbegründeten Ansprüche auf Burgund und Lothringen immer wieder erneuerte, warf er 1056 bei einer Zusammenkunft in Metz den Fehdehandschuh vor die Füße. Derselbe hob ihn aber nicht auf, sondern machte sich noch in der Nacht davon. Böhmen wurde nach zwei Feldzügen zur demüthigen Unterwerfung gezwungen, und selbst Ungarn mußte eine Zeit lang die Oberhoheit Heinrichs anerkennen.

Zur Befestigung der Ordnung im Reiche trug die Einführung des allgemeinen Landfriedens wesentlich bei; denn nach demselben mußten unter Androhung des Kirchenbannes wöchentlich von Mittwoch Abend bis Montag Morgen, sowie während der Advent- und Fastenzeit alle Fehden ruhen.

Allein auch als Vormund der Kirche fühlte sich Heinrich III. und es mußten die Päpste mehrmals seine Obergewalt fühlen. Er ließ durch eine Kirchenversammlung die drei schismatischen, d. h. gleichzeitig regierenden Päpste absetzen und vergab den päpstlichen Stuhl viermal an würdige deutsche Bischöfe.

Freilich klagten die Großen des Reiches und die Geistlich= keit in der Stille über die Willkür des Kaisers; aber sie schmieg= ten sich trotzdem geduldig unter dieselbe und warteten auf günsti= gere Zeiten, die denn leider nur zu bald für sie anbrechen sollten. Das Volk aber erkannte mit sicherem Blicke den Werth seines Kaisers und nannte denselben ganz treffend „die Linie der Gerechtigkeit."

Zum größten Unglück für Deutschland starb Heinrich III., kaum 39 Jahre alt, 1056 plötzlich zu Bothfeld, am Fuße des Harzes, in Gegenwart des Papstes Victor, und wurde, wie alle Salier vor und nach ihm, im Dome zu Speyer begraben.

3. Heinrich IV. 1056—1106.

Heinrich IV. war bei dem Tode seines Vaters erst 7 Jahre alt, hatte aber trotzdem schon 1053 die Regierung über Bayern erhalten. Heinrich war mit den schönsten Anlagen begabt, und nur der gänzlich verfehlten Erziehung durch die Erzbischöfe Hanno von Köln und Adalbert von Bremen ist es zuzuschreiben, daß er später so manche Fehlgriffe machte.

Nachdem der herrschsüchtige Hanno von Köln einen Fürsten= beschluß veranlaßt hatte, der demjenigen Bischof, in dessen Sprengel sich der minderjährige König aufhielt, die Verwaltung des Reiches übertrug: entriß er Heinrich durch List seiner Mutter, schaltete sodann als Reichsverweser willkürlich über Deutschland und hielt den jungen König in strengster Zucht, um ihm eine möglichst hohe Meinung von der Macht und Unabhängigkeit der Reichs= fürsten beizubringen.

Als Hanno später einmal nach Rom mußte, kam Heinrich unter die Leitung Adalberts von Bremen. Dieser brachte ihm ganz entgegengesetzte Ansichten von der Macht des Kaisers und der Fürsten bei, behandelte ihn äußerst nachsichtig und flößte ihm Haß gegen alle Fürsten ein und insbesondere gegen die sächsischen, mit denen Adalbert in beständiger Fehde lag.

Nach erlangter Mündigkeit erbaute Heinrich IV. in Sachsen mehrere Burgen, so die Harzburg und Goslar, legte Besatzungen hinein, hielt zu Goslar auf Kosten Sachsens eine prächtige Hof=

5*

haltung und erlaubte sich Gewaltthätigkeiten aller Art. Als er endlich sogar einem der tapfersten sächsischen Fürsten, dem Grafen Otto von Nordheim, in Folge böswilliger Beschuldigung das ihm anvertraute Herzogthum Bayern nahm und ihn und dessen Bundesgenossen Magnus, den Sohn des Sachsenherzogs, gefangen nahm: da empörte sich das tapfere Sachsenvolk und zog, 60,000 Mann stark, vor Goslar. Nur mit Noth rettete sich der Kaiser; die Sachsen aber zerstörten in ihrem Lande alle königlichen Burgen und Schlösser. Da sie jedoch in ihrer Wuth weder Kirchen, noch Grüfte, noch die Gebeine einiger Mitglieder der kaiserlichen Familie schonten, so fand Heinrich IV. endlich bei den rheinischen und oberdeutschen Fürsten und Städten Hilfe und schlug sodann die Sachsen in der blutigen Schlacht bei Langensalza an der Unstrut vollständig aufs Haupt.

1075

Die Sachsen verklagten jetzt den Kaiser beim Papste Gregor VII., der vom einfachen Mönche zum Oberhaupte der Christenheit emporgestiegen war und sich vorgenommen hatte, die Kirche zu reinigen und die weltliche Macht der geistlichen, d. h. den Staat der Kirche und den Kaiser dem Papste zu unterwerfen.

Um den ersten Zweck zu erreichen, übte er strenge Zucht gegen unwürdige Geistliche und verbot die Simonie oder die Vergebung geistlicher Würden und Aemter um Geld, und zur Erreichung des zweiten Zweckes sprach er 1) den Königen das Investiturrecht ab, d. i. das Recht der Belehnung der Bischöfe mit Ring und Stab (den Zeichen der geistlichen Macht), führte 2) um die Geistlichen völlig unabhängig von den Fürsten zu machen, das Gebot des Cölibats (Ehelosigkeit) durch, erklärte 3) daß dem Papste als Statthalter Christi auf Erden das Recht zustehe, Könige ein- und abzusetzen und stellte 4) den Papst über die Concilien.

Die Klage der Sachsen und eine Gegenklage des Kaisers kam dem Papste äußerst erwünscht. Sofort berief er den Kaiser zur Vertheidigung nach Rom, und da dieser nicht erschien, sondern als Antwort durch ein Concilium deutscher Bischöfe den Papst absetzen ließ, so sprach Gregor den Bannfluch über Heinrich aus.

Ganz Deutschland gerieth hierdurch in Bewegung, und die dem Kaiser zum größten Theil feindlich gesinnten Fürsten erklärten ihm zu Tribur, daß sie, wenn er nicht binnen Jahresfrist vom Banne sich löse, einen neuen Kaiser wählen würden. In dieser Noth zog Heinrich, begleitet von seiner Gemahlin und einigen Getreuen, mitten im Winter 1077 über die Alpen, um **1077** eine Aussöhnung mit dem Papste zu bewerkstelligen. Nachdem er drei Tage lang mit entblößtem Haupte und barfuß in einem Bußgewande unter freiem Himmel im Schloßhofe der Gräfin Mathilde zu **Canossa** gestanden, sprach ihn der Papst vom Banne los, untersagte ihm aber die Ausübung seiner Königs= rechte, bis die Fürsten auf einem Reichstage darüber entschieden haben würden.

Unterdessen hatten diese aber bereits zu **Forchheim** den Herzog **Rudolf von Schwaben** als Gegenkaiser gewählt, und da sich dieser vom Papste bestätigen ließ und auch auf das Recht der Investitur verzichtete, so hatte mithin Gregor, ohne eigentlich thätig zu sein, fast alles erreicht, was er nur wollte.

Allein Heinrich ließ sich die Absetzung nicht gefallen; er ermannte sich, fand in Süddeutschland und am Rhein und be= sonders bei den Städten viele Anhänger und trieb Rudolf bis nach Sachsen zurück. In einem Treffen an der **Elster** verlor Rudolf durch den Herzog **Gottfried von Bouillon** die rechte Hand *), und da er bald darauf an dieser Wunde starb, so war Heinrich wieder alleiniger Kaiser und belehnte seinen treuen Genossen und Schwiegersohn, **Friedrich von Hohenstaufen**, mit dem größten Theil des erledigten Herzogthums Schwaben**).

Nach Rudolfs Tode zog Heinrich nach Italien, um sich für Canossa zu rächen. Er belagerte Rom, und Gregor mußte nach **Salerno** in Unteritalien fliehen, wo er im nächsten Jahr (1085) mit den Worten starb: „Ich habe die Gerechtigkeit ge= liebt und die Ungerechtigkeit gehaßt, darum sterbe ich in der Ver= bannung."

Der Tod Gregors brachte aber Heinrich keine Ruhe. Zwei neue Gegenkaiser, Graf **Hermann von Luxemburg** und Markgraf **Eckbert von Meißen**, machten ihm zwar wenig zu schaffen, und seinen ältesten Sohn **Konrad**, der sich durch den

---

*) „Das war die Hand, mit der ich meinem Könige Treue gelobt", sprach Rudolf kurz vor seinem Ende.

) Der andere Theil kam an die **Zähringer, von denen Baden eine Seitenlinie ist.

Papst Urban II. zum Aufstand gegen seinen Vater verführen ließ, besiegte er ebenfalls leicht; als aber auch sein zweiter Sohn, Heinrich V., unterstützt vom Papste Paschalis II. und von einigen deutschen Vasallen, sich gegen ihn empörte, ihn durch Hinterlist gefangen nahm und zu Ingelheim zur Abdankung und Kirchenbuße zwang: da brach dem alten Kaiser, der längst schon für die Sünden seiner Jugend genug gebüßt und in den spätern Jahren ein würdiger Nachfolger seines Vaters war, das Herz. Er starb 1106 bei seinem Freunde, dem Bischof Otbert zu Lüttich, durfte aber, da wiederholt der Bann über ihn verhängt war, nicht beerdigt werden. Fünf Jahre stand des Kaisers Leichnam in einer ungeweihten Kapelle zu Speyer und fand erst 1111, nachdem Paschalis den Bann zurückgenommen hatte, in der Kaisergruft zu Speyer seine Ruhe.

32. Heinrich V. 1106—1125.

Kaum hatte Heinrich V. den Thron seines Vaters bestiegen, so gerieth er mit dem Papste wegen der Investitur in so heftigen Streit, daß er ihn und seine Cardinäle in der Peterskirche zu Rom gefangen nehmen ließ. Papst Paschalis mußte Heinrich krönen und zugleich den Eid leisten, daß er ihn wegen dieser Gefangennahme nicht mit dem Banne verfolgen wolle. Trotzdem 1122 erfolgte der Bann, und erst 1122 kam bezüglich des Investiturstreites durch das sogenannte Wormser Concordat eine Ausgleichung dahin zu Stande, daß der Papst künftig die Bischöfe mit Ring und Stab, den Zeichen der geistlichen Macht, der Kaiser aber mit der Lanze, dem Zeichen ihrer weltlichen Rechte, zu lehnen habe. Wenige Jahre später starb Heinrich, dem alle seine Entwürfe mißglückt waren, kinderlos zu Utrecht, nachdem er kurz zuvor das hohenstaufisch-waiblingische Geschlecht zum Erben seiner bedeutenden Güter eingesetzt hatte.

33. Lothar von Sachsen. 1125—1137.

Nach Heinrichs Tode glaubte dessen Neffe, der tüchtige und mächtige Herzog von Schwaben, Friedrich von Hohenstaufen, die nächsten Anrechte auf den deutschen Kaiserthron zu haben; allein auf Betreiben des Erzbischofs von Mainz fiel die Wahl auf **Lothar von Sachsen**, der der Einigkeit Deutschlands und dem kaiserlichen Ansehen einen schweren Stoß versetzte. Indem er nämlich durch ein Gesetz alle **großen Lehen**, nämlich die burggräflichen, pfalzgräflichen, markgräflichen und herzoglichen **erblich machte**, legte er den Grund zur völligen Ausbildung selbständiger Fürstenmacht, und indem er bei seiner Krönung die **Mathildischen Güter**, d. i. die Markgrafschaft Tuscien (Toskana), vom Papste zu Lehen nahm, machte er sich zu dessen **Vasallen**. In Deutschland hatte Lothar einen schweren Stand. Gleich zu Anfang seiner Regierung gerieth er mit den Hohenstaufen, welche die geerbten salischen Hausgüter herausgeben sollten, in Streit, und um sich gegen sie halten zu können, verband er sich mit dem Herzog **Heinrich dem Stolzen** von Bayern, wodurch er den Grund zu dem langdauernden Kampfe zwischen den **Welfen** und **Ghibellinen** legte.

Nachdem Kaiser Heinrich IV. dem letzten Beamtenherzog über Bayern, dem Grafen Otto von Nordheim, Bayern entrissen hatte, gab er dasselbe den **Welfen**. Diese regierten über Bayern von 1070—1180, und sind von ihnen besonders hervorzuheben Heinrich IX., der Schwarze (von 1120—1126), Heinrich X., der Stolze (von 1126—1138) und Heinrich XII., der Löwe (von 1154—1180).

Heinrich IX. hatte durch Heirath mit der Erbtochter des Herzogs Magnus von Sachsen sich die sächsischen Hausgüter Braunschweig und Lüneburg erworben, und **Heinrich** X., der Stolze, erhielt durch seinen Schwiegervater Lothar nicht nur die Mathildischen Güter (Toskana), sondern später auch ganz Sachsen. Hierdurch wurde Heinrich der mächtigste Fürst Deutschlands, und reichte sein Land vom Mittelmeer bis zur Nordsee. Er beherrschte dasselbe mit Verstand und Thatkraft, sorgte für Ruhe und Sicherheit, beförderte den Handel und erbaute die noch heute stehende steinerne Brücke über die Donau bei Regensburg. Nach dem Tode seines Schwiegervaters machte er sich Hoffnung auf die Kaiserkrone, und da die deutschen Fürsten seinen Gegner, den Hohenstaufen Konrad, wählten, wollte er die Reichsinsignien: den Krönungsornat, die Reichskrone, das Scepter, den Reichsapfel, das Schwert, nicht herausgeben und gerieth deshalb mit Kaiser Konrad III. in Streit. Konrad III. verlangte von Heinrich X. die Abtretung Sachsens und Toskana's, und da dieser es verweigerte, wurden ihm 1138 nicht nur diese, sondern auch Bayern genommen. Nach langem Kampfe (Belagerung von Weinsberg 1140) belehnte Konrad III., um den verderblichen Kampf zu beenden, **Heinrich** XII., Sohn Heinrichs des Stolzen, 1142 mit Sachsen, und 1154 erhielt derselbe von Friedrich Barbarossa auch Bayern wieder zurück. Nach 26 Jahren mußten ihm aber selbe Länder wieder genommen werden, und mit **Otto I. von Wittelsbach** beginnt für Bayern 1180 die mittlere Geschichte.

Kaiser Lothar starb auf der Rückreise von seinem zweiten Zuge nach Italien in einer Bauernhütte im Oberinnthal ohne männliche Nachkommen, und sein Leichnam wurde in dem von ihm gestifteten Kloster Königslautern in Sachsen begraben.

1133 gab Lothar die Mark Nordsachsen (die Altmark) seinem treuen Vasallen, dem Herzog Albrecht dem Bären, Grafen von Ballenstädt, und legte dadurch den Grund zur Mark Brandenburg. Albrecht eroberte noch dazu die Uckermark und die Priegnitz und machte Brandenburg zur Residenz. Unter ihm kommt zuerst der Name Berlin vor und zwar ungefähr zu derselben Zeit, als Markgraf Leopold von Oesterreich den Grund zu Wien und Heinrich der Löwe den Grund zu München legte.

34. Innere Verhältnisse Deutschlands seit 843.

Alle großen Kaiser dieser Periode wollten aus Deutschland ein mächtiges und erbliches Kaiserreich machen. Oft hatten sie beinahe ihr Ziel erreicht, aber nie erreichten sie es wirklich, und als endlich Lothar die Oberherrschaft der Kirche anerkannte und die Erblichkeit der größeren Lehen zum Gesetz erhob: da war es für immer mit dieser Idee vorbei, und ein Jahrhundert später, da war der Kaiser nicht selten nur ein Spielball in den Händen der Fürsten.

Desto größere Macht aber hatten nach und nach die Lehensträger oder Vasallen erhalten, und theilten sich dieselben in zwei Abtheilungen. Die Kronvasallen: Herzöge, Fürsten und Grafen mit großem Ländergebiete (Territorialen) oder im Besitz der hohen Reichs= oder Hofämter (Reichsministerialen) bildeten den hohen Adel, und die Reichsstände, sowie die Dienstmannen und Ministerialen des höhern Adels den niedern.

Der frühere Stand der freien Allodbesitzer hatte sich immer mehr vermindert. Viele gaben ihr Allod freiwillig an Fürsten oder an die Kirche und ließen sich es dann wieder zu Lehen geben, und andere nahmen es gar nur als zinsbares Gut zurück, um so der immer unerträglicher werdenden Last des Heerbannes zu entgehen.

Die dienst= und zinspflichtigen Hörigen, sowie die Leibeigenen bekamen es allmählich besser. Erstere durften sich Eigenthum erwerben, und letztere konnten durch Loskauf, Verjährung, Freilassung 2c. frei werden, und bildete sich aus ihnen dann gewöhnlich der Stand der Handwerker in Städten.

Der Heerbann war mit der Zeit ein Lehensheer geworden, und nannte man bald alle diejenigen, welche zu Pferde dienten, Ritter. Wer Ritter werden wollte, mußte jedoch von adeligem Stande sein und einem Ritter 14 Jahre zuerst als Edelknabe und später als Knappe dienen. Nachdem er sich sodann durch Fasten, Beten und den Genuß des heiligen Abendmahls würdig vorbereitet hatte, erhielt er den Ritterschlag und mußte sich durch den Rittereid zu einem untadeligen Leben, zur Treue gegen die Kirche, zum Gehorsam gegen die Oberherrn und zur Vertheidigung der Unschuldigen, Wittwen und Waisen verpflichten. Eine vorzügliche Uebungsschule für die Ritter waren die Turniere oder ritterlichen Wettspiele, und zur höchsten Blüthe und Ausbildung gelangte der Ritterstand durch die Kreuzzüge.

Das Recht der Gerichtsbarkeit wurde mit der Zeit auch dem Adel und der Kirche verliehen und verkleinerte sich der Kreis der Grafengerichte immer mehr. Die alten deutschen Rechtsbücher verloren ihre Anwendung; aber trotzdem erhielt sich der Grundsatz, daß jeder Deutsche nach dem Gewohnheitsrechte seines Landes und Ortes und von seines Gleichen gerichtet werden müsse. Zu Zeiten schwacher Kaiser trat leider an die Stelle des Rechtes nicht selten das Faustrecht. Es stiftete viel Unheil und konnte nie ganz unterdrückt werden.

Die Kirche erwarb sich seit Karl dem Großen immer mehr Ansehen und große Macht, und ihre höchsten Diener, die Bischöfe, standen unmittelbar unter dem Reichsoberhaupte, hatten meist große Besitzungen und viele Vasallen und zogen zuweilen selbst mit in den Krieg, sich Kriegsruhm zu erwerben. Der große Reichthum, der sich in Kirchen und Klöstern sammelte, wirkte jedoch nicht immer gut, und einige Päpste — Gregor VII. u. a. — mußten scharf gegen manche Gebrechen der Kirche einschreiten.

Zahlreiche Klöster entstanden, und von den verschiedenen Mönchsorden, die vor 1137 entstanden, sind zu merken: der Orden der Benedictiner (gestiftet 515), aus dem viele Päpste, Bischöfe, Heidenbekehrer 2c. hervorgiengen; der Orden der Cluniacenser (gestiftet im Kloster Clügny in Burgund 910); der Orden der Cisterzienser und der der Karthäuser, welch letzterer die strengsten Regeln hatte.

Kultur, Bildung, Kunst und Wissenschaft wurden, wie in der vorhergehenden, so auch in dieser Periode nur vom Klerus gepflegt.

Die Lehranstalten zerfielen 1) in Dom= oder Kloster= schulen, in denen die sogenannten sieben freien Künste, d. h. alle diejenigen Künste und Wissenschaften, die man eines freien Mannes für würdig erachtete, nämlich: Grammatik, Geometrie, Arithmetik, Astronomie, Dialektik, Rhetorik und Musik, und die theologischen Wissenschaften gelehrt wurden, 2) in Seminarschulen zur Ausbildung im Gesang und in Kirchenmusik, und 3) in niedere Kloster= und Pfarrschulen, in denen man das Gebet und Glaubensbekenntniß und allenfalls noch das Lesen und Rechnen erlernte.

Neben der Baukunst entwickelte sich auch die Bildhauer= und Malerkunst, und die um 1000 auftauchende Glas= malerei ist eine bayerische Erfindung und wurde besonders im Kloster Tegernsee betrieben. Tegernsee und Niederaltaich hatten außerdem noch berühmte Glockengießer, Freising gute Orgel= bauer, und Augsburg, Bamberg, Regensburg u. a. vorzügliche Goldschmiede.

Unter den Wissenschaften fand besonders die Geschichts= schreibung Pflege und sind zu merken: Rabanus Maurus im 9., der Sachse Wittechind im 10., Bischof Ditmar von Mers= burg und der Hersfelder Mönch Lampert im 11., und Bischof Otto von Freising im 12. Jahrhundert. Konrad, Schreiber eines Passauer Bischofs, sammelte um 980 deutsche Heldenlieder; Otfried, Vorsteher der Klosterschule zu Weißenburg im Elsaß, schrieb im 9. Jahrhundert eine gereimte Evangelienharmonie, und der St. Galler Abt Notker übersetzte um 1000 die Psalmen ins Deutsche.

Vierter Zeitraum.

Die Blüthe des deutschen Kaiserthums unter den Hohenstaufen und der Verfall desselben. 1137—1273.

Die schwäbischen oder hohenstaufischen Kaiser. 1137—1254.

35. Konrad III. 1137—1152.

Das Bestreben Lothars, seinem Schwiegersohne, dem mächtigen Herzog Heinrich dem Stolzen, die Nachfolge zu sichern, war vergeblich. Sowohl die große Macht desselben, als auch dessen Uebermuth erregten die Besorgniß der Fürsten und des Papstes, und so fiel die Wahl auf den Hohenstaufen Konrad, jüngsten Bruder des Herzogs Friedrich von Schwaben. Da der Besitz zweier Herzogthümer gegen das Herkommen war, so verlangte Konrad von Heinrich dem Stolzen die Abtretung Sachsens und Toskana's, und da dies nicht erfolgte, so wurden ihm zu Würzburg nicht nur diese, sondern auch Bayern genommen, und Bayern dem Markgrafen Leopold von Oesterreich, Stiefbruder des Kaisers Konrad, Sachsen aber Albrecht dem Bären gegeben. Heinrich und sein Bruder Welf griffen zu den Waffen, und es entbrannte nun jener unglückselige Krieg zwischen den Welfen und Waiblingern*), der in Deutschland und Italien Jahrhunderte lang so große Zerrüttungen veranlaßte. Anfangs gehörten zu den Waiblingern (in Italien Ghibellinen genannt) nur die Anhänger der Hohenstaufen in Franken und Schwaben, später aber alle Anhänger der kaiserlichen oder weltlichen

---

*) Waibling hieß das Stammschloß der Hohenstaufen an der Rems.

Macht, und ebenso umfaßte die Partei der **Welfen** (in Italien **Guelfen**) anfangs nur die Anhänger des Welfischen Geschlechts in Bayern und Sachsen, später aber alle Anhänger der geistlichen oder kirchlichen Macht.

Der baldige Tod Heinrich des Stolzen hatte auf die Fortsetzung des Krieges keinen Einfluß; da aber Albrecht der Bär Sachsen gegen die Welfen nicht zu halten vermochte, so beendete Konrad die Fehde 1142 dadurch, daß er dem jungen Sohne Heinrichs, dem nachmaligen Heinrich dem Löwen, das Herzogthum Sachsen zurückgab. Bayern, auf das Heinrich Verzicht leistete, kam bei dieser Gelegenheit an dessen Mutter, und diese übertrug es mit ihrer Hand an Heinrich XI. Jasomirgott, den Bruder des inzwischen verstorbenen Leopold.

Von 1147—1149 machte Konrad den unglücklichen zweiten Kreuzzug mit und brachte von dort eine zerrüttete Gesundheit zurück, und als er eben Anstalten zu einem Römerzuge machte, starb er zu Bamberg, nachdem er zuvor nicht seinen noch minderjährigen Sohn, sondern seinen heldenmüthigen Neffen Friedrich zu seinem Nachfolger empfohlen hatte.

36. Friedrich Barbarossa. 1152—1190.

Friedrich I., der von den Italienern **Barbarossa** oder Rothbart genannt wurde, war ein willenskräftiger, tapferer und edler Fürst und hatte sich schon als Jüngling, als er unter seinem Oheim den zweiten Kreuzzug mitmachte, ruhmvoll hervorgethan. Er war das Muster eines Ritters und Fürsten und wurde daher auch einstimmig zu Frankfurt am Main von den Wahlfürsten zum König gewählt. Das Hauptstreben seines Lebens war, die kaiserliche Macht in ihrer Vollgewalt wieder herzustellen und Kaiser zu sein in des Wortes ursprünglichem Sinne. Er wollte die kaiserliche Macht wieder über die kirchliche erheben, das in Italien tiefgesunkene kaiserliche Ansehen wieder herstellen und vor allem die sogenannten Regalien oder Königsrechte wieder gewinnen, welche die durch den Handel mit dem Morgenlande reichgewordenen lombardischen Städte an sich gerissen hatten.

1151 Deshalb unternahm Friedrich 1151 seinen ersten Zug nach Italien und hielt auf den roncalischen Feldern (im Fürstenthum Piacenza) einen großen Reichstag. Hier wurde namentlich gegen das übermächtige Mailand Klage geführt, daß sich zu einer vollständigen Republik umgebildet hatte und alle kleinen Nachbarstädte zum Anschluß nöthigte. Die meisten Vasallen unterwarfen sich dem kaiserlichen Ausspruch, nur Mailand und einige andere Städte trotzten. Da der Kaiser jedoch zu wenig Kriegsmacht bei sich hatte, so bestrafte er zum abschreckenden Beispiel einstweilen nur einige kleinere Städte und holte sich sodann zu Pavia die eiserne und zu Rom die Kaiser=Krone. Letztere erhielt er jedoch nur gegen Auslieferung des kühnen Arnold von Brescia, der die Kirche reformiren und aus Rom eine Republik machen wollte, dafür aber den Feuertod erlitt. Nachdem Friedrich mit Hilfe Heinrichs des Löwen einen Aufstand der Römer blutig gekämpft hatte, kehrte er nach Deutschland zurück, gerieth aber bei Verona mit seinem Heer in große Gefahr.

Ein Edelmann aus Verona hatte mit 500 Kriegsknechten den Engpaß der Bernerklause besetzt und versperrte dadurch den Deutschen den Eintritt nach Tyrol. In dieser Noth erkletterte **Otto** von **Wittelsbach** mit 200 kühnen Kriegern die steilen Felsen im Rücken der Veroneser und eroberte die Burg. Die Wegelagerer wurden getödtet und der Anführer und 11 Edle aufgehängt.

Nach Hause zurückgekommen, verlieh Friedrich seinem Jugendfreunde, dem Herzog Heinrich dem Löwen, für dessen treu geleisteten Dienste in Italien das Herzogthum Bayern. Die Ostmark, und zwar das Land ober und unter der Enns, wurde jedoch davon getrennt, zu einem in männlicher und weiblicher Linie erblichen Herzogthum mit vielen Vorrechten gemacht und dem Herzog Heinrich Jasomirgott übertragen. Hierauf heirathete Friedrich Beatrix, die Erbin von Burgund, wodurch er das Land noch fester an das Reich knüpfte. Auch Polen mußte die deutsche Oberhoheit anerkennen, der Herzog von Böhmen nahm die Königskrone aus der Hand des Kaisers, die Könige von Ungarn und Dänemark riefen ihn als Schiedsrichter, und der König von England suchte seine Freundschaft.

Mit starker Macht trat nun Friedrich 1158 seinen zweiten **1158** Zug nach Italien an und hielt auf der roncalischen Ebene einen zweiten großen Reichstag. Unter Mitwirkung von Abgesandten aus 14 Städten wurde hier von den berühmtesten Rechtsgelehrten aus Bologna der Umfang der kaiserlichen Macht festgesetzt. Alle lombardischen Städte unterwarfen sich nun; Mailand aber trotzte abermals und wurde deshalb mit der Acht belegt. Nach vierwöchentlicher Belagerung unterwarf sich Mailand auf das Demüthigste*) und erhielt Begnadigung. Nach kurzer Zeit empörte sich Mailand schon wieder, und der Kaiser schwur, seine Krone nicht eher wieder aufzusetzen, als bis er die Stadt dem Erdboden gleich gemacht hätte.

Nach mehr als zweijähriger Belagerung, wobei Wunder der Tapferkeit auf beiden Seiten geschahen, mußte sich die Stadt auf Gnade und Ungnade ergeben. Sie wurde geplündert und zerstört, und die Bürger mußten sich anderswo — an vier Orten — ansiedeln.

Friedrich kehrte nun nach Deutschland zurück, seine Beamten, Podesta genannt, die er in Folge der roncalischen Beschlüsse über die lombardischen Städte setzte, verfuhren aber so rücksichtslos und willkürlich, daß bald allgemeine Unzufriedenheit entstand, **1163** und Friedrich 1163 seinen **dritten Zug** nach Italien unternahm, um die Podesta zu zügeln und die Unzufriedenheit zu beschwichtigen.

1167 Während sodann Friedrich 1167 seinen **vierten Zug** unternahm und Ancona belagerte, schlossen viele Städte unter Leitung des muthigen und klugen Papstes **Alexander III.**, den der Kaiser nicht anerkennen wollte, einen **allgemeinen lombardischen Städtebund**, verjagten die Podesta und halfen den Mailändern ihre Stadt aufbauen. Friedrich vertrieb zwar Alexander aus Rom und setzte einen Gegenpapst ein, allein eine furchtbare Pest rieb fast sein ganzes Heer auf und nöthigte ihn zur Flucht nach Deutschland. (Zu Susa rettete ihn nur die Treue des Ritters Hartmann von Siebeneichen.)

Da sich der lombardische Städtebund immer mehr vergrößerte und selbst der Papst und der König von Sicilien demselben **1174** beitraten, so unternahm Friedrich 1174 seinen **fünften Zug** nach Italien. Er zerstörte Susa zur Strafe für den an ihm verübten Verrath, konnte aber die Festung Alessandria, welche die Italiener ihrem Papste zu Ehren, dem Kaiser zu Trutz, am Tanaro erbaut hatten, trotz 7 monatlicher Belagerung nicht erobern. Als sodann nach kurzem Waffenstillstand ein mächtiges Heer gegen ihn heranrückte, trennte sich plötzlich Heinrich der Löwe

---

*) Die Mailänder mußten in schimpflichem Aufzuge, die Geistlichkeit barfuß mit erhobenen Kreuzen, der Adel mit bloßen Schwertern auf dem Nacken, die Bürger mit dem Strick um den Hals, den Kaiser fußfällig um Gnade bitten.

von seinem Kaiser, und ehe letzterer neue Verstärkungen aus Deutsch-land herbeiziehen konnte, wurde er von den Lombarden bei Legnano vollständig geschlagen. **1176**

Der Kaiser bot nun dem Papste Alexander die Hand zum Frieden. In Venedig kamen diese zwei größten Männer ihres Jahrhunderts 1177 zusammen und versöhnten sich; der Kaiser er-kannte Alexander als Papst an, wurde dafür vom Banne losgespro-chen und erhielt die Schutzherrschaft über die Kirche. Zugleich kam mit den Lombarden ein 6jähriger Waffenstillstand zu Stande, dem 1183 der Friede zu Constanz folgte. Alle Welt freute sich über die glückliche Beendigung dieses hartnäckigen Kampfes, nur Heinrich der Löwe nicht.

Dieser mächtige Fürst besaß, nachdem er Bayern 1154 er-halten hatte, fast alle Länder seines stolzen Vaters. Bardewyck und Braunschweig waren die Hauptstädte seines Reiches, und in Bayern legte er 1158 den Grund zu München.

Er zerstörte nämlich bei Föhring an der Isar eine vom Bischof von Freising angelegte Zollstätte für Salz und erbaute eine Stunde oberhalb bei einem kleinen Dörfchen eine Brücke und ein Zollhaus. Das Dörflein (München) vergrößerte sich sehr rasch, und schon 1175 erhielt es Mauern und Stadtrechte.

In seinen weiten deutschen Besitzungen war Heinrich ein strenger, aber Recht und Gesetz eifrig handhabender Herrscher, und Bayern blühte unter ihm sichtbar auf. Im Norden erwei-terte Heinrich sein Reich durch Unterwerfung von Pommern und Mecklenburg, welche durch ihn für immer dem Christen-thume und dem deutschen Reiche gewonnen wurden, und die rasch aufblühende Hafenstadt Lübeck verdankt ebenfalls ihm ihre Gründung. Mit seinen fürstlichen und bischöflichen Nachbarn gerieth Heinrich in manche Fehde, und es mußte ihm der Kaiser schließlich Landfrieden gebieten. Hierdurch entstand eine Spann-ung zwischen Friedrich und dem Löwen, die sich noch vermehrte, als der alte Welf bei seinem Tode den Kaiser zum Erben aller seiner Güter in Schwaben und Toscana einsetzte. Während des fünften Zuges nach Italien gieng die Spannung in offene Feind-schaft über. Heinrich glaubte wahrscheinlich, sich jetzt leicht in Deutschland ein unumschränktes Königreich gründen zu können und begieng das Verbrechen der Felonie. Er versagte treulos seine Lehenspflicht, ließ sich selbst bei einer Zusammenkunft mit dem Kaiser am Comer See durch einen Fußfall nicht zu weiterem Beistand bewegen, sondern kehrte nach Deutschland zurück.

Die Strafe hiefür blieb nicht lange aus; denn nachdem Kaiser Friedrich die Schlacht bei Legnano verloren und sich mit dem Papste und den Lombarden versöhnt hatte, kehrte er mit dem festen Vorsatz nach Deutschland zurück, den übermüthigen Vasallen zu bemüthigen. Er rief den Löwen vor ein Fürstengericht, und als dieser weder zu Mainz, noch zu Magdeburg, noch zu Goslar erschien, wurde, da von allen Seiten Klagen über ihn einliefen, zu Würzburg die Acht über ihn ausgesprochen und er aller seiner Länder und Lehen für verlustig erklärt.

1180   **Bayern** erhielt nun am 16. September 1180 zu Altenburg der tapfere und dem Kaiser treu ergebene Pfalzgraf **Otto von Wittelsbach***); Sachsen kam an Bernhard von Anhalt, den Sohn Albrechts des Bären, und die übrigen Besitzungen Heinrichs wurden unter verschiedene weltliche und geistliche Fürsten Deutschlands vertheilt.

Von Bayern wurde jedoch Steiermark und Tyrol getrennt, und mehrere bayrische Bisthümer, sowie die Stadt Regensburg wurden reichsfrei. Von Sachsen wurde Westfalen getrennt und als ein Herzogthum dem Erzbischof von Köln gegeben; Pommern und Mecklenburg wurden Herzogthümer, Lübeck eine Reichsstadt, und Meißen, die Lausitz. Holstein u. a. hörten ebenfalls auf, Bestandtheile des Herzogthums Sachsen zu sein.

Drei Jahre lang widerstand der Löwe allen seinen Feinden, dann aber bat er den Kaiser zu Erfurt fußfällig um Verzeihung, erhielt durch dessen Großmuth seine Erbländer Braunschweig und Lüneburg wieder, mußte aber auf drei Jahre Deutschland verlassen und gieng zu seinem Schwiegervater, dem Könige von England **).

Nachdem Kaiser Friedrich I. hierauf zu Mainz ein lange in Liedern fortlebendes Friedensfest abgehalten, auf Wunsch der Mailänder in ihrer Stadt die Vermählung seines Sohnes Heinrich mit Konstanzia, der Erbin von Neapel und Sicilien, gefeiert, viele deutsche Städte zu unmittelbaren Reichsstädten er-

---

*) Im Jahre 1119 schenkten die Scheyern ihr 940 erbautes Stammschloß Scheyern den Benediktinern, erbauten dafür die Burg Wittelsbach (bei Aichach) und nannten sich von nun an Wittelsbacher.

**) In England wurde ihm sein dritter Sohn Wilhelm geboren, dessen Nachkommen 1714 den englischen Königsthron bestiegen.

hoben und einen allgemeinen Reichsfrieden zu Stande gebracht hatte: übertrug er seinem Sohne Heinrich die Regierung und unternahm mit Richard Löwenherz von England und Philipp August von Frankreich

1190

den dritten Kreuzzug, von dem er nicht mehr zurückkehren sollte. Beim Uebergang über den Fluß Seleph in Kleinasien fand er 1190 in den Wellen seinen Tod. Die ganze Christenheit trauerte, die Liebe seines Volkes aber konnte sich nicht schöner ausdrücken, als in der Sage, daß Kaiser Barbarossa nicht gestorben sei, sondern nur in einer Grotte des thüringischen Berges Kyffhäuser schlafe, um dereinst als Kaiser eines einigen Deutschlands wieder zu erwachen.

37. Heinrich VI. 1190—1197.

Heinrich VI., der schon zu Lebzeiten Friedrichs von den deutschen Fürsten zum König gewählt und auch bereits gekrönt war, besaß zwar die Kraft und Energie seines Vaters, nicht aber dessen Edelsinn und Milde. Herrschsucht und Habsucht verleiteten ihn zu mancher Härte. Nach dem Tode seines Schwiegervaters eilte Heinrich sofort nach Unteritalien, um die Erbschaft seiner Gemahlin in Empfang zu nehmen. Allein die Sicilianer riefen einen Grafen Tankred zu ihrem Könige aus, und auch Neapel konnte Heinrich nicht erobern. Erst nach Tankreds Tode gelang es Heinrich, sich das ganze Land Neapel und Sicilien zu unterwerfen, und ließ er sodann unter dem Vorgeben, daß eine Verschwörung gegen ihn angestiftet sei, viele Personen: Erzbischöfe, Bischöfe, Grafen und Edle, die ihn früher nicht anerkannt hatten, hängen, spießen, verbrennen oder blenden.

Am Tage dieser Gräuel — am zweiten Weihnachtsfeiertage 1194 — wurde ihm sein Sohn Friedrich geboren, dessen Enkel später zu Neapel enthauptet wurde.

Wegen dieser Grausamkeit, sowie auch wegen der schnöden Behandlung des englischen Königs Richard Löwenherz (s. §. 42), schleuderte der Papst den Bannfluch gegen ihn, und da ihn auch seine Unterthanen verwünschten, so kehrte er, mit vielen Schätzen beladen, nach Deutschland zurück. Hier suchte er die Kaiserkrone in seiner Familie erblich zu machen, was ihm aber nicht gelang, und an einem andern Plane, das byzantinische Kaiserthum mit seinem Reiche zu vereinigen, hinderte ihn sein früher Tod, den er

6

sich durch einen kalten Trunk nach starker Erhitzung in der Nähe von Messina zuzog.

38. Philipp von Schwaben, 1197—1208, und Otto IV. von Braunschweig, 1197—1215.

Da Heinrichs Söhnlein Friedrich erst 4 Jahre alt war, so wählte die Partei der Ghibellinen Heinrichs Bruder, den Herzog **Philipp von Schwaben**, zum Könige, die Welfen aber, die nun die Macht der Hohenstaufen zu stürzen hofften, den zweiten Sohn Heinrichs des Löwen, **Otto IV.** Der auf dem päpstlichen Stuhl sitzende, ausgezeichnete Papst **Innocenz III.**, der das politische Talent Gregors VII. mit der weltmännischen Feinheit Alexanders III. verband und noch in der Blüthe seiner Jahre stand — er war erst 37 Jahre alt — wurde als Schiedsrichter aufgerufen und entschied sich, obwohl ihn die Kaiserin-Wittwe Konstanzia als Oberlehnsherrn von Neapel und Sicilien anerkannte und zum Vormund ihres Sohnes ernannte, nicht für Philipp, sondern für Otto IV. Zu dieser Entscheidung bestimmte ihn die immer größer werdende Macht der Hohenstaufen; auch hatte Otto eidlich versprochen, alle vom päpstlichen Stuhl an ihn gestellten Forderungen zu erfüllen. Es entstand nun ein für Deutschlands Entwicklung höchst unheilvoller, 10jähriger Bürgerkrieg; da es aber Philipp gelang, die mächtigsten seiner Gegner zu gewinnen, so erlangte er, obwohl der Papst den Bann über ihn ausgesprochen hatte, immer mehr Vortheile, und Otto war schließlich fast nur auf sein Erbland Braunschweig angewiesen. Innocenz wollte in Folge dessen Philipp endlich anerkennen, **1208** da wurde dieser 1208 von dem jähzornigen Pfalzgrafen Otto von Wittelsbach, einem Vetter des bayrischen Herzogs, auf der alten Burg bei Bamberg aus Rache für zugefügte Beleibigung ermordet.

Philipp soll ihm nicht nur seine ihm bereits zugesagte Tochter verweigert, sondern ihm bei seiner Bewerbung um eine schlesische Fürstentochter ein schlimmes Empfehlungsschreiben mitgegeben haben.

Otto IV. wurde nun um so leichter in ganz Deutschland als Kaiser anerkannt, da er als Philipps Rächer auftrat und sich mit dessen Tochter verheirathete.

Er ächtete den Mörder und verlieh dessen Güter dem bayrischen Herzog Ludwig dem Kelheimer, der die zur Erbschaft gehörige Burg Wittelsbach schleifen ließ.

Hierauf zog Otto IV. nach Italien und erhielt sowohl die lombardische, als auch — nachdem er zuvor dem Papste die Aufsicht über die kaiserliche Macht einräumte — die Kaiserkrone. Da er aber bald seine Stellung zum Papst änderte und sich sogar Unteritalien zu erwerben suchte: so belegte ihn Innocenz mit dem Banne und stellte ihm Friedrich II., den mit den höchsten Gaben des Geistes und Gemüthes ausgerüsteten Enkel Friedrichs I., als Gegenkaiser entgegen. Otto IV., bald von allen Freunden verlassen, zog sich nun nach Braunschweig zurück und starb 1218 auf der Harzburg.

39. Friedrich II. 1215—1250.

Friedrich II. gehört zu den geistreichsten Fürsten, die je auf einem Throne saßen. Er war ein Kenner und Beförderer der Künste und Wissenschaften, vereinigte an seinen Höfen zu Palermo und Neapel alle Pracht des Abend- und Morgenlandes und wurde durch die Größe seines Reiches, das Deutschland, Oberitalien, Neapel und Sicilien umfaßte, sowie durch seinen kühnen, umfassenden und hohen Geist den Päpsten sehr gefährlich. Den bei seiner Kaiserkrönung versprochenen Kreuzzug verschob er von Jahr zu Jahr; denn es gab zuvor in seinem großen Reiche mehr als genug zu thun. Seine ersten Kaiserjahre verlebte er in Unteritalien. Er besiegte 1220 die noch in Sicilien befindlichen Saracenen und machte sie zu seinen treuesten Anhängern, gab Neapel und Sicilien ein ausgezeichnetes Gesetzbuch mit ständischer Verfassung (Vertreter der Städte erscheinen dadurch als dritter Stand) und sorgte auch für Hebung der Industrie und des Handels. Als er sodann den in Oberitalien herrschenden anarchischen Zuständen ein Ende machen wollte, hatte er dieselben Kämpfe zu bestehen, wie sein Großvater. Bevor jedoch dieselben ausbrachen, unternahm er endlich, nachdem der Papst den Bannfluch gegen ihn geschleudert hatte, 1228 den sechsten Kreuzzug und führte denselben auch glücklich aus. Nach seiner Rückkehr trieb er die in seinem Reiche eingefallenen päpstlichen Soldaten schnell hinaus und nöthigte den Papst — Gregor IX. — zum Frieden von St. Germano, zur Anerkennung des Kreuzzuges und zur Aufhebung des Bannes. Als er hierauf die lombardischen Städte zur Anerkennung seiner

6*

Oberhoheit zwingen wollte, hetzten diese seinen eigenen Sohn Heinrich, den er dem Erzbischof von Köln und später dem bayerischen Herzog Ludwig dem Kelheimer zur Erziehung übergeben und zum Reichsverweser in Deutschland ernannt hatte, zur Empörung gegen seinen Vater auf. Friedrich reiste deßhalb, jedoch ohne Heer, nach Deutschland, nöthigte seinen Sohn zur Unterwerfung und schickte ihn später, als er sich noch einmal empörte, mit seiner Familie ins Schloß St. Felice in Apulien, wo er nach sieben Jahren starb.

Nachdem Friedrich sodann auf dem glänzenden Reichstage zu **1235** Mainz, wo 64 Fürsten und gegen 12,000 Ritter gegenwärtig waren, durch gesetzliche Bestimmungen über den allgemeinen Landfrieden und über die Landeshoheit der geistlichen und weltlichen Fürsten die Ordnung in Deutschland wieder befestigt und seinem zweiten Sohne Konrad die Nachfolge im Königthum verschafft hatte, begann sein Krieg mit den lombardischen Städten, der bald zu einem allgemeinen Krieg der Ghibellinen mit den Welfen ausartete und schließlich (1268) mit der völligen Ausrottung der Hohenstaufen endete.

Anfangs war Friedrich II. glücklich. Unterstützt von den italienischen Ghibellinen, an deren Spitze der kühne und schlaue Markgraf von Treviso, Ezzelino de Romano, stand, eroberte er Mantua und schlug die Lombarden 1238 zu Cortenuovo am Oglio. Als er aber hierauf unbedingte Unterwerfung aller Städte verlangte und seinen durch Tapferkeit und Schönheit gleichberühmten Sohn Enzio zum Könige von Sardinien erhob, auf das der päpstliche Stuhl Eigenthumsansprüche machte: da erklärte der Papst Friedrich II. für einen Feind und Verächter der Religion, that ihn abermals in den Bann und trug die deutsche Krone dem Könige von Frankreich an, der sie jedoch nicht annahm. Friedrich fiel nun in den Kirchenstaat ein, worauf der Papst versprach, den Streit durch eine Kirchenversammlung beilegen zu wollen. Da er aber nur Gegner des Kaisers berief, so erklärte letzterer die Versammlung für ungiltig und ließ durch seinen Sohn Enzio alle über das Meer nach Rom ziehenden Bischöfe, die er jedoch zuvor hatte warnen lassen, gefangen nehmen. Bald darauf starb Papst Gregor, und sein Nachfolger, Innocenz IV., wurde dem Kaiser ein noch heftigerer Gegner. Um freie Hand zu bekommen, floh er verkleidet von Rom nach Frankreich, hielt **1245** zu Lyon eine Kirchenversammlung, erklärte den Kaiser, der

sich vergeblich zur Vertheidigung und zur Ablegung seines Glau=
bensbekenntnisses anbot, als einen Ketzer und heimlichen Muham=
medaner seiner Kaiserwürde und seines sicilischen Königreiches für
verlustig, belegte ihn nochmals mit dem Banne und stellte 1246
durch die drei geistlichen Wahlfürsten Deutschlands den Landgrafen
Heinrich Raspe von **Thüringen** als Gegenkaiser auf. Allein
weder dieser, noch der nach Heinrichs baldigem Tode vom Papst
aufgestellte Gegenkaiser, Graf **Wilhelm** von **Holland**, konnten
sich in Deutschland großes Ansehen gewinnen; überall herrschte
Raub und Krieg, und auch Konrad, dem Sohne Friedrichs,
blieb zuletzt nur Bayern treu.

In Italien erreichte nach dem Concil zu Lyon der Kampf
zwischen den Welfen und Ghibellinen erst den höchsten Gipfel.
Lange hielt sich der Kaiser bei abwechselndem Glück muthig auf=
recht; als aber sein geliebter Sohn Enzio in die Gefangenschaft
der Bolognesen gerieth, in welcher er 20 Jahre lang, bis zu sei=
nem Tode, schmachten mußte, als Ezzelino sich immer selbständiger
machte, als endlich der Kaiser sogar entdecken mußte, daß sein
vertrautester Freund und langjähriger Kanzler, Peter von Vinea,
von den Feinden erkauft, ihm nach dem Leben trachtete: da brach
dem Kaiser die Kraft zu weiterem Widerstande. Von Gram und
Leid niedergebeugt starb er, 56 Jahre alt, zu Firenzuola in
Apulien in den Armen seines Sohnes Manfred, und nachdem
ihn der Erzbischof von Palermo vom Banne losgesprochen hatte,
wurde seine Leiche zu Palermo feierlich beigesetzt.

Während Friedrichs Regierung wurde Deutschland im Osten von ei=
nem fürchterlichen Feinde bedroht. Die Tataren oder Mongolen, die
unter Dschingis Khan ganz Asien durchstürmt hatten, drangen un=
ter dessen Söhnen bis Mähren und Schlesien vor, gewannen 1241
auf der Wahlstatt bei Liegnitz eine große Schlacht, kehrten aber bald
darauf, zum großen Glücke Deutschlands, freiwillig wieder nach Asien
zurück.

40. Konrad IV. 1250—1254.

Nach Friedrichs Tode kehrte Innocenz mit dem festen
Vorsatz von Lyon nach Rom zurück, das hohenstaufische Geschlecht
gänzlich zu vernichten. Er kannte daher Friedrichs Sohn und
Nachfolger, **Konrad IV.**, nicht nur nicht an, sondern belegte ihn
mit dem Banne, erklärte ihn sogar seines Herzogthums Schwa=

ben für verlustig und bot Unteritalien in Frankreich und Eng=
land als ein der Kirche heimgefallenes Lehen aus.

Da sich Konrad in Deutschland gegen seinen Gegenkaiser
Wilhelm von Holland nicht zu halten vermochte, gieng er
nach Unteritalien, wo indessen sein Bruder Manfred mit gu=
tem Erfolg für ihn gestritten hatte. Beide Brüder vereinigten
sich, und nun mußte sich auch das allein noch widerstrebende Nea=
pel ergeben. Als sodann Konrad wieder gegen Deutschland auf=
brach, um auch seine Erbländer zu retten, starb er 1254, erst 27
Jahre alt, als letzter Kaiser aus dem glorreichen Geschlechte der
Hohenstaufen.

Während hierauf Konrads zweijähriger Sohn **Konradin**
auf seinen ihm übrig gebliebenen Hausgütern in Schwaben in
aller Stille heranwuchs, wüthete in Unteritalien der Kampf fort.
Gegen die päpstlichen Soldaten war Manfred, der sich in Folge
einer falschen Nachricht von Konradins Tode zu Palermo hatte
krönen lassen, glücklich; als aber der vom Papste mit der Krone
beider Sicilien belehnte, an Geist und Körper häßliche Herzog
Karl von Anjou, Bruder Ludwigs des Heiligen von Frank=
reich, mit einem Heere erschien, da unterlag er demselben bei Be=
nevent und fand in der Schlacht den Heldentod. Weil aber
Anjou mit empörender Härte regierte, so luden endlich die italie=
nischen Ghibellinen den 16jährigen Konradin zur Wiedererwerbung
seiner italienischen Erbländer ein. Konradin erschien. Alle Ghi=
bellinen jauchzten ihm zu, die Römer führten ihn im Triumph
in ihre Stadt, und auch die Saracenen in Unteritalien erhoben
1268 sich für ihn. Schon war er bei Tagliacozzo Sieger über das
französische Heer, als er noch an demselben Tage bei Skurkola
in einen Hinterhalt fiel und auf der Flucht mit seinem treuen
Freunde Friedrich von Baden durch Verrath gefangen wurde.
Karl ließ sie zum Tode verurtheilen, und am 29. October 1268
wurden beide auf dem Marktplatze zu Neapel öffentlich enthauptet.

Mit Konradin wurde das hohenstaufische Heldengeschlecht
zu Grabe getragen; dessen noch übrige Besitzungen aber fielen an
Bayern, das unter den drei ersten Wittelsbachern*) in Folge
mehrfacher Gebietserwerbungen das mächtigste deutsche Fürsten=
thum geworden war.

*) Otto I., der Große, regierte von 1180—83, Ludwig der Kelhei=
mer von 1183—1231 und Otto II., der Erlauchte, von 1231—53.

Die größte Erwerbung war die der Pfalzgrafschaft am Rhein. Schon 1214 war Ludwig der Kelheimer damit belehnt worden; allein Pfalzgraf Heinrich, Otto's IV. Bruder und Verbündeter, gab sie nicht heraus. Um sie aber doch seinem Hause zu sichern, brachte Ludwig 1222 eine Vermählung seines Sohnes Otto mit Agnes, der Erbtochter des entsetzten Pfalzgrafen, zu Stande, und so kam nach Heinrichs Tode die Pfalz 1228 wirklich an Bayern. Otto II., der Erlauchte, ergriff in dem Kampfe zwischen dem Kaiser und dem Papste erst für letzteren Partei, später aber vereinigte er sich mit dem Kaiser, welches Bündniß durch eine Heirath zwischen Kaiser Konrad IV. mit Otto's Tochter Elisabeth noch befestigt wurde. Am 28. März 1255 theilten sich Otto's Söhne, Ludwig der Strenge und Heinrich, die 1268 auch die Erben der Konradinischen Güter wurden, in Bayern, und dadurch wurde der Grund zu vielen weiteren Erbtheilungen gelegt. Erst 1506 wurden Ober- und Niederbayern bleibend vereinigt, die Pfalz aber kam gar erst 1777 wieder zu Bayern.

41. Das Interregnum, 1254—1273. — Die Hansa.

Nach dem Erlöschen des Hauses Hohenstaufen erreichte die Verwirrung in Deutschland den höchsten Grad. Wilhelm von Holland hatte nicht den geringsten Einfluß und fand auch schon 1256 in einem Kriege mit den Friesen den Tod. Kein deutscher Fürst wollte nun die Kaiserkrone haben, und es bot sie daher der Erzbischof von Köln dem Herzog Richard von Kornwallis, und der Erzbischof von Koblenz dem Könige Alfons von Kastilien an. Beide nahmen sie an; die weltlichen Fürsten, Ritter und Städte kümmerten sich aber um sie durchaus nicht, zumal ersterer nur dreimal und stets nur bis an den Rhein kam, letzterer aber gar nie erschien. Diese „kaiserlose und schreckliche Zeit, wo kein Richter mehr war auf Erden," nennt man Interregnum oder Zwischenreich und erzeugte jenen Zustand, den man das Faustrecht nennt. Die weltlichen und geistlichen Fürsten führten unter sich oder mit den Städten Krieg, und der niedere Adel führte von seinen Burgen aus eine Art Räuberleben, drückte die Kaufleute durch große Zölle, schleppte sie in Gefangenschaft, um sie nur gegen hohes Lösegeld wieder freizugeben, und raubte ihnen ihre Güter. Die hierdurch benachtheiligten Städte suchten sich daher durch größere Bündnisse gegenseitig zu beschützen und entstanden kurz nach einander der rheinische Städtebund und die Hansa.

Zum rheinischen Städtebund gehörten 60 Städte, die meist

am Rhein lagen, so z. B. Basel, Straßburg, Steyer, Worms,
1241 Mainz u. s. w. Noch bedeutender aber war die 1241 gestiftete
Hansa, zu welcher mehr als 80 Land= und Seestädte Norddeutsch=
lands gehörten, so z. B. Hamburg, Bremen, Lübeck, Danzig;
Braunschweig, Magdeburg, Berlin, Thorn ꝛc. Zur Zeit ihrer
höchsten Blüthe zerfiel sie in 4 Quartiere mit den Hauptstädten
Köln, Braunschweig, Lübeck und Danzig. Lübeck war die Haupt=
stadt des ganzen Bundes, dort war die Bundescasse, dort fanden
die Bundesversammlungen statt, und der Bürgermeister von Lübeck
war der mächtige Vorsteher. Zur Sicherung ihres Handels führte
die Hansa sogar mit auswärtigen Staaten Krieg. Sie züchtigte
Dänemark und Norwegen wiederholt und bot letzteres sogar
für Geld feil, und um den ganzen nordeuropäischen Handel zu
erhalten, legte sie in London, Brügge, Bergen und Now=
gorod große Handelscomptoire an. Auch mit den italienischen
Handelsstädten Genua, Pisa, Amalfi und Venedig ꝛc., welche den
Handelsverkehr mit dem Orient und sogar mit Indien in den
Händen hatten, stand die Hansa in Verbindung, und brachten .
deutsche Kaufleute die Erzeugnisse und Handelswaaren des Südens
von Italien aus zu Lande über Augsburg, Nürnberg, Regens=
burg ꝛc., welches ebenfalls bedeutende Handelsstädte waren, nach
dem Norden. Die Flotte der Hansa war die erste im Norden
Europas; vor ihr zitterte das anmaßende Dänemark, die Hollän=
der legten den die Rheinmündung passirenden Schiffen nichts in
den Weg, und die spätere Seemacht Englands war damals noch
gleich Null.

42. Die Kreuzzüge. 1096—1291.

Schon seit den frühesten Zeiten des Christenthums und be=
sonders seit der Erbauung der prächtigen Auferstehungskirche zu Jeru=
salem durch die Mutter Constantins des Großen unternahmen einzelne
Christen Wallfahrten nach Palästina, und da man dieselben
bald als ein Gott wohlgefälliges und verdienstvolles Werk ansah,
so wurden sie immer häufiger. Als die Araber 636 Palästina
eroberten, blieben die Wallfahrer, sowie die Christen zu Jerusalem
ziemlich ungestört; nachdem aber 1078 die seldschuckischen
Türken die Herren des Landes geworden waren, fanden Raub,
Mord und Bedrückungen jeder Art gegen die Christen statt. Solche
Noth der Christen sah auch Peter von Amiens, der Einsiedler,

und nachdem er nach seiner Rückkehr dem Papste Urban II. eine lebhafte Schilderung hiervon gemacht hatte, erhielt er von diesem den Auftrag, in Italien und Frankreich zur Befreiung des h. Landes aus den Händen der Türken aufzufordern und unterzog sich diesem Auftrag mit großem Erfolg. Als sodann auf den Kirchenversammlungen zu Piacenza und Clermont (1095) Urban II. selbst die versammelten Christen zu einem Kreuzzuge aufforderte, da ertönte der einstimmige Ruf: „Gott will es!" und Bischöfe, Ritter und alles Volk ließen sich das rothe Kreuz — daher der Name Kreuzzüge — auf die rechte Schulter heften.

Schon im nächsten Frühling zogen die ersten Schaaren unter Peter von Amiens, Walther von Habenichts u. a. durch Deutschland dem heiligen Lande entgegen. Da es aber nur rohe und zusammengelaufene Haufen waren, die weder Ordnung noch Mannszucht kannten und sich die größten Ausschweifungen erlaubten, so stießen sie überall auf Widerstand und fanden deßhalb in Ungarn, der Bulgarei und Kleinasien (vor Nicäa) ihren Untergang.

Im August 1096 brach endlich auch das Hauptheer, etwa **1096** 400,000 Mann stark, auf und zog unter mehreren Führern: Herzog Gottfried von Bouillon, Balduin von Flandern, Herzog Robert von der Normandie, Graf Raimund von Toulouse, Fürst Bohemund von Tarent u. a., theils zu Land, theils zur See nach Konstantinopel. Einen gemeinsamen Führer hatte man nicht; jeder Fürst befehligte seinen Haufen, und nur für Nothzeiten sollte durch einen Kriegsrath ein gemeinsamer Feldherr aufgestellt werden. Da dem Ganzen Einheit und ein fester Plan fehlte, so rückte das Heer nur langsam vorwärts und hatte mit Schwierigkeiten aller Art zu kämpfen, und als man endlich am 6. Juni 1099 vor Jerusalem anlangte, zählte das gewaltige Kreuzheer kaum noch 40,000 Mann. Nach mühevoller, 39 tägiger Belagerung wurde Jerusalem im blutigen Kampfe erstürmt, und da sich **Gottfried von Bouillon** durch seine Tapferkeit und Frömmigkeit schon längst das meiste Ansehen erworben hatte: so wurde er zum Könige von Jerusalem erwählt. Da er nicht die goldene Krone tragen wollte, wo sein Herr und Meister unter der Dornenkrone geschmachtet hatte, so nannte er sich nur „Beschützer des heiligen Grabes." Leider starb er schon im nächsten Jahre, und sein Bruder Balduin, der bisher Fürst des von ihm am Euphrat gegründeten Fürstenthums Edessa war, wurde sein Nachfolger und nahm den Königstitel an.

Da die dem Könige von Jerusalem untergeordneten Lehens=
fürsten von Edessa, Antiochia und Tripolis meist nur auf
die Ausdehnung ihrer Macht bedacht waren und die Muhamme=
daner alles daran setzten, sich die verlorenen Länder wieder zu er=
obern, so hatte das junge Königreich einen harten Stand und
hielt sich nur so lange, als die italienischen Freistaaten Pisa, Ge=
nua und Venedig, deren Handelsinteressen dabei betheiligt waren,
ihm ihre Unterstützung gewährten und neue Zuzüge aus dem
Abendlande erschienen.

Schon 1101 brach Welf I. von Bayern mit 150,000 Mann
nach dem Morgenlande auf, verlor aber durch Treulosigkeit der
Führer und durch die Macht des Sultans von Iconium
sein Heer, und er selbst starb auf dem Heimwege auf der Insel
Cypern.

Als sodann 1147 Edessa, dieser Schlüssel zum Jordanland,
an die Türken verloren gieng, kam durch den Abt Bernhard
1147 von Clairvaux 1147 der zweite allgemeine Kreuzzug unter
Kaiser Konrad III. und König Ludwig VII. von Frankreich zu
Stande. Allein die alten Ursachen, Verrätherei der Griechen,
Treulosigkeit der Führer und der Pullanen (Nachkommen der
früheren Christen in Palästina), zahlreiche Angriffe der Türken
und Uneinigkeit und Eifersucht im christlichen Heere, wo mehrere
Fürsten — Welfen und Ghibellinen — neben einander kämpften,
die zu Hause in bitterer Fehde lebten und möglichst bald nach
Hause zu kommen trachteten, um die unterbrochene Fehde wieder
anzunehmen und zu beenden, vereitelten einen glücklichen Erfolg;
und nachdem das Kreuzheer weder Damaskus noch Askalon
zu erobern vermochte, kehrten die beiden Könige, jeder auf einem
andern Weg, in ihre Heimath zurück.

In Palästina gieng hierauf eine Besitzung nach der andern
verloren, und nach dem blutigen Siege über die Christen bei Ti=
1187 berias fiel 1187 auch Jerusalem in die Hände des edelmüthigen
und tapferen Sultans Saladin von Aegypten.

Die Kunde hiervon erfüllte ganz Europa mit Schrecken und
Entrüstung, und ohne Zögern unternahmen Friedrich Barbarossa
und die Könige Philipp August von Frankreich und Richard
1190 Löwenherz von England 1190 den dritten Kreuzzug. Genua,
Pisa und Sicilien stellten ihre Flotten zu Gebote, und unter dem
über 150,000 Mann starken deutschen Heere waren mehr als
20,000 Ritter. Friedrich, der den Landweg einschlug, war ganz

der Mann dazu, den Kreuzzug glücklich hinauszuführen. Er erzwang sich von dem griechischen Kaiser die Ueberfahrt nach Kleinasien, besiegte den Sultan von Iconium, fand aber beim Uebergang über den Fluß Seleph leider den Tod. Unersetzbar war dieser Verlust, denn mit dem Tode des Hauptes schwand auch die Einigkeit der Glieder. Große Noth kam über das Heer, und nur mit 5000 Mann langte Friedrichs Sohn, der Herzog Friedrich von Schwaben, vor Ptolemais oder Accon an und vereinigte sich im April 1191 mit den Franzosen und Engländern, die den Seeweg eingeschlagen hatten. Aber auch diesmal ließen Eifersucht und Zwist es zu keinem bedeutenden Erfolg kommen. Philipp und Richard konnten sich über die Theilung des Eroberten und über die künftige Thronfolge zu Jerusalem nicht einigen, und so kehrte Philipp nach Frankreich zurück, und als bei Wiederherstellung der von Saladin geschleiften Mauern von Askalon Richard den Herzog von Oesterreich, der nach dem Tode des jungen Friedrich die Deutschen befehligte, dadurch beleidigte, daß er die österreichische Fahne von einem Thurme herabreißen und durch den Koth schleifen ließ: da kehrte auch dieser Fürst nach Hause zurück. Bald darauf schloß Richard mit Saladin einen dreijährigen Waffenstillstand, wodurch den Christen der Küstenstrich von Joppe bis Accon blieb und der freie Besuch der heiligen Oerter gestattet wurde. Auf dem Heimwege litt Richard im adriatischen Meere Schiffbruch, und als er in Pilgerkleidung durch das Gebiet des Herzogs von Oesterreich zog, wurde er erkannt und gefangen genommen. Herzog Leopold mußte ihn an den geldgierigen Kaiser Heinrich VI. ausliefern, und dieser schleppte ihn trotz der Vermittlung des Papstes und der deutschen Fürsten aus einem Kerker in den andern und gab ihm nur gegen das ungeheure Lösegeld von 150,000 Mark Silbers endlich die Freiheit wieder.

Der vierte große Kreuzzug, der durch Papst Innocenz III. zu Stande kam, war ganz ohne Erfolg. Das meist aus Franzosen bestehende Heer unter dem Grafen Balduin von Flandern und dem Markgrafen Bonifacius von Montferrat mußte, um sich das Geld für die Ueberfahrt zu verdienen, den Venetianer zur Wiedergewinnung der ihnen entrissenen Stadt Zara in Dalmatien behilflich sein. Nachdem dies geschehen war, zogen die Kreuzfahrer nach Konstantinopel und verhalfen dem abgesetzten Kaiser Isaak Angelus wieder auf den Thron. Da

1204

dieſer aber ſhen verſprochenen Lohn nicht zu zahlen vermochte, ſo nahmen die Kreuzritter Beſitz von Konſtantinopel und errichteten das ſogenannte lateiniſche Kaiſerthum, das von 1204 bis 1261 beſtand.

Balduin wurde Kaiſer, Bonifacius erhielt Macedonien als Königreich Theſſalonich, viele andere Ritter wurden Herzöge von Athen, Achaſa ꝛc., und Venedig erwählte ſich die Küſtenſtriche und viele Inſeln.

In den Jahren 1212 und 1213 verſuchten ſogar Kinder — erſt 7000, dann 20,000 — einen Kreuzzug zu unternehmen; ſie giengen aber unterwegs theils ſchon in Italien, theils auf dem Meere elendiglich zu Grunde, und der Reſt fiel Sclavenhändlern **1217** in die Hände; und als 1217 König Andreas von Ungarn, Herzog Ludwig l. von Bayern u. a. einen **fünften Kreuzzug** zu Stande brachten, ſo wurde zwar das feſte Damiette erobert, als aber bald darauf Ludwig l. von Bayern und viele Eble in die Gefangenſchaft des Sultans geriethen, ſo mußten ſie froh ſein, als ſie durch Verzichtleiſtung auf alle errungenen Vortheile ihre Freiheit wieder erlangten.

Erfolgreicher war der **ſechſte** große **Kreuzzug**, den der Kaiſer **1228** Friedrich II., obgleich vom Banne gedrückt, 1228 unternahm. Er landete zu Accon, befeſtigte Jaffa, erhielt durch einen Vertrag mit dem ägyptiſchen Sultan Kamel Jeruſalem, Bethlehem, Nazareth, Rama und das Land zwiſchen dieſen Städten und Sidon, Tyrus und Accon und ſetzte ſich 1229 in der Kirche zu Jeruſalem ſelbſt die Krone auf, da der Papſt dem dortigen Patriarchen verboten hatte, den Kaiſer zu krönen.

Eine Verletzung des durch Friedrich abgeſchloſſenen Vertra**1248** ges hatte den **ſiebenten** und **letzten Kreuzzug** 1248 durch Ludwig IX., den Heiligen, von Frankreich zur Folge. Um ſein Unternehmen zu ſichern, wollte er zuerſt Aegypten erobern. Damiette gerieth in ſeine Hände; als er aber weiter zog, fiel er in die Gefangenſchaft. Gegen Räumung von Damiette und Zahlung eines bedeutenden Löſegeldes erhielt er die Freiheit wieder. Da er damit ſein Gelübbe nicht erfüllt zu haben glaubte, unternahm er 1270 noch einen Kreuzzug, fand aber vor Tunis an einer Seuche ſeinen Tod.

1291 fiel mit Ptolemais die letzte chriſtliche Beſitzung in die Hände der Saracenen zurück, und nur Cypern blieb noch lange ein chriſtliches Königreich.

An ſechs Millionen Menſchen hatten durch die Kreuzzüge

ihr Leben verloren, und wenn auch der Zweck nicht erreicht wurde, den man von Anfang an im Sinne hatte, so fielen diese Millionen doch nicht umsonst, und es hatten die Kreuzzüge für die europäischen Völker höchst wichtige Folgen. Sie belebten den Glauben, erweiterten die Grenzen der Wissenschaft und insbesondere der Natur= und Völkerkunde, gaben der Kunst und zwar vorzüglich der Dichtkunst, reichen Stoff, trugen zur Bildung des Ritter= und Bürgerstandes wesentlich bei, vermehrten die Anzahl der Städte, sowie der freien Bauern, indem sich jeder Leibeigene durch Annahme des Kreuzes frei machen konnte, erweiterten den Handel und veredelten das Ritterthum, das seine höchste Weihe und Verklärung durch die während der Kreuzzüge entstandenen drei geistlichen Ritterorden erhielt, in denen sich das Ritterthum und das Mönchswesen eigenthümlich durchdrang.

Der Johanniter= oder Hospitaliterorden wurde 1113 von einigen Kaufleuten aus Amalfi zur Pflege kranker und armer Pilger gestiftet, verpflichtete sich bald darauf aber auch zum Schutze der Pilger und zum Kampfe gegen die Ungläubigen und hatte Johannes den Täufer zum Schutzpatron.

Der Tempelherrnorden entstand 1118 durch neun französische Ritter zum Schutz der Pilger und zum Kampf gegen die Ungläubigen, genoß bald das größte Vertrauen, artete aber später aus. Da er sich großen Länderbesitz und Reichthum erwarb, so wurde König Philipp von Frankreich lüstern darnach und bereitete diesem Orden 1312 einen schrecklichen Untergang.

Der deutsche Orden entstand eigentlich schon 1128, erhielt aber erst 1190 durch den Herzog Friedrich von Schwaben seine rechte Weihe. Sein vierter Hochmeister, Hermann von Salza, verlegte den Sitz des Ordens nach Venedig, von wo aus derselbe nach Preußen berufen wurde. Er gieng 1228 dahin, gewann binnen 55 Jahren das Land für Deutschland, bekehrte die Einwohner zum Christenthum und beherrschte zur Zeit seiner größten Blüthe (um 1350) nicht nur Preußen, sondern auch Livland, Kurland u. s. w.

43. Innere Zustände Deutschlands unter den Hohenstaufen.

Mit aller Macht streben die Hohenstaufen darnach, die ge=

sunkene Macht des Kaisers wieder zu heben; allein die bereits
erlangte Uebergewalt der Päpste, die Eifersucht der Fürsten, der
Freiheitssinn der Städte u. a. m. ließen es nicht dazu kommen,
und so endete denn der gewaltige Kampf der Kirche mit dem
Staate mit der unbestrittenen Oberhoheit des Papstes über
Europa.

Die Spaltung der Fürsten in Welfen und Ghibellinen veranlaßte die Kaiser, um sich Freunde zu erwerben, zur Verleihung
mancher Hoheitsrechte, zur Verschenkung ihrer Privatgüter u. s. w.,
und so kam es, daß die Kaiser bald nur noch die sehr geschmälerte
Oberlehensherrschaft, die Führung des Reichsheeres, den Schutz
des Landfriedens und den Vorsitz auf den Reichstagen, d. i. in
den Versammlungen der Reichsstände, hatten.

Die Schwächung des Königthums hatte aber auch die
Schwäche des ganzen Reiches zur Folge. Wie die Reichsfürsten
immer mehr vom Kaiser unabhängig zu werden suchten, so der
niedere Adel und die Städte von den Fürsten, und da die Kaiser
häufig den Wünschen des Adels und der Städte nachkamen und
sie reichsunmittelbar machte, so wurden der Reichsstände zwar
immer mehr, aber die Macht des Reiches nahm ab. Aus den
früheren, großen Herzogthümern: Thüringen, Franken, Bayern,
Sachsen, Schwaben und Lothringen waren 116 geistliche und
100 weltliche Reichsstände geworden, nämlich 6 Erzbisthümer,
37 Bisthümer, 70 Abteien, 3 geistliche Ritterorden; 4 weltliche
Kurfürsten, 6 größere Herzöge, 30 gefürstete Grafen und gegen
60 Reichsstädte, und alle diese größeren und kleineren Reichsstände besaßen innerhalb ihres Gebietes die Lehensherrlichkeit,
den Heerbefehl, die Gerichtsbarkeit und Zoll-, Münz- und andere
Regalien.

Aus Franken z. B. entstanden: die Pfalzgrafschaft am Rhein, das
Erzbisthum Mainz, die Bisthümer Würzburg, Bamberg, Worms,
Speyer, die Reichsstädte Nürnberg und Frankfurt, das Burggrafenthum
Nürnberg (das spätere Fürstenthum Ansbach-Bayreuth) u. a.; aus
Schwaben: die Gebiete der Fürsten von Baden, Württemberg, Hohen-
zollern und Habsburg, die Reichsstädte Augsburg und Straßburg, das
Bisthum Augsburg u. s. w., und die wichtigsten Reichsstände, die aus
dem früheren Bayern und aus Sachsen sich bildeten, wurden schon
S. 80 erwähnt.

Die Städte, die schon unter den Saliern eine bedeutende
Macht waren und Heinrich IV. getreulich beistanden, erlangten
unter den Hohenstaufen immer mehr Ansehen, und eine große An-

zahl wurde sogar reichsunmittelbar. In ihnen blühten Handel, Gewerbe, Baukunst und alle andern Künste, und alle Genossen desselben Handwerkes oder derselben Kunst vereinigten sich zu Genossenschaften (Zünften, Gilden, Innungen), deren Zweck Ordnung und Schutz des Handwerkes war. Die Anzahl der Lehrlings=, Gesellen= und Wanderjahre waren genau bestimmt, und die Aufnahme als Meister erfolgte nach wohl bestandenem Meisterstück unter feierlichen Ceremonieen. Unechte Geburt und schlechter Lebenswandel schlossen von der Zunft aus, und der an der Spitze der Zunft stehende Zunftmeister legte alle inneren Zwiste bei und handhabte Ordnung und Zucht. Die obrigkeitlichen Stellen in den Städten waren anfangs meist in den Händen der Patricier oder Geschlechter, welche sie aber mit der Zeit zum Theil oder auch ganz an die Zünfte verloren. Durch Fleiß und Erfindungen aller Art erwarben sich die Städte bald großen Reichthum; aber trotzdem lebten die Bürger stets einfach und mäßig, und nur bei Festen zeigten sie ihren Reichthum. Auf den Bau stattlicher Kirchen verwendeten sie jedoch viel, und noch heute bewundern wir den Dom zu Köln (begonnen 1248), den Münster zu Freiburg (erbaut von 1122—1513), den Münster zu Straßburg (begonnen 1015, vollendet 1275 ohne die Thürme, deren Bau Erwin von Steinbach 1277 entwarf und begann), den Stephans=Dom zu Wien, die Sebalder= und Lorenzerkirche in Nürnberg u. a. m.

Die Gerichtspflege richtete sich noch nach Herkommen und Gewohnheit. Reichten die Untergerichte mit ihrer Erfahrung nicht aus, so wandten sie sich um Rath an die Obergerichte, und aus den von diesen empfangenen Urtheilen oder Weisthümern, die man aufschrieb und die für künftige ähnliche Fälle Geltung hatten, entstanden Sammlungen von Stadtrechten und Landrechten, zu welch letzteren auch der Sachsenspiegel und Schwabenspiegel gehört. Da jedoch diese Gesetze nicht für alle Fälle ausreichten, so fand auch das römische Recht immer mehr Eingang, und so entstand allmählich aus dem mündlichen Gerichtsverfahren ein schriftliches.

Die wissenschaftliche Bildung verbreitete sich unter den Hohenstaufen immer mehr. Die Dom= und Stiftsschulen, in denen besonders die sogenannten sieben freien Künste (s. S. 74) und die theologischen Wissenschaften gelehrt wurden, vermehrten sich, und selbst die im Auslande errichteten Universitäten: Paris (für

Theologie), Bologna (für Rechtsgelehrsamkeit) und Salerno (für Arzneikunde) äußerten bald großen Einfluß auf Deutschland. Als Geschichtsschreiber dieser Periode verdient Bischof Otto von Frei= sing, ein Halbbruder des Kaisers Konrad III., Erwähnung, und der als Naturkundiger und Mathematiker berühmte Bischof Al= bertus Magnus von Regensburg zog sich durch seine Kennt= niß der Natur sogar den Ruf eines Zauberers zu.

Von den Künsten entfaltete sich besonders die Poesie, und es trieb dieselbe sowohl als Volkspoesie (Nibelungenlied und Gudrun), wie als Kunstpoesie (Kunstepos, Minnegesang ꝛc.) ihre schönsten und duftigsten Blüthen. Wolfram von Eschenbach, Gottfried von Straßburg, Hartmann von der Aue, Heinrich von Ofterdingen, Walther von der Vogelweide u. a. waren die vor= züglichsten Meister der Kunst= oder höfischen Poesie, und von ihren Dichtungen erfreuen uns noch heute: Parcival, Tristan und Isolde, Iwein, zahlreiche Legenden, Reinecke Fuchs, u. dgl. m.

Aber auch die Baukunst fand, wie schon weiter oben er= wähnt, eine sorgsame Pflege und zwar besonders in den Städ= ten, und da das Innere der Kirchen dem stattlichen Aeußern ent= sprechen sollte, so boten auch die Maler, Bildhauer, Holzschnitzer, Glasmaler u. a. ihre ganze Kunst auf und vervollkommneten sich dadurch immer mehr.

Fünfter Zeitraum.

Von Kaiser Rudolf von Habsburg bis zu Kaiser Karl V. und zum Beginn der Reformation. 1273—(1520) 1517.

(Bayern ein theilbares Erbherzogthum unter den Wittelsbachern. 1255—1506.)

Kaiser aus verschiedenen Häusern.

44. Rudolf von Habsburg. 1273—1291.

Die Gesetzlosigkeit und Unsicherheit während des Inter-regnums erregte im Volke wie unter den Fürsten Sehnsucht nach einem tüchtigen Kaiser, und so wurde endlich 1273 **Rudolf von** 1273 **Habsburg**, der im Elsaß und in der Schweiz nicht unbedeutende Besitzungen hatte und wegen seiner Tapferkeit, Redlichkeit und Frömmigkeit allgemein geachtet war, mit Einwilligung des Papstes zum deutschen Kaiser gewählt; doch mußte er zuvor den Fürsten ihre unterdeß errungenen Vortheile bestätigen und versprechen, keinen wichtigen Entschluß ohne ihre Zustimmung zu fassen. Ru-dolfs Bestreben gieng dahin, das Ansehen der kaiserlichen Würde wieder herzustellen, für Ordnung und Ruhe zu sorgen und allen Beschwerden der Unterthanen möglichst abzuhelfen.

Nachdem er die Fürsten von Oberbayern, Niederbayern, Brandenburg und Sachsen zu seinen Schwiegersöhnen gemacht hatte, zog er gegen den stolzen Ottokar von Böhmen, der mehrere Reichslehen an sich gerissen und sie weder herausgeben

7

noch den LehnsEid dafür leisten wollte. Der nicht gerüstete Otto=
kar unterwarf sich nun, leistete knieend den LehnsEid für Böhmen
und Mähren, und gab Oesterreich, Steiermark, Kärnthen und
Krain heraus. Kaum war jedoch der Kaiser abgezogen, so brach
Ottokar seinen Eid und bot alles auf, um sich für den erlittenen
Schimpf zu rächen und die verlorenen Länder wieder zu erobern.
1278 Er erneuerte den Krieg, wurde aber von Rudolf mit Hilfe der
Reichsfürsten auf dem **Marchfelde** bei Wien 1278 vollständig
geschlagen und verlor auf der Flucht sein Leben. Der Tag der
Schlacht (der 26. August) wurde der Gründungstag der
habsburgisch=österreichischen Macht, denn Rudolf gab
mit Bewilligung der deutschen Kurfürsten*) die Länder Oesterreich,
Steiermark und Krain seinen eigenen Söhnen Rudolf und Adolf
zu Lehen. Kärnthen erhielt der dem Kaiser treu ergebene Graf
Mainhard von Tyrol, und dem Sohne Ottokars blieb nur Böh=
men und Mähren.

Nach Italien zog Rudolf nie — er verglich es sehr richtig
mit einer Löwenhöhle, bei der man wohl Fußtapfen von Hinein=
gegangenen sähe, aber nicht von Herausgekommenen —, sorgte
aber dafür desto trefflicher für sein Deutschland. Er ließ auf
einem Reichstage zu Nürnberg einen allgemeinen Landesfrieden
bekannt machen, reiste im ganzen Lande umher, schlichtete Streitig=
keiten und wies Landfriedensstörer strenge zurück. Zur Tilgung
des Raubwesens zerstörte er in Franken und Schwaben 70 und
in Thüringen 66 Raubschlösser, und auf einem Reichstage zu Er=
furt ließ er 29 Raubritter hinrichten.

Nachdem Rudolf zu Frankfurt vergeblich versucht hatte, von
den Kurfürsten die Nachfolge für seinen Sohn Albrecht zu erhalten,
beschloß er sein thatenreiches und ruhmvolles Leben in seinem
70. Jahre in Germersheim am Rhein auf einer Reise und wurde
im Dome zu Speyer begraben.

45. Adolf von Nassau. 1291—1298.

Da es im Interesse der Kurfürsten lag, keinen mächtigen
Kaiser über sich zu haben, so wählten sie nach Rudolfs Tode

---

*) Seit Rudolf von Habsburg nahmen die weltlichen Fürsten von
Sachsen, Brandenburg, Böhmen und Rheinpfalz und die drei Erzbischöfe
von Mainz, Köln und Trier das Recht der Kaiserwahl für sich allein in
Anspruch und nannten sich Kurfürsten.

ben zwar tapferen, aber an Land und sonstigen Glücksgütern ar=
men Grafen **Adolf** von **Nassau** und mußte auch dieser ihnen zuvor
manches neue Vorrecht einräumen. Adolf war bemüht, Recht
und Gerechtigkeit zu handhaben, und da er gar bald einsah, daß
er dies nur mit Hilfe einer bedeutenderen Hausmacht zu thun
vermöge, so suchte er sich eine solche zu erwerben. Leider aber
ergriff er nicht die rechten Mittel. Er kaufte dem Landgrafen
Albert Thüringen und **Meißen** ab, und indem er dessen
Söhne, die ihr rechtmäßiges Erbe zu behaupten suchten, mit Krieg
überzog, brach er den Landfrieden. Weil er ferner den Kurfürsten
nicht alle ihnen bewilligten Rechte einräumte, so entsetzten ihn
diese 1298 und wählten statt seiner den mächtigen **Albrecht** von
Oesterreich. Doch Adolf war nicht gesonnen, seine Krone gut=
willig herauszugeben, und so kam es zum Krieg. Bei **Göllheim**,
westlich von Worms in der Rheinpfalz, stießen beide Gegner auf
einander, und Adolf verlor hier Schlacht und Leben.

46. Albrecht I., 1298—1308, und die Entstehung des Schweizerbundes.

Albrecht, dem es weder an Kraft, noch an Klugheit fehlte,
wollte die kaiserliche Vollherrschaft wieder herstellen und seine
Hausmacht noch vergrößern. Allein die Macht der Kurfürsten
war schon zu erstarkt; sie widersetzten sich mit aller Kraft, und
so erreichte Albrecht weder das eine, noch das andere. Das be=
rühmteste Ereigniß aus der Zeit seiner Regierung ist die Bildung
der **schweizerischen Eidgenossenschaft** gegen Oesterreich, und als
Albrecht eben Anstalten machte gegen dieselbe zu ziehen, wurde er
von seinem eigenen Neffen **Johann** von **Schwaben**, dem er
sein schweizerisches Erbe vorenthielt, 1308 bei **Windisch** an der
Reuß ermordet.

Schon seit dem 12. Jahrhundert besaßen die Habsburger,
deren Stammgüter zum größten Theil in der heutigen Schweiz
lagen, Gaugrafenrechte über die sogenannten **Waldstädte** (Wald=
stätten): **Uri, Schwyz** und **Unterwalden**, und als bald darauf
alle Reichslehen und Reichsämter erblich wurden, so giengen diese
Landschaften eben auch in den Privatbesitz der Habsburger über.
Sie waren jedoch damit nicht zufrieden; Uri und Schwyz wandten
sich an **Friedrich II.**, und dieser gab ihnen einen Freibrief und
stellte sie unmittelbar unter das Reich. Allein die Habsburger

7*

unterwarfen sie wieder, und unter Rudolf wagten dieselben nichts Eigenmächtiges zu unternehmen. Kaum aber hatte Rudolf seine Augen geschlossen, so erwachte ihr Freiheitssinn wieder. Sie schlossen 1291 eine förmliche Eidgenossenschaft, und Adolf von Nassau bestätigte dieselbe und erneuerte den Freibrief. Albrecht unterwarf sie jedoch abermals seiner Landgrafschaft, und um ihren Freiheitssinn völlig zu brechen, soll er ihnen zwei strenge österreichische Landvögte ins Land gesetzt haben, welche jedoch sammt der Art und Weise, wie sich die Schweizer bald darauf dieser Vögte entledigt haben sollen (Tells Apfelschuß, Gefangennahme und Befreiung, Geßlers Tod u. s. w.), von den hervorragendsten Forschern der Geschichte in das Reich der Sage verwiesen werden. 1308 erneuerten die Waldstädte, die durchaus nicht österreichisch sein wollten, auf dem Rütli ihren Freiheitsbund, und als sich Albrecht eben zur Züchtigung der Widerspenstigen rüstete, ereilte ihn der Tod. Was er nicht zu erreichen vermochte, hoffte sein Sohn Leopold leicht ausführen zu können. Er wurde aber 1315 bei Morgarten vollständig geschlagen, worauf die drei Waldstädte vom Kaiser Ludwig die Bestätigung ihrer Freiheit erhielten und durch Aufnahme der von Habsburg abgefallenen Städte Luzern, Zürich, Glarus, Zug, sowie durch das mächtige Bern ihre Eidgenossenschaft erweiterten. Oesterreich machte zwar wiederholt Versuche, die Schweizer zu demüthigen, allein vergebens. 1386 wurde ein zweites großes und trefflich ausgerüstetes Heer der Oesterreicher von den Schweizern durch den heldenmüthigen Opfertod Arnold's von Winkelried bei Sempach vernichtet, und nachdem auch die Schlacht bei Näfels zu Gunsten der Schweizer ausgefallen, war ihre Freiheit fest begründet. Bald darauf traten auch Solothurn, Graubündten, Basel, Schaffhausen und Appenzell dem Bunde bei, und in der zweiten Hälfte des 14. Jahrhunderts verlor Oesterreich seine letzten Besitzungen in der Schweiz. Die Oberhoheit des Reiches bestand zwar noch fort, wurde aber weder vom Reiche ausgeübt, noch von den Eidgenossen respectirt. Unter Kaiser Maximilian trennten sie sich factisch vom Reiche los, und im westfälischen Frieden wurde ihre Unabhängigkeit öffentlich anerkannt.

47. Heinrich VII. von Luxemburg. 1308—1313.

Nach Albrecht's Tode trugen die deutschen Fürsten abermals Bedenken, einen länderreichen Fürsten auf den Kaiserthron zu erheben, und ihre Wahl fiel deshalb auf den Grafen **Heinrich von Luxemburg**, den nur persönliches Verdienst empfahl. Er brachte durch Vermählung seines Sohnes **Böhmen** an sein Haus, und nachdem er für Aufrechthaltung des Landfriedens gesorgt hatte, zog er nach Italien, sich die lombardische und die Kaiserkrone zu holen und die Welfen und Ghibellinen, die sich daselbst immer noch bekämpften, zu versöhnen. Viele jauchzten ihm zu, und selbst der große Dichter **Dante** hoffte von ihm Beendigung der unseligen Wirren. Heinrich hatte dort manchen Kampf zu bestehen, mußte in Mailand einen Aufstand niederschlagen und in Rom das Kapitol erstürmen. Die Peterskirche konnte er aber nicht einnehmen und ließ sich daher im Lateran krönen. Als er sah, daß eine Versöhnung der Parteien unmöglich sei, stellte er sich auf Seite der Ghibellinen; bevor er jedoch wirksam für diese auftreten konnte, ereilte ihn zu **Buonconvento** (bei Siena) der Tod.

48. Friedrich von Oesterreich und Ludwig von Bayern. 1314—1447.

Heinrichs Tod war für Deutschland ein Unglück; denn es kam nun zu einer Doppelwahl. Die Mehrheit stimmte für den Herzog **Ludwig von Bayern** und die übrigen, darunter Ludwig's eigener Bruder Rudolf, für den Herzog **Friedrich den Schönen von Oesterreich**.

Bei der ersten Theilung Bayerns 1255 hatte Ludwig der Strenge (von 1255—1294), der sich seinen Beinamen durch die Hinrichtung seiner unschuldigen Gemahlin Maria von Brabant erwarb, Oberbayern und die Rheinpfalz und Heinrich XIII. Niederbayern erhalten. Ludwigs Söhne Rudolf und Ludwig der Bayer regierten anfangs gemeinschaftlich, theilten sich aber 1310 in Folge einer eigenmächtigen Verfügung Rudolfs über pfälzische Güter so in das Land, daß Rudolf den größten Theil von Oberbayern, die Rheinpfalz und die Kurwürde erhielt, während der Rest von Oberbayern Ludwig dem Bayern zufiel. Letzterem übertrug 1312 der Herzog Otto IV. von Niederbayern die Vormundschaft über die drei noch unmündigen Erben von Niederbayern, und da der Adel von Niederbayern dieselbe nach Otto's Tode dem Herzog Friedrich dem Schönen von Oesterreich übertrug, so kam es zwischen Ludwig und Friedrich zu dem sogenannten Vormundschaftskrieg. Bei Gammelsdorf, unweit Moosburg in Oberbayern, wurde Friedrich 1313 besiegt, worauf er unter der Bedingung auf die Vormundschaft verzichtete, daß Ludwig ihm bei der Kaiserwahl seine Stimme gebe. — Ju demselben Jahre hoben Rudolf und Ludwig die Theilung von 1310 auf und regierten wieder gemeinschaftlich. Als aber 1314 Ludwig, gedrängt von seiner Partei, die Kaiserkrone annahm, entzweiten sich die Brüder so, daß Rudolf das Land verlassen mußte und 1321 in Oesterreich starb.

1322   Die Folge der Kaiserwahl war, daß der Krieg zwischen Ludwig und Friedrich abermals entbrannte, und erst 1322 kam es zur Entscheidungsschlacht bei Mühldorf und Ampfing. Ludwig, für den die Böhmen, der Burggraf von Nürnberg, Heinrich von Niederbayern und die treuen Städte kämpften, blieb durch die Kriegskunst des erfahrenen Nürnberger Feldhauptmanns Friedrich Schweppermann *) Sieger, und Friedrich der Schöne wurde gefangen genommen und auf die feste Burg Trausnitz bei Nabburg in ritterliche Haft gebracht. Friedrich's Bruder Leopold führte jedoch den Krieg fort und verband sich mit dem König Karl IV. von Frankreich und dem zu Avignon in Frankreich residirenden Papst Johann XXII. Letzterer schleuderte gegen Ludwig den Bann, belegte sein Land mit dem Interdikt, reizte die Polen zu einem Einfall in Brandenburg, mit welcher Mark Ludwig seinen ältesten Sohn Ludwig 1324 belehnt hatte, und forderte die Kurfürsten auf, dem französischen König die deutsche Krone zu übertragen. Um mit seinen verschiedenen Gegnern eher fertig zu werden, suchte sich Ludwig mit der österreichischen Partei auszusöhnen. Er gab Friedrich dem Schönen die Freiheit, wogegen dieser seinen Bruder Leopold zum Frieden bewegen sollte. Da dies Friedrich nicht gelang, so kehrte er, dem Trausnitzer Vertrage gemäß, in die Gefangenschaft zurück, worauf Ludwig die Regierung des Reiches mit ihm theilte, obwohl die Kurfürsten hiezu nie ihre Einwilligung gaben.

  Hierauf unternahm Ludwig einen Römerzug, empfing zu Mailand die eiserne und zu Rom 1328 die Kaiserkrone, setzte einen Gegenpapst ein und versöhnte sich auf dem Heimwege am **1329** 4. August 1329 mit den Söhnen seines inzwischen verstorbenen Bruders Rudolf durch den für Bayern sehr wichtigen Hausvertrag von Pavia.

---

*) „Jedem ein Ei, dem frommen Schweppermann zwei," entschied Ludwig, als man nach der Schlacht zur Stillung des Hungers nur wenig Eier fand.

Durch diesen wurde die Rheinpfalz mit der Hauptstadt Heidelberg und der größte Theil des Nordgaues (der Oberpfalz) von Oberbayern getrennt und den Söhnen Rudolfs übergeben. Die Kurwürde sollte von nun an zwischen Bayern und der Pfalz abwechseln, und für den Fall des Aussterbens der einen oder andern Linie wurde gegenseitige Erbfolge festgesetzt.

Da Ludwig auch nach seiner Rückkehr von Rom, obwohl er sich zur Kirchenbuße und zum Huldigungseid erbot, keine Aussöhnung mit dem päpstlichen Stuhle zu Avignon herbeiführen konnte, so legte er den ganzen Streit auf dem Reichstage zu Frankfurt der Versammlung vor, und diese erklärte, daß der Kaiser alles gethan habe, was nur von ihm verlangt werden könne, und daß diejenigen Geistlichen, die dem Interdikte Folge leisteten, verjagt werden sollen. Und noch in demselben Jahre 1338 erklärten die Kurfürsten zu Rense am Rhein, daß die kaiserliche Gewalt von Gott komme und nicht vom Papste, und daß derjenige, welcher von sämmtlichen Wahlfürsten, oder der Mehrzahl derselben auch in Zwiespalt gewählt sei, zur Führung des Königstitels und der Reichsgewalt die päpstliche Bestätigung nicht bedürfe.

Ludwig konnte sich nunmehr auch auf seine eigene Macht mehr verlassen, da dieselbe bedeutend zugenommen hatte. Schon 1324 hatte er seinem Sohne Ludwig die erledigte Mark Brandenburg gegeben; 1340 fiel ihm Niederbayern zu, 1342 brachte er, indem er eigenmächtig die Ehe der Gräfin Margaretha Maultasche von Tyrol mit Johann von Böhmen lös'te und erstere mit seinem eigenen Sohn Ludwig verheirathete, auch Tyrol an sein Haus, und nach dem Tode seines Schwagers, des Grafen von Holland, fielen ihm die niederländischen Grafschaften Holland, Seeland, Hennegau und Friesland zu.

Durch diese Ländererwerbungen verlor Ludwig die Gunst manches Kurfürsten, und da er durch die Trennung der Ehe zwischen Margaretha von Tyrol und Johann von Böhmen auch den Papst Clemens VI. erzürnte, so belegte ihn dieser abermals mit dem großen Kirchenbanne und gewann fünf Kurfürsten für sich, welche hierauf zu Rense 1346 Ludwig für abgesetzt erklärten und den böhmisch-luxemburgischen Prinzen Karl zum Könige wählten.

Bei dieser Wahl fiel das deutsche Reichsbanner in den Rhein und konnte nicht wieder gefunden werden.

Da jedoch mehrere Kurfürsten und vor allem die Städte, denen Ludwig stets ein wohlgesinnter Kaiser war, diesem treu blieben, so konnte Karl trotz aller Schliche und Wendungen nicht aufkommen, so lange Ludwig lebte. Auf einer Bärenjagd endete ein plötzlicher Tod am 11. October 1347 bei Fürstenfeld unweit München das bewegte Leben dieses Kaisers; seine dankbaren Münchner geleiteten die Leiche in feierlichem Zuge in ihre Stadt, und Kurfürst Max I. ließ seinem großen Ahnen nachmals in der Frauenkirche zu München ein würdiges Denkmal errichten.

Der große Länderbesitz, den Ludwig seinen sechs Söhnen hinterließ (circa 1200 Quadratmeilen), sollte jedoch nicht lange Bestand haben. Schon am 18. Sept. 1349 erfolgte zu Landsberg die zweite Theilung Bayerns, wodurch Ludwig der Brandenburger, Ludwig der Römer und Otto Oberbayern, Brandenburg und Tyrol, und Stephan mit der Hafte, Wilhelm und Albrecht Niederbayern und Holland erhielten, und so bald darauf zwei weitere Theilungen stattfanden, indem Ludwig der Brandenburger zu Luckau am 24. Dez. 1351 seinen beiden Mitregenten Brandenburg, und Stephan den seinen zu Regensburg am 3. Juni 1353 Holland und den östlichsten Theil von Niederbayern mit Straubing abtrat, so entstanden aus der Erbschaft Ludwig's des Bayern vier Linien: Oberbayern-Tyrol, Brandenburg, Niederbayern-Landshut und Niederbayern-Straubing-Holland, was zur Folge hatte, daß die Nebenländer bald ganz für das Haus Wittelsbach verloren giengen.

Als 1363 die Linie Oberbayern erlosch, kam Tyrol an Oesterreich; Brandenburg wußte Karl IV. 1373 für seine Söhne zu erwerben, Holland fiel 1433 an Burgund, und nur Bayern-Straubing fiel nach dem Aussterben dieser Linie im Mannsstamme 1425 an die übrigen Linien Bayerns zurück. Das 1363 wiedervereinigte Ober- und Niederbayern wurde aber am 19. Nov. 1392 zum drittenmal getheilt (in Bayern-München, Landshut und Ingolstadt), und erst 1506 kam eine bleibende Vereinigung zu Stande.

Die Luxemburger.

49. Karl IV. 1347—1378.

Karl IV., der Herrscher Böhmens und Enkel Heinrich's VII.,

war eine kalte und berechnende Natur, und da es ihm immer zunächst um den eigenen Nutzen zu thun war, so ließ er sich manches gefallen, wogegen sich hohenstaufisches Blut empört haben
würde. Seinem Gegenkaiser, dem Grafen Günther von Schwarz-
burg, kaufte er seine Ansprüche um 20,000 M. S. ab; und
auf seinem Römerzuge ließ er sich von italienischen Großen und
Städten seine kaiserlichen Reichsrechte abkaufen. Die Visconti
in Mailand zahlten ihm z. B. 200,000 Goldgulden; und die
Kaiserkrone erhielt er nur als Geschenk und unter der Bedingung,
noch am Tage der Krönung Rom zu verlassen. Für sein Stamm-
land Böhmen sorgte er jedoch in materieller und geistiger Beziehung und vergrößerte es durch Erwerbung von Schlesien, der
Lausitz, Brandenburg und durch mehrere Besitzungen in der Oberpfalz, für welch letztere Erwerbung er der pfälzischen Linie die
Kurwürde, die zwischen Bayern und der Pfalz wechseln sollte,
für immer zusprach. Ferner hob er Böhmen durch Sicherung
des Handels, Herbeiziehung deutscher Künstler und Handwerker
und Verbesserung der Gerichtspflege; das größte Verdienst aber
erwarb er sich, indem er 1348 zu Prag die erste deutsche Univer- **1348**
sität errichtete, die wenige Jahre nachher schon 5—7000 Studierende zählte, die vorher ihre Bildung im Auslande hatten suchen
müssen.

Sein Beispiel fand Nachahmung, und entstanden nun rasch auf einander die Universitäten zu Wien 1365, zu Heidelberg 1386 (durch den
Pfalzgrafen Ruprecht I.), zu Köln 1388, zu Erfurt 1392, zu Leipzig
1409, zu Rostock 1419, zu Freiburg 1460, zu Trier 1470, zu Ingolstadt 1472 (durch den Herzog Ludwig den Reichen von Niederbayern),
zu Tübingen und zu Mainz 1477, zu Wittenberg 1502.

Für Deutschland that Karl IV. nichts Wesentliches, außer
daß er durch Erfindung des Briefadels die kaiserlichen Einnahmen
vermehrte und zu Nürnberg 1356 die **goldene Bulle** oder das **1356**
Reichsgrundgesetz erließ, worin die Anzahl und Rechte der Kurfürsten, sowie die Ordnung bei der Wahl und Krönung der Kaiser
festgesetzt wurde. Die Länder der Kurfürsten wurden dadurch
für untheilbar und bei den weltlichen Fürsten (nach dem Rechte
der Erstgeburt) für erblich erklärt. Frankfurt am Main wurde
der Wahlort und Aachen der Krönungsort. Die Kurfürsten von
Sachsen und der Pfalz erhielten die Reichsverwesung bis zur
Wahl eines neuen Kaisers, und der Erzbischof von Köln hatte
zur Wahl einzuladen und bei Stimmengleichheit zu entscheiden.
Die kaiserliche Macht wurde durch die goldene Bulle bedeutend be-

schränkt; denn die Unterthanen der Kurfürsten konnten fortan nicht mehr an das kaiserliche Gericht appelliren, und durch angeordnete jährliche Kurfürstenversammlungen, in denen mit dem Kaiser über allgemeine Angelegenheiten berathschlagt wurde, erhielten die Kurfürsten eine Art Mitregentschaft.

1376 gelang Karl die Rückversetzung der Päpste von Avignon nach Rom, und kurz vor seinem Tode theilte er seine Hausmacht und gab Böhmen an Wenzel, Brandenburg an Sigismund und die Lausitz an Johann.

Unter Karl's Regierung wüthete in Deutschland von 1348 bis 1351 die Pest, der schwarze Tod genannt, welche manche Städte fast ganz entvölkerte, und da man glaubte, diese Krankheit sei durch Brunnenvergiftungen durch die Juden entstanden, so wurden diese grausam verfolgt.

50. Wenzel. 1378—1400.

Karl's Sohn und Nachfolger **Wenzel** sorgte weder für Deutschland, noch für Böhmen, war roh und grausam, hatte fast beständig eine Anzahl großer Hunde und den Scharfrichter in seiner Nähe, und bedrückte den Adel und die Geistlichkeit Böhmens so arg, daß ihn schließlich einige vom böhmischen Adel im Prager Schloß gefangen hielten. Unter seiner Regierung herrschte in Deutschland arge Verwirrung; die Sitten verwilderten, Rechtlosigkeit nahm überhand, und jeder Stand mußte sich selbst Schutz und Hilfe verschaffen. Städte- und Adelsbündnisse entstanden oder vergrößerten sich, und schließlich kam es zwischen den Städten und den sie bedrückenden Fürsten zu dem sogenannten großen Städtekrieg 1388, der Süddeutschland schrecklich verheerte und mit 1388 zweimaliger Besiegung der Städte (bei Döffingen und Worms) endete.

1393 wurde Wenzel von seinen böhmischen Unterthanen abgesetzt, und 1400 folgten ihrem Beispiele auch die deutschen Fürsten und wählten dagegen

51. Ruprecht von der Pfalz. 1400—1410.

Trotz seiner trefflichen Eigenschaften konnte **Ruprecht** weder in Deutschland, noch in Italien Ordnung herstellen. Einerseits fehlte es ihm an Macht, und andererseits war seine Regierung eine viel zu kurze, und dazu kam noch, daß die in der Kirche eingetretene Verwirrung auf alle Verhältnisse des Lebens die

traurigste Rückwirkung hatte und Ruprecht's Wirken noch er=
schwerte.

Zur Vergrößerung seiner Hausmacht trug Ruprecht durch Kauf der
Grafschaft Simmern, sowie dadurch bei, daß er die durch Karl IV.
von der Oberpfalz abgerissenen Orte wieder an sich brachte. Nach sei=
nem Tode begannen leider auch in der Pfalz die unseligen Theilungen,
und es entstanden durch seine Söhne die Linien Kurpfalz, Neu=
markt, Moosbach und Simmern=Zweibrücken. Letztere theilte
sich im Laufe der Zeit in viele Nebenzweige, von denen Birkenfeld=
Bischweiler der wichtigste ist, weil aus ihm der gegenwärtig regie=
rende, von seinem Volke vielgeliebte und in ganz Deutschland hochver=
ehrte König Ludwig II. von Bayern stammt.

42. Sigismund. 1410—1437.

Da Wenzel auf den Kaiserthron nicht verzichtete, so gab es,
als nach Ruprecht's Tod von einer Partei Sigismund, König
von Ungarn und Kurfürst von Brandenburg, von der andern
aber Markgraf Jobst von Mähren gewählt wurde, auf kurze
Zeit drei Kaiser. Zum Glück für Deutschland starb Jobst kurz
nach seiner Krönung, und Wenzel trat gegen Ueberlassung des
Kaisertitels seine Rechte an Sigismund ab, der sich durch seine
Vermählung Ungarn und durch seine Türkenkämpfe, obwohl er
durch Uebermacht des Feindes bei Nikopolis 1396 eine Nieder=
lage erlitten, einen geachteten Namen erworben hatte. Sigismund
war eine glänzende Persönlichkeit, vieler Sprachen kundig, geistig
thätig und wegen seiner Freundlichkeit sehr beliebt. Seine erste
Sorge als deutscher Kaiser war die Herstellung des Kirchen=
friedens.

Kaum hatte nämlich Karl IV. die Rückversetzung des päpst=
lichen Stuhles von Avignon nach Rom bewirkt, so trat auch
schon zu Avignon ein Gegenpapst auf. Durch das Concilium
zu Pisa wurden zwar beide abgesetzt und der neugewählte Jo=
hann XXIII. für den allein rechtmäßigen Papst erklärt, allein
dies machte den Riß nur noch weiter, denn die beiden abgesetzten
Päpste traten nicht ab, und so hatte man nun gar drei Päpste.
Die Folge war, daß jeder von ihnen die beiden anderen und alle
ihre Anhänger verfluchte und mit dem Banne belegte, was großes
Aergerniß erregte und das Verlangen der ganzen Christenheit nach
einer Reformation der Kirche an Haupt und Gliedern täglich
steigerte.

Auch Sigismund sehnte sich darnach, trat deßhalb mit Jo=
hann XXIII. in Verbindung und brachte es endlich so weit, daß
1414 ein **allgemeines Concilium nach Kostnitz oder Constanz** ein=
berufen wurde, welches sämmtliche Gebrechen der Kirche heilen
sollte.

Vier Jahre lang wurde nun Constanz der Sammelpunkt der buntesten
Welt aus allen Theilen Europa's, und zur Zeit des größten Zusam=
menflusses zählte man in und um Constanz über 100,000 Menschen.
Zugegen waren im Laufe des Conciliums Papst Johann XXIII., Stell=
vertreter der beiden andern Päpste, die Patriarchen von Jerusalem,
Constantinopel und Aquileja, die Großmeister der Ritterorden, 33 Car=
dinäle, 20 Erzbischöfe, über 200 Bischöfe, 124 Aebte, 33 Universitäts=
lehrer und mehrere Tausend Priester und Mönche, und von weltlicher
Seite: der Kaiser, Gesandte aller europäischen Fürsten, an 16,000
weltliche Fürsten und Herren mit großem Gefolge und sogar ein türki=
scher Gesandter.

Durch diese glänzende Versammlung wurden die drei Päpste
abgesetzt; da aber sodann nicht sofort mit der Reformation
begonnen, sondern erst ein neuer Papst, der kluge Martin V.,
gewählt wurde, der mit den einzelnen Fürsten und Völkern
Concordate abschloß und dadurch allem auszuweichen wußte,
was die Versammlung zur Beschränkung der päpstlichen Macht
im Sinne hatte: so endete das Concilium nur mit einer Re=
stauration.

Als nach erfolgter Absetzung der drei Päpste Kaiser Sigismund eine
Reise an die Höfe von Castilien, Frankreich und England unternahm,
um die Abdankung des Papstes Benedikt XIII. zu bewirken, sah er
sich genöthigt, von seinem Freunde Friedrich von Hohenzollern,
dem Burggrafen von Nürnberg, gegen Verpfändung der Mark
Brandenburg 400,000 Ducaten aufzunehmen, und da er dieses
1417 Pfand nicht wieder einzulösen vermochte, so überließ er es ihm
als Eigenthum, wodurch Friedrich der Gründer des bran-
denburgisch=preußischen Hauses wurde.

Vor das Concilium zu Constanz war auch Johann Huß,
Professor der Theologie an der Universität zu Prag, der sich ge=
gen einige Lehren der katholischen Kirche ausgesprochen hatte, zur
Verantwortung berufen worden. Kaum war er aber dort, so
wurde er, obwohl ihn der Kaiser mit einem Geleitsbrief versehen
hatte, verhaftet und dem Sigismund zu verstehen gegeben, daß er
nicht befugt sei, einen Ketzer zu beschützen. Da Huß sich weigerte,
seine Lehren als Irrthümer zu widerrufen, so wurde er zum
1415 Flammentode verurtheilt und noch an demselben Tage 1415 verbrannt,

und dasselbe Schicksal traf ein Jahr später seinen treuen Freund Hieronymus von Prag.

Die Anhänger des Huß waren hierüber äußerst erbittert; sie griffen zu den Waffen, verjagten die katholischen Geistlichen, plünderten Kirchen und Klöster und erstürmten das Rathhaus von Prag. Zwar zog Sigismund, der 1419, nach Wenzel's Tode, auch Böhmen erbte, gegen sie, allein weder er, noch das durch den Papst gegen sie geschickte Kreuzheer konnte etwas ausrichten, und unter Anführung des Ziska und des Prokop verwüsteten die Hussiten von 1420—1436 die schönsten Gegenden Deutschlands, Böhmen, Bayern, die Oberpfalz, Franken, Sachsen ꝛc., und kamen sogar bis Danzig. Erst als das Concilium zu Basel (1431) mit dem gemäßigten Theil der Hussiten — den Kalixtinern — in Unterhandlung trat und in einigen Dingen nachgab, kehrte nach und nach in Böhmen die Ruhe wieder zurück, und 1436 hielt Sigismund seinen feierlichen Einzug in Prag. Die Blüthe des Landes aber, die Karl IV. hervorgebracht hatte, war auf lange Zeit vernichtet.

Die österreichischen Kaiser.

53. Albrecht II. 1437—1439.

Nach Sigismund's Tode wählten die deutschen Fürsten dessen Schwiegersohn, den Herzog Albrecht von Oesterreich, und von ihm an blieb die Kaiserkrone, mit einer einzigen Unterbrechung, beim habsburgisch-österreichischen Hause. Albrecht war ein vortrefflicher Fürst, suchte Deutschland zur besseren Handhabung der Ordnung in sechs Landfriedenskreise zu theilen, ließ durch seinen Kanzler Schlick eine Münzverbesserung, Einschränkung des römischen Rechtes und andere wohlthätige Entwürfe vorbereiten, starb aber leider schon nach kaum zweijähriger Regierung und allzu früh für Deutschland.

54. Friedrich III. 1430—1493.

Friedrich III., Albrecht's Neffe, regierte zwar unter allen

deutschen Kaisern am längsten — 53 Jahre —, aber mit so wenig Kraft und Ansehen, daß im Reiche die größte Unordnung einriß, der Landfrieden überall gebrochen wurde, in mehreren Ländern, wohin sonst die kaiserliche Macht gereicht hatte, verschiedene Veränderungen und Umwälzungen vorgiengen und Oesterreich selbst in große Gefahr kam.

Die Großen des Reiches achteten nicht auf seine Befehle, und auf den Reichstagen kam wenig zu Stande, weil sowohl der Kaiser selbst, als auch die Fürsten nicht mehr in eigener Person erschienen, sondern nur bevollmächtigte Räthe schickten. Die Böhmen wählten nach dem Tode des jungen Ladislaus, Sohn Albrecht's II., den kräftigen Georg Podiebrad zu ihrem König und die Ungarn den tapfern Matthias Korvinus. Als später die Wiener, die Friedrich nicht länger zum Fürsten haben wollten, ihn in seiner eigenen Burg belagerten, mußte ihn Podiebrad befreien, und wieder später eroberte Korvinus nicht nur Wien, sondern ganz Oesterreich und behielt es bis zu seinem Tode 1490. Karl der Kühne von Burgund, der später von den Schweizern bei Granson und bei Murten 1476 besiegt wurde und in einer dritten Schlacht gegen sie, bei Nancy 1477, den Tod fand, nahm Lothringen und Elsaß vom Reiche weg und nannte sich „König von Burgund." Ludwig IX. von Frankreich eignete sich die Freigrafschaft Burgund (Bourgogne) an, der Söldnerführer Franz Sforza nahm nach dem Aussterben der Visconti das Herzogthum Mailand in Besitz, und die Türken endlich verwüsteten die österreichischen Erbländer Steiermark, Kärnthen und Krain.

Schon 1341 überschritten die ersten Türken, durch Thronstreitigkeiten im griechischen Reiche herbeigerufen, den Hellespont, und nachdem 1357 Gallipoli, der Schlüssel zum Hellespont, in ihren Händen war, breiteten sie sich immer mehr aus und umschlossen Konstantinopel immer enger. 1361 eroberten sie Adrianopel fast ohne Schwertstreich. 1375 wurde Serbien zinsbar, und nach ihrem Siege bei Nicopolis 1396 fiel auch ein Theil der Moldau in ihre Hände. Die Fortschritte der Mongolen führten sie hierauf nach Asien zurück; nachdem sie aber dort ihr Reich wieder hergestellt hatten, erneuerten sie ihre Kämpfe in Europa, bedrohten selbst Venedig, besiegten 1444 bei Varna am schwarzen Meere ein **1453** christliches Heer, eroberten 1453 nach halbjähriger Belagerung die griechische Hauptstadt **Konstantinopel** und stifteten das **türkische** oder **osmanische Reich**.

Von den vielen Fehden, die während Friedrich's Regierung im Reiche wütheten, sind zu erwähnen: der sächsische Bruderkrieg von 1446—1451, woran sich der Prinzenraub durch Kunz von Kaufungen reihte; der fränkisch-schwäbische Städtekrieg gegen den Markgrafen Albrecht Achilles von Brandenburg-Bayreuth-Ansbach von 1449—1450, und der bayrisch-brandenburgische Krieg von 1459—1463.

Der letztere entstand dadurch, daß Ludwig der Reiche von Niederbayern, der später (1472) die schon im ersten Jahre ihres Bestehens 794 Studierende zählende Universität Ingolstadt errichtete, die Reichsstadt Donauwörth wegnahm. Als hierauf ein Reichsheer unter Albrecht Achilles gegen ihn zog, verband er sich mit Kurfürst Friedrich dem Siegreichen von der Pfalz, und es siegte Friedrich bei Seckenheim am Neckar (1460) und Ludwig bei Giengen in Schwaben (1462). Da der Krieg jedoch ungeheure Summen verschlang und großes Elend hervorrief — in den letzten Monaten allein giengen gegen 600 Dörfer in Rauch auf —, so schloß Ludwig Frieden und gab Donauwörth wieder heraus.

55. Maximilian I. 1493—1519.

Friedrich's Sohn und Nachfolger Maximilian I., hatte durch Verheirathung mit Marie von Burgund, der einzigen Tochter Karl's des Kühnen, fast ganz Burgund an sich gebracht und war schon zu Lebzeiten seines Vaters (1486) zum römisch-deutschen König gewählt und gekrönt worden. Er war in allen Stücken das Gegentheil seines Vaters, zeichnete sich durch Muth und Unerschrockenheit aus, war einsichtsvoll, thätig und unternehmend und verband mit einer schönen und ritterlichen Leibesgestalt große Milde und Freundlichkeit. In allen damals in Europa üblichen Sprachen vermochte er sich zu unterhalten, Künste und Wissenschaften fanden in ihm einen eifrigen Bewunderer und Beschützer, und er selbst schrieb einige Werke in deutscher Sprache.

Im „Theuerdank," einem allegorischen Gedicht, schildert er seine Jugenderlebnisse unter dem Bilde einer Brautfahrt Theuerdank's (seiner selbst) zu Ehrenreich (Marie von Burgund), König Rumreichs (Karl's des Kühnen) Tochter, und der „Weißkunig" ist ein allegorisches Geschichtswerk, das seine eigene Regierungsgeschichte und die seines Vaters schildert.

In seinen vielen Kriegen mit Frankreich, die meistens in Italien geführt wurden, war Maximilian, da er nicht genug staatsmännische Klugheit und Ausdauer besaß, nicht immer glücklich; im deutschen Reiche aber schuf er viel Gutes.

1495 ſtiftete er auf dem Reichstage zu Worms den ewigen Landfrieden, durch welchen alles Fauſtrecht und die Fehmgerichte für immer und unbedingt verboten wurden, und zu ſeiner Aufrechthaltung errichtete er ein **Reichskammergericht**, das alle Streitigkeiten der unmittelbaren Reichsſtände entſcheiden ſollte, für die mittelbaren Stände als Appellationsgericht galt und ſeinen Sitz erſt zu Frankfurt am Main, dann zu Speyer und endlich zu Wetzlar hatte.*) Zur Ausführung der Sprüche des Kammergerichts **1512** wurde Deutſchland 1512 auf dem Reichstage zu Köln in zehn **Kreiſe** getheilt und jedem ein Kreisoberſter und einige Räthe vorgeſetzt. Dieſe Kreiſe waren: der öſterreichiſche, bayriſche, ſchwäbiſche, fränkiſche, ober- und niederrheiniſche, ober- und niederſächſiſche, weſtfäliſche und burgundiſche.

Zu dem bayriſchen Kreiſe gehörten außer Bayern noch das Erzbisthum Salzburg, die Bisthümer Freiſing, Paſſau, Regensburg, mehrere Abteien, das Herzogthum Neuburg, die Landgrafſchaft Leuchtenberg, einige Grafſchaften und die Reichsſtadt Regensburg, und zu dem Contingent dieſes Kreiſes — 4482 Mann zu Fuß und 2400 zu Pferd — mußte Bayern die Hälfte ſtellen.

Da Maximilian zwei weit von einander liegende Länder beſaß, ſo ſuchte er ſie durch gute Poſtverbindungen einander näher zu rücken und ließ deshalb durch den Grafen von Thurn und Taris 1516 eine Poſtſtraße von Wien bis Brüſſel anlegen.

Zur Vermehrung der habsburgiſchen Macht trug er durch vier Heirathen weſentlich bei. Er ſelbſt heirathete die Erbin von Burgund und den Niederlanden; ſeinen Sohn Philipp vermählte er mit Johanna, der Erbprinzeſſin von Caſtilien, und ſchließlich glückte ihm auch eine Doppelheirath zwiſchen ſeinen beiden jungen Enkelkindern, Ferdinand und Maria, und den beiden Kindern des Königs Wladislav, von Ungarn und Böhmen, wodurch ſpäter dieſe beiden Länder wieder an Oeſterreich fielen.

Unter Maximilians Regierung wurde Ober- und Niederbayern bleibend vereinigt. Von den durch die dritte Theilung Bayerns (1392) entſtandenen drei Linien ſtarb die Ingolſtädter ſchon 1445 aus, worauf dies Land an Bayern-Landshut fiel. Aber auch dieſe Linie ſollte keinen Beſtand haben, und als 1503 Georg der Reiche ohne männliche Nachkommen ſtarb, war Bayern-München der vertrags-

---

*) Wer fortan zur Selbſthülfe ſchritt, ſollte mit der Reichsacht, 2000 Mark feinen Goldes und mit dem Verluſte aller Lehen und Rechte beſtraft werden.

mäßige Erbe. Georg hatte zwar zuvor durch ein Testament seinen Schwiegersohn, den Pfalzgrafen Ruprecht zum Erben eingesetzt; allein Albrecht IV., der Weise, von Bayern-München erkämpfte sich sein Recht mit den Waffen. Nach 9monatlichem Streite endigte der sogenannte Landshuter Erbfolgekrieg mit einem Vergleiche. Durch denselben erhielten die beiden Söhne des inzwischen verstorbenen Ruprecht die sogenannte „junge Pfalz" oder das Fürstenthum „Pfalz-Neuburg" mit den Hauptorten: Neuburg a. D., Lauingen, Regenstauf, Sulzbach, Weiden, Bohenstrauß, Floß ꝛc.; das übrige Land aber fiel an Albrecht von Bayern-München, der jedoch seinen Bundesgenossen die geleistete Hilfe theuer bezahlen mußte. Der Kaiser nahm alles, was durch Stephan mit der Hafte 1363 von Tyrol für Bayern gerettet worden war und noch einige Herrschaften am Inn und in Schwaben, die Reichsstadt Nürnberg erhielt Lauf, Hersbruck und Altdorf und der Herzog von Württemberg einige schwäbische und rheinpfälzische Orte.

Um Bayern vor neuen Zersplitterungen zu bewahren, setzte hierauf **Albrecht der Weise** gegen das Ende seiner Regierung 1506 im **1506** Einverständniß mit seinem Bruder Wolfgang, mit Zustimmung des Kaisers und in Gegenwart der Stände durch ein Gesetz die **Untheilbarkeit des Landes** und die **Erbfolge** nach dem **Rechte der Erstgeburt** (Primogenitur) fest. Alle nachgebornen Söhne sollten nur den Grafentitel erhalten und nach zurückgelegtem 18. Lebensjahre eine Grafschaft, welche 4000 fl. trage.

56. Innere Verhältnisse Deutschlands seit 1273.

Die Macht und das Ansehen des **Kaisers** und der ob er = sten **Reichsfürsten** erlitt nach 1273 eine ziemliche Umänderung. Der Kaiser wurde nach und nach ein bloßer Schattenkaiser; die Kurfürsten erhielten Landeshoheit und Mitregentschaft und durch die goldene Bulle wurde dieses Verhältniß, das sich gegen alles Gesetz ausgebildet hatte, gesetzlich.

In den **Reichsstädten**, die ebenfalls immer mehr Macht erhielten, wurde in dieser Periode der Kampf der Patricier und der Zünfte um die Regierungsgewalt ausgekämpft; jedoch mit verschiedenem Erfolg. In einigen — so z. B. in Nürnberg — erhielten die Zünfte nur die untergeordneten Stellen, in anderen Mitregierung, und wieder in anderen entstand völlige Zunft = regierung, also eine reine Demokratie.

Das **Gerichtsverfahren** erhielt nach den Kreuzzügen allmählich eine völlig andere Gestalt. Das römische Recht bürgerte sich wegen seiner systematischen Uebersichtlichkeit immer mehr ein, und

8

zuletzt galt das heimische Recht nur noch als Ausnahme. Da aber das Gerichtswesen nicht immer ausreichte und in Zeiten der Anarchie gar kein Ansehen hatte, so suchte man durch die Fehmgerichte zu helfen, und dieselben verbreiteten sich von Westfalen aus bald über ganz Deutschland.

Die **Fehm=** oder **Freigerichte** waren eine Fortsetzung der früheren kaiserlichen Landgerichte und wurden an allgemein bekannten Gerichtsplätzen, Freistuhl genannt, am hellen Tage abgehalten. Der Vorsitzende eines jeden Gerichtssprengels hieß Freigraf und die Richter oder Beisitzer: Freischöffen oder Wissende. Alle Freistühle eines Landes standen unter dem Stuhlherrn, welches meist der Landesherr war, und alle Stuhlherrn unter dem Kaiser, und wenn dieser kein Wissender war, unter dem Erzbischof von Köln, als Herzog von Westfalen. Wissender konnte jeder frei geborne und unbescholtene Deutsche werden, wenn sich wenigstens zwei Schöffen für ihn verbürgten. Die Wissenden selbst kannte in ihrer engern Heimath jedermann; ihr Erkennungszeichen aber, „geheime Losung" oder „Nothwort" genannt, war und blieb Geheimniß und verschaffte dem ganzen Gerichte den Namen „heimliche Fehme." Heimlich traf aber auch nicht selten die verhängte Strafe; denn wenn der Angeklagte trotz mehrmaliger Vorladung nicht erschien, so hatte jeder Schöffe die Pflicht, das Urtheil an demselben zu vollziehen, wo er ihn fand.

Die Competenz des Fehmgerichts erstreckte sich über Fürsten und Unterthanen, und nur Geistliche, Frauen und Juden sollten nicht vorgeladen werden. Ferner bestand die Bestimmung, daß vor die Fehme alles gehöre, was „gegen die zehn Gebote und gegen die Evangelien, gegen Gott, Ehre und Recht" sei.

Bei besonders wichtigen Fällen, oder wenn man Bosheit zu fürchten hatte, wurden die Sitzungen der Fehme zuweilen auch bei Nacht und an verborgenen Orten gehalten.

Da die Anzahl der Wissenden sehr groß war und das Gericht mit größter Gerechtigkeit zu Werke gieng, so war das Ansehen und die Wirksamkeit der Fehme eine außerordentliche. Als sie aber ausartete und die Wissenden ihre Macht nicht selten zur Befriedigung persönlichen Hasses 2c. benützten, stiftete sie manches Unheil, und wurde daher, da immer häufiger Klagen gegen sie einliefen, 1495 durch Kaiser Maximilian gänzlich aufgehoben.

Eine nicht minder große Umänderung erlitt in der letzten Periode das **Heerwesen**. Als nämlich seit der Mitte des 14.

Jahrhunderts das **Schießpulver** im Kriege immer größere Verwendung fand, trat die Tapferkeit des Einzelnen und die Stärke des Armes immer mehr in den Hintergrund, und an die Stelle der Ritter traten Söldnerheere. Ziska und Prokop hatten ihre glänzenden Erfolge nur ihrem überlegenen Fußvolke zu verdanken, und bald darauf gab in den Kriegen fast nur die Geschützkunst den Ausschlag.

Als Erfinder des Schießpulvers gilt gewöhnlich der Franziskanermönch Berthold Schwarz zu Freiburg im Breisgau (um 1330). Wahrscheinlicher aber ist, daß es die Europäer von den Arabern und diese durch die Chinesen kennen lernten, daß man aber durch angestellte (zufällige) Versuche des Schwarz darauf kam, Pulver in metallne Rohre einzuschließen und so zum Wegschleudern großer Steine zu verwenden. Erst verfertigte man nur Mörser und Kanonen — Donnerbüchsen — und fanden solche schon in der Schlacht bei Crecy in Nordfrankreich (zwischen Engländern und Franzosen) 1346 Verwendung. Um 1400 hatte man schon Handbüchsen, die aber mit Lunten abgefeuert werden mußten, bis man in Nürnberg 1551 das Flintenschloß erfand. Um die Ausbildung des Geschützwesens machte sich namentlich Kaiser Maximilian I. verdient, und den Grund zu den stehenden Heeren legte Karl VII. von Frankreich, der von 1423—1461 regierte und in dessen Kriegen die Jungfrau von Orleans (Jeanne d'Arc) eine wichtige Rolle spielte.

Landwirthschaft und **Viehzucht** hoben sich durch die allmähliche Entstehung eines freien Bauernstandes nach den Kreuzzügen immer mehr, und auch die Industrie nahm einen raschen Aufschwung. Niederländisches Tuch und westfälische und schlesische Leinwand fanden immer mehr Absatz, „Nürnberger Tand gieng bald durch alle Land," und Erfindung reihte sich an Erfindung.

So erfanden z. B. in Nürnberg: Rudolf um 1300 das Drahtziehen, Tragdorf um 1444 das Pedal an der Orgel, Erasmus Ebner 1450 die Meßingfabrikation, Hans Lobsinger die Windbüchsen und Peter Hele um 1500 die Taschenuhren.

Aber auch alle übrigen Zweige der Industrie, sowie Kunst und Wissenschaft standen im 15. Jahrhundert in Nürnberg in hoher Blüthe. Adam Kraft und Veit Stoß waren Meister der Sculptur. Peter Vischer ein berühmter Erzgießer, Michael Wohlgemuth und Albrecht Dürer ausgezeichnete Maler, und außerdem fand man dort noch vorzügliche Zeichner, Kupferstecher, Bildhauer, Aetzer in Zinn und Eisen, Buchdrucker u. dgl.

Johann Müller von Königsberg in Franken, daher **Regiomontanus** genannt, war ein berühmter Astronom und Mathematiker, Martin Behaim ein großer Seereisender und Verfertiger eines merkwürdigen Erdglobus, der noch heute in Nürnberg zu sehen ist, der gelehrte Patrizier Willibald Pirkheimer ein Freund der classischen Studien, und Hans Sachs endlich, der zwischen 1494—1576 gegen sechstausend Komödien, Schwänke und Meisterschulgesänge fertigte, Nürnbergs kunstgeübter Meistersänger.

Mit der Entfaltung der Industrie gieng die Erweiterung des **Handels** Hand in Hand. Die Hansa wurde im 14. Jahrhundert eine selbständige Macht, und auch die Handelsstädte im Süden blühten immer mehr auf; als jedoch am Ende des Mittelalters **Christoph Colombus** 1492 **Amerika** und **Vasko de Gama** 1498 den **Seeweg nach Ostindien** entdeckte, nahm der Welthandel einen andern Weg, und manche deutsche Handelsstadt mußte dies empfindlich fühlen.

Die **Dichtkunst** fand in dieser Periode wenig Pflege; denn in Zeiten, wo, wie es in dieser der Fall war, jedermann nur auf das Erwerben bedacht ist, erscheint die Poesie als ein unnützes Spielwerk. Volksepos und Kunstpoesie verstummten fast ganz, und der an die Stelle des Minnegesanges tretende **Meistergesang** hat weniger eine poetische, wohl aber eine culturgeschichtliche Bedeutung und legt Zeugniß ab von dem sittlichen und frommen Leben des n i e d e r n Bürgerstandes in Reichsstädten. Er wurde nur von Handwerksmeistern (daher sein Name) geübt, hatte aber, obwohl er nur eine nach bestimmten Regeln und Gesetzen (Tabulatur) schulmäßig betriebene Reimkunst war, doch Einfluß auf die geistige Bildung der Städte, in denen er blühte. Die Hauptschulen waren zu Nürnberg, Augsburg, Ulm, Straßburg ꝛc., und Hans Rosenblüt, Hans Folz, Muskatblüt, und besonders der Schuhmacher Hans Sachs gehören zu den berühmtesten Meistersängern. Hatte ein Meistersänger ein Gedicht — meist religiösen Inhalts — fertig, so trug er es in der Schule, die nach dem sonntäglichen Nachmittagsgottesdienst, anfänglich auf dem Rathhause und später in der Kirche abgehalten wurde, den versammelten Bürgern vor, und fanden die M e r k e r, die jeden Fehler aufmerkten und am Schlusse rügten, nichts daran zu tabeln, so wurde der Sänger mit einem Kranze oder einer Kette geschmückt und das Gedicht in ein großes Buch eingetragen, das der S c h l ü s s e l m e i s t e r aufzubewahren hatte.

Die letzte Schule bestand in Ulm, lös'te sich erst 1839 auf und übertrug durch eine Urkunde ihre Lade, Schultafel, Tabulatur, Sing- und Liederbücher dem Liederkranze daselbst.

Von den übrigen Künsten entfaltete sich besonders die **Malerei** immer mehr. In den Niederlanden erfand Johann van Eyck (†1445) die Oelmalerei; Hans Holbein d. A. u. J. waren vorzügliche Meister der schwäbischen Schule, und als Zierden der fränkischen Schule sind zu merken: die Nürnberger Michael Wohlgemuth und Albrecht Dürer, welch letzterer zugleich Bildhauer, Kupferstecher und Formenschneider war, und Lukas Kranach aus Kronach.

Zur gedeihlichen Entwicklung und Verbreitung der **Wissenschaft** und der Bildung trug neben der Gründung der Universitäten. (S. 104) hauptsächlich die **Erfindung der Buchdruckerkunst** bei. Sie erleichterte den geistigen Verkehr, machte die Wissenschaft zum Gemeingut des ganzen Volkes, beförderte durch den Druck der griechischen und römischen Classiker die allgemeine Intelligenz und trug durch Vervielfältigung der Bibel wesentlich zur unmittelbaren Erkenntniß des Wortes Gottes bei.

Nachdem man im 14. Jahrhundert die Holzschneidekunst erfunden hatte, verfertigte man bald Spielkarten und Heiligenbilder mit Denksprüchen, und Lorenz Koster in Harlem schnitt sogar ganze Bücher in Holztafeln ein. Dies war jedoch eben so unpraktisch, als mühsam, denn man brauchte eben so viel Holztafeln, als das Buch Seiten zählte. Da kam endlich Johann Gutenberg aus Mainz 1436 auf den Gedanken, die Buchstaben einzeln auf kleinen Stäbchen auszuschneiden, und diese Idee bewährte sich vortrefflich. Da ihm die Mittel fehlten, verband er sich mit dem reichen Goldschmied Johann Faust zu Mainz und mit Peter Schöffer, einem Geistlichen aus Gernsheim, der die Buchdruckerschwärze verbesserte und die Kunst erfand, Buchstaben aus Metall zu gießen. Damit war 1450 die Buchdruckerkunst **vollständig** erfunden **1450** und schon im Jahre 1457 erschien in Mainz das erste gedruckte Buch, ein lateinischer Psalter. Vier Jahre später erschien schon die ganze Bibel und kostete 60 Goldgulden, während man vorher für eine abgeschriebene 500—600 Goldgulden hatte zahlen müssen. Anfänglich behandelte man die Kunst als ein Geheimniß; durch einen Krieg aber zerstreuten sich Druckergehülfen und entstanden bald in allen Ländern Buchdruckereien, z. B. in Bamberg um 1460, in Nürnberg 1470, in Augsburg, Florenz u. s. w. Gutenberg sollte jedoch keinen Nutzen von seiner wichtigen Erfindung haben; er mußte sein ganzes Druckergeräth an Faust ablassen und starb in Dürftigkeit als Bediensteter des Kurfürsten von Mainz 1468.

Die **Sitten** des deutschen Volkes wurden in den zwei letzten Jahrhunderten immer schlechter und trugen hierzu die staatlichen wie die kirchlichen Zustände wesentlich bei. Der Adel lebte in beständiger Fehde oder trieb entehrenden Straßenraub; die Trunksucht nahm selbst in den höchsten Ständen immer zu; an den Höfen der Fürsten herrschte Verschwendung und Prunksucht; die reich gewordenen Städter suchten es durch Kleiderpracht, Spielsucht und Eß- und Trinkgelage dem Adel gleich zu machen, und selbst die Diener der Kirche und die Mönche lebten leider nur zu oft nicht ihrem Stande gemäß.

Durch polizeiliche Vorschriften, Kleider-, Hochzeit-, Kindtaufordnungen 2c. suchten zwar einige Fürsten dem immer weiter um sich greifenden Verderben abzuhelfen; da dieselben jedoch nur den Bürgern und Bauern galten und mithin die Beispiele von oben blieben, so war der Erfolg ein sehr geringer.

Als Herzog Ulrich von Württemberg 1511 mit der bayrischen Prinzessin Sabina sich vermählte, wurden in Stuttgart zur Bewirthung von 7000 Gästen 736 Ochsen und 1800 Kälber geschlachtet, 6000 Scheffel Mehl verbacken, und Tag und Nacht sprang aus zwei Brunnenröhren rother und weißer Wein; und die Hochzeitsfeierlichkeiten Georgs des Reichen von Niederbayern mit Hedwig von Polen im Jahr 1475 dauerten 8 Tage und kosteten 70,000 Dukaten. Die Kleidung des Bräut'gams hatte einen Werth von 50,000 fl., und 1100 Trompeter und Pfeifer begleiteten den Zug zur Kirche.

Allein auch die Bürger suchten solchen Beispielen nachzueifern, und als 1493 ein Augsburger Bäcker seine Tochter verheirathete, bewirthete er 720 Gäste 8 Tage lang und fielen am siebenten viele wie todt hin.

Ein Graf von Toulouse bestimmte bei einem Turniere 100,000 Goldstücke als ersten Preis, und ein anderer Ritter ließ in das zum Turnierplatz umgepflügte Feld 3000 Silberstücke säen.

Neue Geschichte.
1517—1871.

Sechster Zeitraum.

Von der Reformation und Kaiser Karl V. bis zum westfälischen Frieden. 1517 (1520)—1648.

(Bayern ein untheilbares Herzogthum. 1506—1648.)

57. Beginn der Reformation.

Schon seit langer Zeit waren nicht nur von einzelnen Männern, sondern von ganzen Völkern Klagen erhoben worden über die traurigen Zustände der christlichen Kirche. Große Mißbräuche hatten sich eingeschlichen, und dieselben gaben um so mehr Aergerniß, je enger sie mit der Religion selbst, mit diesem theuersten Kleinode der Völker, in Verbindung standen. Eine allgemeine Kirchenverbesserung war zur unabweislichen Nothwendigkeit geworden; allein alles Sehnen darnach blieb unerfüllt. Das Concilium zu Constanz schloß mit einer bloßen Restauration, zu Basel (1431) und im Lateran (1511) geschah ebenfalls nichts Durchgreifendes, und so kam es schließlich zu einer gewaltigen Revolution, welche mit einer vollständigen Kirchentrennung endete.

Dieselbe war bereits vorbereitet durch die Entstehung der

Waldenſer und Huſſiten; die Erfindung der Buchdruckerkunſt und die immer größer gewordene Selbſtändigkeit der einzelnen Staa=ten Deutſchlands kamen ihr weſentlich zu ſtatten, und ihre nächſte Veranlaſſung endlich war die unverantwortliche Art und Weiſe, wie der Dominikaner Johann Tetzel den Ablaßhandel betrieb, durch welchen das Geld zum Bau der großartigen Peterskirche in Rom herbeigeſchafft werden ſollte.

Alle Beſſergeſinnten empörte der Tetzel'ſche Unfug, und **Dr. Martin Luther** war der Mann, der offen gegen denſelben auftrat und durch ſeine fünfundneunzig Theſes oder theo=logiſchen Streitſätze in lateiniſcher Sprache, die er am 31. Octo=ber 1517 an die Schloßkirche zu Wittenberg anſchlug, nicht nur den Ablaßunfug, ſondern auch andere kirchliche Gebrechen angriff.

1517

Dr. Martin Luther war der Sohn eines rechtſchaffenen Bergmannes aus Möhra in Thüringen, wurde den 10. November 1483 zu Eisleben geboren, beſuchte die Schulen zu Mansfeld, Magdeburg und Eiſenach (Frau Cotta), bezog 1501 die Univerſität zu Erfurt, um die Rechte zu ſtudiren, erwarb ſich 1505 die Würde eines Magiſters der freien Künſte und trat bald darauf in das Auguſtinerkloſter zu Erfurt. Hier wid=mete er ſich mit allem Eifer dem Studium der Theologie und erwarb ſich die Achtung ſeines Vorgeſetzten, Dr. Staupitz, in ſolchem Grade, daß er ſchon 1508 auf deſſen Empfehlung durch den Kurfürſten **Friedrich den Weiſen** von Sachſen an die von dieſem 1502 gegründete Uni=verſität Wittenberg als Profeſſor der Weltweisheit berufen wurde. 1510 mochte Luther in Sachen ſeines Ordens eine Reiſe nach Rom und ſah dort manches, was ihn mit Unwillen über die päpſtliche Kirche erfüllte, und kaum war er 1512 Doctor und Profeſſor der Theologie und zu=gleich Prediger an der Schloßkirche zu Wittenberg geworden, ſo fand er Gelegenheit, mit offener Freimüthigkeit gegen die Mißbräuche der Kirche aufzutreten.

Luthers Streitſätze waren bald in ganz Deutſchland bekannt, und da **Johann Eck**, Profeſſor der Theologie in Ingolſtadt, die Bedeutung derſelben beim Papſte ins rechte Licht ſtellte, ſo wurde Luther zur Vertheidigung nach Rom berufen. Friedrich der Weiſe gab jedoch dieſe Reiſe nicht zu und brachte es ſo weit, daß Luther ſich auf dem Reichstage zu Augsburg 1518 vor dem päpſt=lichen Legaten, **Cardinal Cajetan**, ſtellen durfte. Cajetan ver=langte unbedingten Widerruf der 95 Sätze, und da ſich Luther hierzu nicht verſtehen konnte, ſo floh er, das Schickſal des Huß fürchtend, aus Augsburg, berief ſich auf ein allgemeines Concil, widerrief auch auf einer weiteren Unterredung zu Altenburg 1519 nicht, verſprach aber, ſchweigen zu wollen, wenn auch ſeinen

Gegnern Schweigen auferlegt würde. Sein Hauptgegner, **Dr. Eck**, war jedoch nicht hierzu zu bewegen, und da die 17tägige Disputation zu **Leipzig 1519** zwischen beiden den ganzen Streit nur noch heftiger anfachte, so sprach der Papst den Bann über Luther aus. Dieser aber verbrannte als Antwort die Bannbulle und das Gesetzbuch des römischen Kirchenrechtes 1520 öffentlich vor dem **Thore zu Wittenberg**, sagte sich damit förmlich von der katholischen Kirche los und fand bald in ganz Deutschland großen Anhang und an **Philipp Melanchthon**, Professor der griechischen Sprache in Wittenberg, einen getreuen Freund und tüchtigen, aber milden und bedächtigen Kampfgenossen.

58. Karl V. 1520—1556. Luther in Worms. 1521.

Nach dem Tode des Kaisers **Maximilian** wurde die Krone dem Kurfürsten **Friedrich von Sachsen** angetragen. Dieser aber schlug sie aus, und man wählte hierauf auf seinen Rath **Karl von Spanien**, den Enkel Maximilians und mächtigen Beherrscher von Spanien, den Niederlanden, Oesterreich, Neapel und Sicilien und aller neu entdeckten Länder in Amerika. Nachdem er zuvor die **Wahlkapitulation** unterzeichnet und darin versprochen hatte, seine Macht nicht zum Mißbrauch der kaiserlichen Gewalt gebrauchen zu wollen*), wurde er 1520 zu **Aachen** als **Karl der Fünfte** feierlich gekrönt und berief sofort für 1521 einen feier- **1521** lichen **Reichstag** nach **Worms**.

Hier sollte auch der entstandene Kirchenstreit geschlichtet werden. Es wurde deshalb auch **Luther** dahin berufen und mit einem kaiserlichen **Geleitsbrief** versehen. Er erschien, vertheidigte sich vor Kaiser und Reich mit großem Freimuthe, erklärte, daß er nicht widerrufen könne, es sei denn, daß man ihn aus der heiligen Schrift widerlege, und schloß mit den Worten: „Hier stehe ich, ich kann nicht anders, Gott helfe mir! Amen."

Schon am nächsten Tage sprach der Kaiser über Luther und seine Lehre die **Reichsacht** aus; das freie Geleite aber hielt er

---

*) Unter anderm mußte Karl versprechen, ohne Einwilligung der Kurfürsten weder Bündnisse zu schließen, noch Krieg zu führen, kein fremdes Kriegsvolk nach Deutschland zu bringen, alle Reichsämter nur mit Deutschen zu besetzen und die Verhandlungen nur in deutscher Sprache zu führen.

aufrecht. Nach 21 Tagen sollte die Acht in Kraft treten, und um Luther vor derselben zu schützen, ließ ihn Kurfürst Friedrich von Sachsen durch einige getreue Ritter seinen Begleitern entführen und auf die nahe Wartburg bringen. Hier lebte Luther unter dem Namen Junker Georg in tiefster Verborgenheit und beschäftigte sich mit der Uebersetzung der Bibel in's Deutsche *). Als aber sein Freund Dr. Karlstadt durch allzugroßen Eifer in Wittenberg den Bildersturm veranlaßte, verließ Luther 1522 sein schützendes Asyl, kehrte, unbekümmert um Acht und Bann, nach Wittenberg zurück und stellte bald die Ruhe wieder her.

59. Der Bauernkrieg. Reformation in Preußen und Sachsen.

Luthers Lehre von der christlichen Freiheit wurde von den Bauern am Rhein und in Süddeutschland, welche unter dem Joche kleiner Fürsten und Herren seufzten, falsch verstanden. Sie verlangten von ihren Gutsherren Freiheit von Abgaben und andern Lasten, und da man ihnen keine Erleichterung gewährte, so entstand von 1524—25 der **Bauernkrieg**, der hauptsächlich in Franken, am Rhein, in Schwaben und Lothringen wüthete. In großen Haufen plünderten die Bauern Klöster und Schlösser, mißhandelten Geistliche und Edelleute und richteten argen Unfug an. Als aber der schwäbische Bund ein Heer unter dem Grafen Georg Truchseß von Waldburg gegen sie aufstellte und sie bei Böblingen und Königshofen nach hartnäckiger Gegenwehr vollständig schlug, da war der Aufstand bald niedergeschlagen, und nun brach für die Bauern nur eine desto härtere Zeit an. Zu gleicher Zeit hatte Thomas Münzer zu Mühlhausen in Thüringen eine auf Gütergemeinschaft ruhende Gemeinde gegründet und in Thüringen, Hessen und Braunschweig gleichfalls einen Bauernaufstand veranlaßt. Allein auch dieser wurde bald niedergeschlagen. Erst erlitten die Bauern durch Philipp von Hessen bei Fulda eine bedeutende Niederlage, und nachdem auch das Hauptheer unter Münzer durch Philipp und die Herzöge von Braunschweig und Sachsen bei Frankenhausen theils vernichtet, theils zerstreut worden

1524

1525

1525

---

*) 1522 erschien die Uebersetzung des neuen Testaments, und 1634 war die Bibel vollständig übersetzt und ein Musterwerk deutscher Sprache.

war, wurde Mühlhausen erobert und Münzer und andere Rädels=
führer enthauptet.

Noch in demselben Jahre führte Kurfürst **Johann** der **Be=
ständige** von Sachsen, Friedrichs des Weisen Nachfolger, in seinem
ganzen Lande die Lehre Luthers ein. Er hob Kloster und Cölibat
auf, ließ das Abendmahl in beiden Formen ertheilen, benützte die
eingezogenen Kirchengüter zur Errichtung von Pfarreien und Schu=
len und sorgte für Abhaltung der Kirche in deutscher Sprache
und für besseren Schulunterricht, zu welch letzteren Zwecken Luther
das erste deutsche Gesangbuch (mit 8 Liedern) und seinen
großen und kleinen Katechismus herausgab. Johanns
Beispiel fand Nachahmung in Hessen, Braunschweig, Baden, Würt=
temberg, Mecklenburg, Anhalt und in vielen Reichsstädten (Nürn=
berg, Straßburg, Magdeburg ꝛc.), und als, ebenfalls 1525, auch
der Hochmeister von Preußen, Markgraf Albrecht von Bran=
denburg, zu Luthers Lehre übertrat, wurde dieses Ordensland
ein weltliches Herzogthum und Albrecht mit Zustimmung der
Stände der erbliche Fürst.

60. Die Reichstage zu Speyer und Augsburg.

Da die meisten protestantischen Fürsten und Stände **1526**
das **Torgauer Bündniß** zur gemeinsamen Vertheidigung ihres
Glaubens und ihrer Lehre schlossen, so wurde durch den Reichs=
tag zu Speyer 1526 es jedem Reichsstande anheimgestellt, „es
bezüglich des Wormser Edictes so zu halten, wie er es gegen
Gott und kaiserliche Majestät zu verantworten sich getraue.“
Auf einem zweiten **Reichstage zu Speyer** 1529 wurde aber dieser **1529**
Beschluß wieder aufgehoben und zugleich das Wormser Achtsedict
gegen Luther erneuert und jede weitere Verbreitung seiner Lehre
verboten, und da die evangelischen Stände (7 Landesherren und
15 Reichsstädte) dagegen protestirten, so nannte man Luthers An=
hänger von dieser Zeit an **Protestanten.**

In demselben Jahre (1529) drang Sultan Solliman bis vor Wien,
belagerte diese Stadt mit 250,000 Mann und 300 Kanonen, mußte
aber, da alle Stürme heldenmüthig abgeschlagen wurden, schließlich
wieder den Rückzug antreten.

Als hierauf Kaiser Karl V. 1530 in eigener Person den **1530**
Reichstag zu Augsburg abhielt, überreichten die lutherischen Stände
ihr von Melanchthon gefertigtes Glaubensbekenntniß, das bald

nachher den Namen „**Augsburgische Confession**" erhielt. Die Katholiken gaben hierauf eine Widerlegung (Confutation) ein, auf welche die Protestanten zwar mit einer Apologie (Verthei= bigung) antworteten, aber trotzdem in allen Hoffnungen getäuscht wurden; denn durch den Reichstagsabschied wurden sie unter An= drohung der Reichsexekution zur vollständigen Rückkehr zum katho= lischen Glauben aufgefordert und ihnen hierzu aus Gnaden eine Bedenkzeit bis zum 15. April 1531 bewilligt. Ferner wurde auf diesem Reichstag Karl's Bruder **Ferdinand**, der durch seine Gemahlin die Königreiche Ungarn und Böhmen besaß, und dem Karl die Verwaltung der österreichisch-habsburgischen Länder über= tragen hatte, zum römischen König und Stellvertreter des fast immer abwesenden Kaisers ernannt.

1531 Die meisten protestantischen Stände (7 Fürsten, 2 Grafen und 11 Städte) einigten sich hierauf zu Schmalkalben am 2. De= cember 1531 zu Schutz und Trutz im „schmalkaldischen Bunde," und es sah aus, als sollte der Krieg beginnen. Da aber dem neuen König viel an Erhaltung des Friedens lag und derselbe zur Beschützung seines Erblandes Ungarn, gegen welches die Türken wiederholt heran zogen, die ganze Reichshilfe nöthig 1532 hatte, so schloß der Kaiser 1532 mit den Protestanten den **Nürn= berger Religionsfrieden**, nach welchem alle bereits reformirten Länder nicht weiter bedroht werden sollten. Hierauf zogen Katho= liken und Protestanten vereint dem Feinde entgegen; als aber Sultan Soliman die Einigkeit der Deutschen vernahm, verließ er mit seinem gewaltigen Heere (300,000 Mann) Ungarn wieder und zog nach Konstantinopel zurück.

61. Karl V. im Kriege mit Frankreich und Tunis.

Während seines Krieges mit Kaiser Maximilian I. hatte Franz I. von Frankreich nach seinem Siege bei Marignano 1515 Mailand erobert und für sich behalten. Karl V. war jedoch nicht gesonnen, ihm dies schöne Land zu lassen und es entstan= den in Folge dessen mehrere Kriege zwischen beiden Fürsten. Im **ersten**, von 1521—1526, kam es nach einigen für Frankreich un= glücklichen Gefechten 1525 zu der Hauptschlacht zu Pavia. Karl's Feldherr, der Marquis von Pescara, mit dem sich kurz zuvor

15,000 deutsche Landsknechte unter dem tapfern **Georg von Frundsberg** vereinigt hatten, siegte; Franz aber gerieth in Gefangenschaft und mußte, um wieder frei zu werden, auf Mailand und Burgund verzichten, welch letzteres zur Erbschaft Karl's des Kühnen gehörte, Frankreich aber an sich gerissen hatte. Franz hatte jedoch zuvor heimlich vor Notar und Zeugen protestirt, nichts von dem zu leisten, was man für seine Freiheit verlangen würde. Kaum war er deßhalb frei, so schloß er mit England, Venedig, Mailand, Florenz und dem Papste die „heilige Liga" und eröffnete den **zweiten Krieg** von 1527—29. Auch dieser fiel unglücklich für Franz aus. Sein Heer litt furchtbar, und da auch Rom von den Deutschen und Spaniern erobert und geplündert wurde, so schloß Franz den Frieden zu **Cambray** und verzichtete abermals auf Italien.

Hierauf unternahm Karl 1535 einen Zug gegen den ge-**1535** waltigen Seeräuber **Chaireddin Barbarossa**, der Algier und Tunis an sich gerissen hatte, unaufhörlich die Schifffahrt auf dem Mittelmeer beunruhigte, Schiffe kaperte und alle auf ihnen befindlichen Christen in die härteste Sclaverei schleppte. Auf einer von seinem Großadmiral **Andreas Doria** geleiteten Flotte setzte Karl mit 30,000 Mann nach Tunis über, eroberte das feste Hafenschloß Goletta mit Sturm, schlug Chaireddins Heer, nahm Tunis ein und befreite daselbst an 22,000 Christensclaven. Den Tag ihrer Befreiung hielt er für den schönsten seines Lebens, und die Erretteten verbreiteten Karls Ruhm durch alle europäischen Länder. Chaireddin floh nun nach Algier und setzte da sein Räuberleben fort; Karl aber mußte rasch nach Hause; denn während seiner Abwesenheit hatte Franz den **dritten** Krieg eröffnet von 1535—39. Nachdem derselbe durch den Waffenstillstand von **Nizza** beigelegt worden war, unternahm Karl 1541 gegen **1541** den Willen des erfahrenen Doria seinen Zug gegen Algier. Allein ein Sturm und furchtbare Regengüsse vereitelten dies Unternehmen, und nach großen Verlusten an Schiffen und Mannschaft mußte Karl unverrichteter Dinge wieder abziehen. Unterdessen hatte Franz den **vierten** Krieg (1542—44) angefangen. Als aber Karl siegreich in Frankreich eindrang und gegen Paris vorrückte, gieng Franz bereitwillig auf den Frieden zu **Crespy** ein. Viel Blut hatten diese Kriege gekostet, und das Ende war, daß Franz auf Mailand, Karl aber auf Burgund verzichtete.

62. Die Wiedertäufer in Münster.

Wenig Jahre nach Münzer's Hinrichtung entstand in Holland die Secte der Wiedertäufer, die zu Münzers Lehre noch die Nothwendigkeit einer zweiten Taufe — daher ihr Name — hinzufügten. Jan Bockhold (Johann von Leyden) brachte diese Lehre nach Münster, und da er daselbst an Rottmann, Knipperdolling und Krechting Gleichgesinnte und gute Mitkämpfer fand, so gewann ihre Partei bald die Oberhand. Sie jagten sodann 1533 ihre Gegner aus der Stadt, führten Gütergemeinschaft und Vielweiberei ein und übten eine große Willkürherrschaft. Johann von Leyden wurde König, und 28 Apostel mußten ausgehen, um die ganze Welt demselben zu unterwerfen. Sie kehrten nicht wieder zurück, denn wo sie hinkamen, wurden sie meistens hingerichtet, und auch für König Johann und seine Genossen sollte bald die letzte Stunde schlagen. Ein bischöfliches Heer belagerte die Stadt und eroberte sie schließlich nach blutigem Kampfe 1535. Rottmann hatte dabei sein Leben verloren; der König Johann, sein Scharfrichter Knipperdolling und Krechting aber wurden gefangen, in Käfigen ein halbes Jahr lang in Deutschland umhergeführt, dann zu Tode gemartert und in ihren Käfigen auf einen Thurm gehängt. Hierauf wurde in Münster wieder der Katholicismus eingeführt; viele Wiedertäufer aber wanderten aus und fanden in England Aufnahme, und aus ihnen bildeten sich mit der Zeit die Secten der Mennoniten, Baptisten und Quäcker.

63. Zwingli und Calvin. — Die Jesuiten.

Fast zu gleicher Zeit mit Luther hatte in der Schweiz der Prediger **Ulrich Zwingli** (geb. 1484) gegen den Ablaß gepredigt und im Kanton Zürich eine Reformation durchgesetzt (1522), welche alles auf die frühesten und einfachsten Zustände des Christenthums zurückführen wollte und bald auch in Bern, Basel, St. Gallen und andern Kantonen Eingang fand. Diese religiöse Entzweiung der Eidgenossen führte bald auch zu einer politischen und zu einem Kriege mit den katholisch gebliebenen Urkantonen. Bei Kappel erlitten die Züricher 1531 eine arge Niederlage, und Zwingli fand dabei seinen Tod. Seine Lehre aber blieb erhalten, wurde durch **Johann Calvin** in Genf (geb. 1509 in

Noyon in der Picardie) völlig ausgebildet und fand bald in einem großen Theile der Schweiz, in Frankreich (Hugenotten), Holland und in der Pfalz viele Anhänger, welche **Reformirte** heißen und sich von den Lutheranern hauptsächlich durch die Lehre vom Abendmahl unterscheiden.

Reformirte, wie Lutheraner erlitten in der Folge durch den durch **1540** den Spanier Ignaz Loyola gegründeten **Jesuitenorden** manchen Abbruch, denn das Hauptziel desselben war die Bekämpfung des Protestantismus. Durch Schenkungen, Vermächtnisse und Handelsunternehmungen erwarb sich dieser Orden großen Reichthum, und sein Ansehen und seine Macht mehrte sich um so leichter, da die Mitglieder desselben nach ihren Fähigkeiten und Neigungen Verwendung fanden. Die einen wirkten als Heidenbekehrer, andere als Lehrer an Schulen und Universitäten, und wieder andere als Erzieher und Beichtväter der Fürsten, oder als hohe Staats- und Kirchenbeamte. Bald war fast die gesammte Jugenderziehung und der Beichtstuhl in den Händen des Jesuitenordens. Da er aber immer mehr in der öffentlichen Meinung sank, so wurde er 1773, nachdem er schon aus Portugal, Spanien und Frankreich verbannt worden war, auf Wunsch der meisten katholischen Mächte durch den Papst Clemens XIV. aufgehoben, 1814 aber durch Pius VII. wieder eingeführt.

64. Der schmalkaldische Krieg. 1546—47.

Im Jahre 1545 kam endlich zu Trient an der Etsch ein bis 1563 währendes Concil zu Stande, und Karl hoffte hier eine Einigung zu erreichen. Um so mehr war er daher erbittert, als die Protestanten sich weigerten, es zu beschicken, und so beschloß er denn, die Widerspenstigen durch Waffengewalt zur alten Kirche zurückzuführen. Der Papst gab ihm hierzu bereitwillig 12,000 Mann Fußvolk und bedeutende Hilfsgelder, und selbst den klugen und kriegslustigen prot. Herzog Moritz von Sachsen brachte der Kaiser durch Gebietsversprechungen und confessionelle Zugeständnisse für sein Land auf seine Seite.

Allein auch der schmalkaldische Bund blieb nicht unthätig, und bald rückten 40,000 wohlgerüstete Krieger unter Anführung des Kurfürsten Johann Friedrich von Sachsen und des Landgrafen Philipp von Hessen gegen Süddeutschland vor und vereinigten sich mit dem Heere der oberdeutschen Städte, ge-

führt von dem kriegserfahrenen und kühnen Feldhauptmann Se=
bastian Schärtlin von Burtenbach.

Mit einem Schlage hätte diese gewaltige Macht dem ganzen
Kriege ein Ende machen können, denn der Kaiser verweilte mit
wenigen Truppen in Regensburg und hoffte sehnsüchtig auf Ver=
stärkung aus Italien und den Niederlanden. Da aber die beiden
Oberhäupter des schmalkaldischen Bundes von ganz verschiedenem
Character waren — Johann Friedrich war bedächtig, Philipp
aber rasch und unternehmend —, da man ferner auf den Rath
des trefflichen Schärtlin nicht achtete und sich von Rücksichten
gegen Bayern und König Ferdinand allzu sehr leiten ließ: so
hatte der Kaiser Zeit genug, sich zu verstärken und in das feste
Ingolstadt zurückzuziehen, worauf er die Reichsacht über Johann
Friedrich und Philipp aussprach. Trotzdem war die Lage des
Kaisers noch immer eine bedenkliche. Da änderte plötzlich eine
Nachricht, die Johann Friedrich aus Sachsen erhielt, die ganze
Lage der Dinge. Dort war nämlich der Herzog Moritz von
Sachsen, dem Johann Friedrich während seiner Abwesenheit die
Verwaltung seiner Kurlande übertragen hatte, offen als Verbün=
deter des Kaisers und Vollstrecker der Reichsacht aufgetreten und
hatte sich leicht des ganzen Landes bemächtigt. Rasch eilte nun der
Kurfürst mit seinen Truppen nach Hause, und da auch Philipp
von Hessen u. A. dasselbe thaten, so stand der Kaiser nur noch
den süddeutschen Städten und einigen kleinen Fürsten gegenüber.
Zwar hatten auch diese noch über eine ansehnliche Macht zu ge=
bieten; da aber die reichen Städte für ihre Handelsinteressen fürch=
teten, so unterwarfen sie sich meist freiwillig und ohne Schwert=
streich, mußten aber trotzdem die Verzeihung des Kaisers theuer
erkaufen.

Herzog Ulrich von Württemberg mußte 300,000 Goldgulden zahlen
und drei Festungen ausliefern; Ulm zahlte 100,000, Frankfurt 80,000,
Meiningen 50,000 und Augsburg gar 150,000 Goldgulden, und kleinere
Städte nach Verhältniß.

Hierauf zog Karl nach Böhmen, vereinigte sich mit seinem
Bruder Ferdinand und mit Moritz von Sachsen, und zog
sodann in Eilmärschen gegen Johann Friedrich, der inzwischen
nicht nur seine Kurlande wieder erobert hatte, sondern auch das
Herzogthum Sachsen. Als der Kurfürst, der eben in Mühlberg
dem Gottesdienste beiwohnte, Kunde erhielt von dem heranrücken=
den Feinde, suchte er sich nach dem festen Wittenberg zurückzu=

ziehen; allein die kaiserliche Reiterei holte ihn ein, und in der Schlacht bei **Mühlberg** 1547 wurde **Johann Friedrich,** der 1547 dem 27000 Mann starken Feinde nur 6000 Mann entgegenstellen konnte, nicht nur geschlagen, sondern auch verwundet und sammt dem Herzog **Ernst von Braunschweig-Lüneburg** gefangen genommen. Als sodann Wittenberg seine Thore nicht öffnen wollte, drohte der Kaiser, des Kurfürsten Haupt in die Stadt zu schicken, und ein Kriegsgericht unter Vorsitz des Herzogs von Alba sprach auch wirklich das Todesurtheil über Johann Friedrich aus. Es wurde jedoch nicht ausgeführt, sondern auf Bitten des Kurfür= sten von Brandenburg und gegen Abtretung des ganzen Lan= des und der Kurwürde an Moritz in ewige Gefangenschaft umge= wandelt.

So gieng die Kurwürde von der **ernstinischen** Linie an die **albertinische** über, und den Kindern Johann Friedrich's ver= blieb nur ein kleiner Theil des Landes mit den Städten Weimar, Jena, Eisenach und Gotha, woraus sich später die sächsi= schen Herzogthümer bildeten.

In Wittenberg selbst benahm sich Karl V. sehr edelmüthig; denn als er erfuhr, daß man um seinetwillen den protestantischen Gottesdienst eingestellt habe, wurde er unwillig und sprach: „Wir haben im Oberlande (Schwaben) doch nichts gewandelt in der Religion, wie sollten wir es hier thun!" und als er die Schloß= kirche in Wittenberg besuchte und einige, darunter Alba, ihm riethen, die Leiche des daselbst ruhenden Dr. Luther ausgraben und ver= brennen zu lassen, antwortete er: „Laßt ihn ruhen, er wird seinen Richter schon gefunden haben; ich führe Krieg mit den Lebendi= gen, nicht mit den Todten!"

Luther, der stets mit aller Kraft von Einmischung der Waffen in seine Sache abgemahnt hatte, starb kurz vor Beginn dieses ersten Religionskrieges am 18. Februar 1546 in seinem Geburtsorte Eisleben, wohin er sich, obwohl kränklich, zur Schlichtung von Streitigkeiten zwischen den Grafen von Mansfeld begeben hatte.

Nun sollte auch **Philipp von Hessen** gedemüthigt werden. Auf Zureden seines Schwiegersohnes Moritz von Sachsen und des Kurfürsten von Brandenburg, die ihm ein „freies und sicheres Geleit" verbürgen zu können glaubten und vom Kaiser die Zu= sicherung erhalten hatten, daß er weder mit Leibesstrafe, noch mit ewiger Gefangenschaft bestraft werden solle, wenn er sich auf Gnade und Ungnade ergebe, Abbitte thue und seine Festungen

9

ausliefere, stellte er sich jedoch freiwillig und that in Halle fuß=
fällig Abbitte. Verzeihung wurde ihm zu Theil, allein auch er
mußte, gleich Johann Friedrich, Jahre lang dem kaiserlichen Hof=
lager als Gefangener folgen.

65. Karl V. und Moritz von Sachsen.

Sämmtliche protestantische Fürsten erklärten nun, sich den
Beschlüssen des Concils unterwerfen zu wollen, wenn dasselbe
von Bologna, wo es seit März 1547 seinen Sitz hatte, nach
Trient zurückverlegt und dann eine neue Berathung der schon
aufgestellten Dogmen vorgenommen werden würde. Allein weder
der Papst, noch die zu Bologna versammelten Prälaten giengen
darauf ein, und so beschloß der Kaiser, aus eigener Machtvoll=
kommenheit eine Reformation der deutschen Kirche vorzu=
nehmen. Durch einige gemäßigte katholische und protestantische
Geistliche — durch den Bischof Julius Pflug von Naumburg,
den Hofprediger Johann Agricola u. a. — ließ er das sogenannte
Augsburger Interim ausarbeiten. Dasselbe erlaubte den Pro=
testanten den Kelch und die Priesterehe, verlangte in allen andern
Dingen Gehorsam gegen die römische Kirche und sollte, nachdem
1548 es zu Augsburg 1548 bekannt gegeben war, für ganz Deutsch=
land Geltung haben, bis ein allgemeines Concil beide Theile be=
friedigen würde. Mit diesem Interim waren jedoch die Prote=
stanten völlig unzufrieden. Nur in sehr wenig Ländern kam es
vollständig zur Einführung, in Sachsen, Hessen, Brandenburg nur
nach verschiedenen Abänderungen und in den protestantischen Städten
Norddeutschlands gar nicht. Am meisten eiferte Magdeburg
dagegen, und deshalb sprach Karl die Reichsacht über diese Stadt
aus und beauftragte Moritz 1550 mit der Ausführung derselben.
Sofort begann dieser mit der Belagerung; als er aber merkte,
daß die heldenmüthige Vertheidigung der Bürger in seinem Lande
große Aufregung gegen ihn hervorrief, änderte er plötzlich seine
Stellung gegen den Kaiser und hoffte durch einen einzigen Schlag
sich die Achtung seiner Glaubensgenossen und seinem
Schwiegervater Philipp, der in Mecheln gefangen saß und
immer strenger behandelt wurde, die Freiheit wieder zu ge=
winnen. Er verband sich daher mit mehreren Fürsten Nord=
deutschlands, söhnte sich mit seinen Vettern aus, ließ sich sogar in
eine Verbindung mit König Heinrich II. von Frankreich ein, dem

er gegen Zahlung von 100,000 Kronen das Reichsvicariat über die Reichsstädte Metz, Toul, Verdun und Cambray zu über= lassen versprach, schloß mit Magdeburg Frieden und brach sodann mit seinen Bundesgenossen Wilhelm von Hessen und Albrecht Alcibiades von Brandenburg=Bayreuth so rasch nach Süden auf, daß es ihm fast gelungen wäre, den zu Innsbruck krank liegenden Kaiser gefangen zu nehmen. Nur einige Zufälligkeiten retteten den gichtkranken Karl, und nachdem er Johann Friedrich aus der Gefangenschaft entlassen hatte, floh er noch in der Nacht und unter strömendem Regen über die Alpen nach Trient und weiter nach Villach in Kärnthen und trug sodann, um einen zweifelhaften Krieg zu vermeiden, seinem Bruder Ferdinand auf, eine friedliche Lösung der Angelegenheit herbeizuführen. Fer= dinand schloß einen Waffenstillstand und hielt hierauf mit den Feinden des Kaisers, sowie mit mehreren anderen Fürsten zu 1552 Passau eine Berathung, welche mit dem sogenannten Pas= sauer Religionsvertrag endete. Durch denselben erhielten die Bekenner der Augsburger Confession völlige Gewissens= freiheit, und bürgerliche Rechtsgleichheit wurde ihnen in Aussicht gestellt. Zugleich wurde eine allgemeine Amnestie verkündet, und auch Landgraf Philipp von Hessen kehrte nun in seine Heimath zurück.

Moritz hatte also wirklich erreicht, was er zu erreichen hoffte; allein Metz war dadurch für Deutschland verloren gegangen und konnte trotz längerer Belagerung durch Karl 1553 nicht wieder erobert werden.

Die Früchte seines kühnen Unternehmens genoß Moritz je= doch nur kurze Zeit; denn als er im nächsten Jahr mit dem Herzog von Braunschweig und dem König Ferdinand gegen den Markgrafen Albrecht von Brandenburg=Bay= reuth zog, der nach dem Passauer Vertrag die Waffen nicht niederlegte, sondern seinen Plünderungskrieg gegen die Bischöfe von Bamberg und Würzburg fortsetzte: siegte er zwar 1553 über denselben bei Sievershausen östlich von Hannover, fand aber dabei seinen Tod. Allein auch Albrecht sollte sein unruhiges Leben nicht mehr lange fortsetzen. Nachdem er durch den Herzog von Braunschweig bei Braunschweig nochmals geschlagen worden war, zog er sich, nun auch mit der Reichsacht belegt, nach Franken zurück, verlor rasch seine Erblande Bayreuth und Hof, hielt sich hierauf zwar noch einen Winter hindurch in

Schweinfurt, floh aber dann 1554 nach Frankreich und starb 1557 bei seinem Schwager, dem Markgrafen von Baden, in Pforzheim.

66. Augsburger Religionsfriede. 1555.

Da Kaiser Karl V. nach dem Passauer Vertrag, den er als eine Niederlage seines ganzen Strebens ansah, sich nicht weiter in deutsche Angelegenheiten mischen wollte, so übertrug er seinem Bruder Ferdinand auch die Leitung des verheißenen Reichstages. 1555 Auf diesem — zu Augsburg 1555 — kam endlich ein völliger Religionsfriede zu Stande, der den Protestanten nicht nur Gewissens- und Religionsfreiheit, sondern auch bürgerliche Rechtsgleichheit gewährte und ihnen auch die eingezogenen Kirchengüter ließ, jedoch mit dem „geistlichen Vorbehalt," daß, wenn ein Erzbischof, Bischof, Prälat oder Geistlicher künftig zum Protestantismus übertreten wolle, er zwar deshalb nicht angegriffen werden, wohl aber sein geistliches Amt und dessen Einkünfte verlieren sollte.

67. Karl's Lebensende. 1558.

Je mehr Karl alle seine Pläne scheitern sah, desto mehr sehnte er sich nach Ruhe und Abgeschlossenheit, und als auch noch körperliche Leiden über ihn hereinbrachen, da übergab er seinem Sohne Philipp 1555 die Regierung der Niederlande und 1556 auch die von Spanien, Neapel und Amerika, überließ seinem Bruder Ferdinand die österreichischen Staaten und zog sich, nachdem letzterer auch die deutsche Kaiserkrone erhalten hatte, nach dem Kloster St. Just in Estremadura zurück. Hier lebte er noch 2 Jahre, beschäftigte sich mit frommen Andachtsübungen und mit Verfertigung künstlicher Maschinen, ließ nach den Berichten einiger Schriftsteller kurz vor seinem Ende sein eigenes Leichenbegängniß feiern und starb bald darauf, am 21. September 1558, im 56. Jahre seines Lebens *).

---

*) Karl war während seiner Regierungszeit 9mal in Deutschland, 6mal in Spanien, 7mal in Italien, 10mal in den Niederlanden, 2 mal in England und 2mal in Afrika.

68. Nürnberg und Augsburg vor und während der Reformation. Die Fugger.

Nürnberg, um 1050 zuerst in Urkunden erwähnt, wurde 1112 ein kaiserlicher Ort mit Münz=, Markt= und Zollrecht. 1191 erhielt Friedrich I. von Hohenzollern das Amt eines Burg= grafen und Schirmvogtes über die Stadt und deren Gebiet, und 1219 erhob sie Kaiser Friedrich II. zur freien Reichsstadt. Lud= wig der Bayer und andere Kaiser verliehen ihr mancherlei Vor= rechte, und 1427 verkaufte der Hohenzoller Friedrich VI., Markgraf von Bayreuth=Ansbach und Kurfürst von Brandenburg, die Burg zu Nürnberg an die Bürger dortselbst. In kurzer Zeit ward Nürnberg der Hauptstapelplatz des süddeutschen Handels, errichtete an fernen Seeplätzen Factoreien, gewann Reichthum und Macht und führte mit dem beutelustigen Adel und den Markgrafen Al= brecht Achilles und Albrecht Alcibiades manche harte Fehde. Das Stadtregiment — Verwaltung und Rechtspflege — lag anfangs ganz in den Händen der altfreien Geschlechter oder Patrizier, bald aber (um 1340) strebten auch die sich rasch mehrenden Hand= werker (Zünfte) nach Mitregierung, und nach längeren inneren Kämpfen erhielten 8 Handwerker Sitz und Stimme im kleinen Rath. Im 15. und 16. Jahrhundert blühten Industrie und Handel, Kunst und Wissenschaft in Nürnberg wie in wenig andern deutschen Städten (s. S. 115). Erfindung reihte sich an Erfin= dung, und die Lorenzer= und Sebalderkirche, das Rathhaus und viele Häuser der Patrizier, bei deren Anblick Aeneas Sylvius Picolomini, der nachmalige Papst Pius II. (1458—1464) äußerte, „die Könige Schottlands würden sich glücklich schätzen, so zu woh= nen, wie die Bürger Nürnbergs", zeugen noch heute von der mittelalterlichen Blüthe dieser Stadt. — Die deutschen Kaiser weilten gern in Nürnbergs Mauern, seit 1424 diente die heilige Geistkirche zur Aufbewahrung der Reichskleinodien, und 1532 unterzeichnete Karl V. den Nürnberger Religionsfrieden.

Die Reformation fand in Nürnberg frühzeitig Eingang, und für das Schulwesen sorgte die Stadt durch Gründung des von Melanchthon 1526 eingeweihten Gymnasiums und durch Einrich= tung einer Academie, der spätern Universität Altdorf (1623 bis 1809).

Durch die Entdeckung des Seeweges nach Ostindien und durch den 30jährigen Krieg verlor Nürnberg viel von seinem

Reichthum und seiner politischen Bedeutung. Nürnbergs Tand gieng zwar immer noch durch alle Lande, aber allmählich zogen sich die reichen Patrizier vom Handel zurück, die Schuldenlast mehrte sich und die Einwohnerzahl nahm ab, und erst mit der Einverleibung in das Königreich Bayern (1806) begann für Nürnberg wieder eine neue Glanzperiode.

Augsburg, wurde 1276 durch Kaiser Rudolf I. eine Reichsstadt, hatte sich besonders der Gunst Ludwig's des Bayern zu erfreuen und erhielt von demselben Münzrecht, Gerichtsbarkeit und andere Vorrechte. Nachdem sich 1368 die Zünfte Mitregierung erkämpft hatten — von 44 Mitgliedern des Rathes sollten 29 Zünftler sein — blühte die Stadt sichtbar auf, und bald waren Augsburgs Gold= und Silberarbeiter, Erz= und Stückgießer weit und breit berühmt. Wie in andern Städten, so fand auch in Augsburg die Reformation bald und leicht Eingang; und zwischen 1530 und 1555 wurde daselbst mancher wichtige Reichstag abgehalten. Alle Kaiser aus dem habsburgischen Geschlechte verweilten gern daselbst, und wiederum waren die reichen Fugger und Welser jederzeit gern gesehene Gäste am Hofe und in den Schlössern der mächtigen Habsburger. In kurzer Zeit waren die Fugger, deren Ahne 1370 als armer Leinweber nach Augsburg gezogen war, die reichsten Kaufleute Europa's und mächtige Reichsgrafen; auf allen Meeren fuhren ihre Schiffe, und in allen Theilen Europa's, sowie in den beiden Indien hatten sie große Besitzungen. Allein trotzdem blieben sie getreue Bürger der Stadt, erbauten die „Fuggerei" und verwandten auch außerdem noch große Summen zu wohlthätigen Stiftungen. Die Kaiser fanden in ihnen stets wahre Helfer in der Noth. 1509 schloß Jacob Fugger dem Kaiser Maximilian I. zu seinen Kriegen 170,000 Dukaten und später noch 70,000 Gulden vor, und Karl V., der einst in Paris, als er die kgl. Schatzkammer bortselbst sah, sagte: „Das alles kann ein Augsburger Leinweber mit Gold bezahlen," unternahm seine meisten Kriege mit dem Gelde des Anton Fugger. Im 30jährigen Krieg verloren die Fugger einen großen Theil ihres Reichthums; und auch die Stadt Augsburg, woselbst durch Belagerungen, Hunger und Pest die Einwohnerzahl von 80,000 auf 20,000 sank, erlitt durch denselben empfindliche Verluste, konnte sich später nie wieder zu früherer Blüthe emporarbeiten und hatte

fortan nur als Geld= und Wechselplatz für Süddeutschland Be=
deutung.

69. Ferdinand I. 1556—1564.

Ferdinand I. blieb auch als Kaiser seinen milden Gesin=
nungen treu, duldete in Oesterreich die Verbreitung der evange=
lischen Lehre und bestätigte völlige Religionsfreiheit auch für
Ungarn und Siebenbürgen. Unter seiner Regierung wurde
am 4. December 1563 das Tridentiner Concilium ge=
schlossen, dem die katholische Kirche manche weise und wohl=
thätige Verordnung (eine gereinigte Sittenlehre, strengere Kirchen=
zucht u. s. w.) verdankt; und in demselben Jahre starb in Witten=
berg Luthers Mitkämpfer Melanchthon, der in seinen letzten
Lebensjahren wegen seiner Nachgiebigkeit und schwankenden Hal=
tung manche Kränkung und Schmähung hatte erleiden müssen.

70. Maximilian II. 1564—1576.

Maximilian II. war ein trefflicher, einsichtsvoller und lie=
benswürdiger Fürst, und in Religionssachen noch milder gesinnt,
wie sein Vater Ferdinand. Er ließ jeden nach seiner Ueberzeu=
gung leben, gewährte allen volle Religionsfreiheit, ließ in Oester=
reich, Kärnthen und Steiermark und selbst in der Nähe von Wien
protestantische Kirchen erbauen und wurde von Katholiken und
Protestanten als ein Muster von Gerechtigkeit und Milde verehrt.
Während in Deutschland zu dieser Zeit die größte Ruhe herrschte,
floß in andern Ländern viel Blut. Die protestantischen Nieder=
länder, die Philipp von Spanien durch den Herzog von Alba
grausam behandeln ließ, rissen sich endlich gänzlich von Spanien
los und gründeten die Republik der vereinigten Nieder=
lande, und in Frankreich, wo die Hugenottenkriege wütheten,
verloren 1572 in einer einzigen Nacht — in der Bartholo=
mäusnacht oder der sogenannten Pariser Bluthochzeit —
über 60,000 Hugenotten (Reformirte) das Leben.

Im Jahre 1566 versuchten die Türken einen neuen Einfall
in Oesterreich, die heldenmüthige Vertheidigung der Festung
Szigeth durch Zrinp und der während der Belagerung erfolgte
Tod des Sultans Soliman bewog sie aber zum Rückzug.

Zum Unglück für Deutschland starb Maximilian schon

in seinem 49. Lebensjahre, nnd unter seinem Sohne und Nach=
folger

71. Rudolf II. 1576—1612.

der in Folge seiner Erziehung am spanischen Hofe ein sehr eifriger
Katholik war und sich mehr für seine Marställe und für Astro=
nomie*) interessirte, als für Regierungsangelegenheiten,
nahm rasch große Verwirrung und Zwietracht in ganz Deutsch=
land überhand und standen sich bald die Religionsparteien feind=
licher gegenüber, denn je. Als im Jahre 1606 der Pöbel der
fast ganz protestantischen Reichsstadt Donauwörth eine Prozes=
sion störte, sprach der Kaiser die Reichsacht über diese Stadt
aus und übertrug dem Herzog Maximilian von Bayern die Voll=
streckung. Dieser, der von 1598—1651 äußerst segensreich über
Bayern regierte, erzwang sich leicht die Uebergabe der Stadt,
zog sie, als sie die ziemlich bedeutenden Kriegskosten nicht bezahlen
konnte, an Bayern und setzte einen katholischen Magistrat ein.
Dieser Vorfall erregte bei allen Protestanten Bestürzung, und
da bei dem gleichgültigen Kaiser alle Klagen umsonst waren, so
schlossen die protestantischen Stände Hessen=Cassel, Anhalt, Baden,
Pfalz=Neuburg, Brandenburg und 15 Reichsstädte unter der Lei=
tung des Kurfürsten Friedrich IV. von der Pfalz zu gegen=
1608 seitigem Beistande
1609 die protestantische Union. Und schon im nächsten Jahre
bildete sich gegen die Union die katholische Liga, welche unter
dem Herzog Maximilian von Bayern stand und wozu
außer Bayern noch der Erzherzog Ferdinand von Oesterreich, die
drei geistlichen Kurfürsten und die Bischöfe von Augsburg, Con=
stanz, Regensburg, Straßburg, Passau und Würzburg ge=
hörten. So war also Deutschland in zwei große feindliche Heer=
lager getheilt, und an der Spitze eines jeden stand ein Wittels=
bacher.

Maximilian war nicht nur einer der größten Fürsten Bayern's,
sondern auch Deutschlands und seiner Zeit überhaupt, und hatte eine
ausgezeichnete Erziehung genossen. Nachdem er im sehr zerrütteten
Staatshaushalte Ordnung hergestellt und die bedeutenden Schulden
durch weise Sparsamkeit fast ganz getilgt hatte, begann er mit der

---

*) Keppler, Tycho de Brahe u. a. waren seine täglichen Gesellschafter.

Schöpfung eines tüchtigen Heeres; denn mit staatsmännischem Scharfblicke hatte er die Nothwendigkeit und Bedeutung eines solchen erkannt und berief zur Bildung desselben den kriegserfahrenen Niederländer Johann Tzerklas v. Tilly als Generallieutenant nach Bayern. Allein auch die Herstellung einer besseren Gerichtspflege lag Max I. sehr am Herzen, und für die Zweckmäßigkeit des von ihm in Ober- und Niederbayern 1616 eingeführten „neuen bayrischen Gesetzbuches" bürgt der Umstand, daß es 150 Jahre in Kraft stand. In demselben waren alle barbarischen Todesarten ganz abgeschafft und die Anwendung der Tortur, welche erst durch Karl V. 1552 für ganz Deutschland vorgeschrieben war, wesentlich beschränkt.

Kaum hatte Maximilian die Neubildung seines Heeres durchgeführt, und kaum waren die eben erwähnten zwei Bündnisse entstanden, so traten sie sich auch schon feindselig gegenüber. Als nämlich der Herzog von Jülich-Kleve-Berg kinderlos starb, so machten der Kurfürst von Brandenburg und der Pfalzgraf von Neuburg darauf Ansprüche und sollte der Erbschaftsstreit durch eine Vermählung des Sohnes des Kurfürsten mit der Tochter des Pfalzgrafen beigelegt werden. Allein in Folge eines Wortwechsels wurden der Kurfürst und der pfälzische Prinz bittere Feinde, worauf der junge Pfalzgraf durch Heirath einer Schwester des Herzogs Max und durch Uebertritt zur katholischen Kirche die Liga, der Kurfürst von Brandenburg aber die Union und den König Heinrich IV. von Frankreich für sich gewann. Bevor es jedoch zu einem allgemeinen Kriege kam, wurde Heinrich IV. ermordet, und da auch die Liga und die Union bald Frieden schlossen, so kam es 1614 zu einer Theilung, durch welche Brandenburg Kleve, die Mark und Ravensburg, Neuburg aber Jülich, Berg und Düsseldorf erhielt.

Da Rudolf II. sich auch um die Regierung seiner Erblande nicht bekümmerte, so nöthigten ihn seine Verwandten, Oesterreich, Mähren und Ungarn 1608 seinem Bruder Matthias abzutreten. 1611 mußte er sodann auch Böhmen, welchem Lande er 1609 durch den sogenannten Majestätsbrief freie Religionsübung gewährt hatte, Schlesien und die Lausitz demselben überlassen, und als er ein Jahr später kinderlos starb, gieng auch die Kaiserkrone auf Matthias über.

Da man in Folge des julianischen Kalenders, der das Jahr zu 365 Tagen 6 Stunden annahm, im Jahr 1581 bereits um 10 Tage hinter dem wirklichen Sonnenjahr (zu 365 Tagen 5 Stunden 48 Minuten 45½ Sekunden) zurückgeblieben war, so führte Papst Gregor XIII. einen verbesserten Kalender ein, ließ im genannten Jahr nach dem 5. October sofort den 16. zählen und bestimmte, daß zur Ausgleichung jedes hundertste Jahr ein gemeines, jedes vierhundertste aber wieder ein Schaltjahr sein solle. Nur die Katholiken nahmen diesen Kalender an, und erst 1700 folgten ihrem Beispiele auch die Protestanten; die Russen aber haben noch heute den julianischen Kalender und sind deshalb zur Zeit um 12 Tage hinter unserer Zeitrechnung zurück.

72. Matthias. 1612—1619.

Mit nie gesehener Pracht wurde Matthias im Beisein fast aller deutschen Fürsten zu Aachen gekrönt; allein seine geringe Umsicht war nicht geeignet, den Ausbruch des schweren Gewitters, das sich immer drohender am deutschen Himmel zusammenzog, zu verhüten, und es wurde vielmehr gerade er die Ursache, daß der verhängnißvolle 30jährige Krieg seinen Anfang nahm. Da Matthias kinderlos war, so bestimmte er seinen Vetter, den Herzog Ferdinand von Steiermark, zu seinem Nachfolger, und obwohl die Protestanten in Böhmen dessen Wahl als Böhmenkönig zu hintertreiben suchten, da sie nicht ohne Grund fürchteten, er möchte in ihrem Lande eben so feindselig gegen den Protestantismus auftreten, als in seinen Erblanden, wurde er 1617 doch gewählt und gekrönt. Bevor er jedoch zur Regierung gelangte, ereignete sich in Böhmen jener beklagenswerthe Vorfall, der den bereits erwähnten und für Deutschland so verderblichen Religions- und Bürgerkrieg zur Folge hatte.

Der dreißigjährige Krieg. 1618—1648.

73. Erste Periode: Der böhmische Krieg. 1618—1620.

Hatte schon die Wahl und Krönung Ferdinands, sowie der Umstand, daß Matthias hierauf den prot. Grafen von Thurn vom Burggrafenthum entsetzte und Böhmen durch eine kaiserliche Statthalterschaft von 7 katholischen und 3 protestantischen Mitgliedern verwalten ließ, große Erbitterung bei den Protestanten in Böhmen hervorgerufen, so wurde dieselbe noch größer, als ihnen bald darauf auf kaiſerlichen Befehl in Folge wörtlicher Auslegung des Majeſtätsbriefes eine eben erbaute Kirche zu Kloſtergrab niedergeriſſen und eine andere, zu Braunau, geſchloſſen wurde, und als ihnen endlich auf ihre Klage gar noch ein Verweis zu Theil wurde, ſo gieng die Erbitterung in offene Empörung über. Sie zogen unter Anführung des Grafen Thurn am 23. Mai 1618 bewaffnet auf das kgl. Schloß zu Prag, ſetzten bie eben anweſenden katholiſchen Statthalter zur Rede und warfen Martinitz, und Slavata, bie längſt als Hauptgegner der Proteſtanten bekannt waren und noch bazu mit Trotz und Verachtung antworteten, ſowie ben Geheimſchreiber Fabricius aus ben Fenſtern in ben Schloßgraben hinab. Hierauf bemächtigten ſich die proteſtantiſchen Stände der Regierung Böhmens, verjagten die Jeſuiten, rüſteten ein Heer unter Thurn's Befehl, ſchlugen das kaiſerliche Heer aus Böhmen hinaus und verbanden ſich mit Mähren, Schleſien und der Lauſitz, und als ſodann am 20. Mai 1619 Matthias ſtarb, worauf deſſen Erbe und Neffe **Ferdinand II.**, (v. 1619—1637) ben deutſchen Kaiſerthron beſtieg, ſo erklärten ihn die Böhmen, Mähren und Schleſier „als Erbfeind des evangeliſchen Glaubens" des Thrones für verluſtig und wählten **Friedrich V.**, ben reformirten Kurfürſten von der Pfalz, zu ihrem König. Die ganze Union, deren Haupt Friedrich war, ſeine Mutter und ſein Schwiegervater, der König von England, und auch der mächtige Herzog von Bayern riethen ihm, dies gefährliche Geſchenk nicht anzunehmen; da aber ſein Rathgeber Chriſtian von Anhalt, ſein Hofprebiger Scultetus und beſonders ſeine ehrgeizige Gemahlin immer mehr in ihn brangen, ſo gab er ſchließlich nach und empfieng bereits am 29. November zu Prag die Huldigung ſeiner neuen Unterthanen. Statt ſich aber nun nach mächtigen Bundesgenoſſen umzuſehen, entfremdete er ſich durch leichtſinnige Ergötzungen, unkluge Zurückſetzung des Adels und Mißgriffe gegen die Lutheraner und Katholiken die Herzen ſeiner neuen Unterthanen immer mehr und gewann nur ben unzuverläſſigen Fürſten von Siebenbürgen, Bethlen Gabor, für ſich. Ferdinand dagegen fand Hilfe in Spanien und an Maximilian, bem mächtigen Haupte der Liga, und ſelbſt das proteſtantiſche Kurſachſen trat auf die Seite des Kaiſers. Mit 30,000 Mann rückte hierauf Maximilian 1620 in Oeſterreich ein, brachte die bortigen Proteſtanten zum Gehorſam, vereinigte ſich mit 25,000 Mann Oeſterreichern, zog gegen Prag und ſchlug am

1620 8. November 1620 in wenig Stunden am **weißen Berge bei Prag** das Heer Friedrich's vollständig auf's Haupt. Schon am nächsten Tag ergab sich Prag, und da zu gleicher Zeit die Spanier unter Spinola in der Pfalz und die Kursachsen in der Lausitz einzogen, so verlor Friedrich V., der nach der Schlacht bei Prag sofort über Schlesien nach Holland entflohen war, nicht nur Böhmen, sondern auch seine Pfalz, und sprach zugleich der Kaiser die Acht über ihn aus. Böhmen, Mähren und Schlesien mußten sich Ferdinand unterwerfen, der nun ein strenges Strafgericht hielt. Den Majestätsbrief zerschnitt er mit eigener Hand, 27 der Vornehmsten wurden hingerichtet, vielen Hunderten ihre Güter geraubt, und circa 30,000 Familien, die nicht katholisch werden wollten, mußten ihr Vaterland verlassen.

74. Zweite Periode: Der pfälzische Krieg. 1621—1623.

Durch die Schlacht am weißen Berg schien der ganze Krieg beendet zu sein; denn kurze Zeit darauf verglich sich auch Bethlen Gabor mit dem Kaiser, und die Union lös'te sich auf. Allein es kam anders. Der kühne Graf Ernst von Mansfeld, der edle Markgraf Georg Friedrich von Baden-Durlach und der Herzog Christian von Braunschweig ergriffen die Partei des geächteten Friedrich V., und so begann der sogenannte pfälzische Krieg. Erst waren die genannten Fürsten glücklich und besiegten Tilly, den Feldherrn der Liga, 1622 bei Wiesloch (bei Heidelberg). Als sie sich aber trennten, wurde der Markgraf von Baden von Tilly bei Wimpfen am Neckar geschlagen und rettete sich nur durch den Heldentod der 400 Pforzheimer, und Christian von Braunschweig ereilte dasselbe Schicksal bei Höchst am Main, worauf Tilly die Pfalz arg mitnahm, Mannheim und Heidelberg eroberte und die berühmte Heidelberger Bibliothek auf Befehl des Herzogs. Mar nach Rom bringen ließ. Christian und Mansfeld setzten noch ein Jahr lang den Krieg in Westfalen fort; nachdem sie aber 1623 bei Stadtlon bei Münster noch eine Niederlage durch Tilly erlitten hatten, entließen sie ihre Söldner und flohen ins Ausland. Damit war auch der pfälzische Krieg glücklich für den Kaiser beendet, und zum Lohne für seine großen Verdienste um den Kaiser und den Katholicismus erhielt Maximilian 1623 auf dem Reichstage zu Regensburg die pfälzische Kurwürde.

75. Dritte Periode: Der niedersächsisch-dänische Krieg. 1624—1629.

Da Tilly mit seinem wohlgerüsteten Heere in Hessen und Westfalen blieb und es immer mehr den Anschein hatte, als wollten die Liga und der Kaiser nun ihre siegreichen Waffen gegen den protestantischen Norden wenden: so machte sich der zunächst bedrohte niedersächsische Kreis zum Krieg bereit und ernannte den König Christian von Dänemark, einen Schwager des geächteten Kurfürsten Friedrich V., zu seinem Kreisobersten. England und Holland boten Geld und Mannschaften an, und bald traten auch Mansfeld und Christian von Braunschweig wieder auf dem Kriegsschauplatz auf. Gerne hätte ihnen der Kaiser, der nicht immer von der Liga abhängig sein wollte, ein eigenes Heer entgegengesetzt; allein es fehlte ihm an allem, was man dazu bedurfte. Da erbot sich Wallenstein,*) ein kühner und ehrgeiziger böhmischer Edelmann, der sich schon gegen die Türken, Mähren und Venetier ausgezeichnet, und durch seine Heirath und besonders durch Güterkäufe bei den böhmischen Proskriptionen ein großes Vermögen erworben hatte, ein Heer zu werben, das dem Kaiser keinen Pfennig kosten sollte. Sein Anerbieten wurde mit Freuden angenommen, und schon nach wenig Wochen hatte er 50,000 Mann beisammen, mit denen er, nachdem ihn der Kaiser zum unumschränkten Oberfeldherrn und zum Herzog von Friedland ernannt hatte, gegen Niedersachsen aufbrach. Bei Dessau griff ihn Mansfeld an; allein Wallenstein blieb Sieger (1626) und verfolgte seinen Gegner über 1626 Schlesien nach Ungarn, worauf Mansfeld sein Heer entließ und über

---

*) Wallensteins Erscheinung hatte für jedermann etwas Unheimliches und Grauenerregendes. Wenn er, eine lange und hagere Gestalt, mit kurzen schwarzen Haaren, geheimnißvoller Miene und argwöhnischem Blicke, sich durch die Reihen seiner Krieger bewegte, klopfte selbst dem Muthigsten das Herz. Sein Anzug erhöhte den Eindruck seiner Schreckensgestalt, denn Mantel, Beinkleider und Leibbinde waren von Scharlach, der Reiterrock von Elennleder, vom Hute hieng eine rothe Feder und den Hals umschloß ein großer spanischer Kragen.

Venedig und England wieder auf den Kriegsschauplatz zu entkommen hoffte. Allein in Folge körperlicher Ueberanstrengung erkrankte und starb er am 20. November 1626 bei Zara in Dalmatien, und wenige Monate vorher war auch Christian von Braunschweig im 27. Lebensjahre an einem Fieber gestorben.

1626 Mittlerweile hatte Tilly auch den dritten Feind, den König Christian, bei **Lutter** am **Barenberge** im August 1626 vollständig besiegt, worauf er sich mit Wallenstein vereinigte und Holstein, Schleswig und Jütland eroberte, welche Länder schrecklich verwüstet wurden. Wallenstein faßte nun den Plan, an den Ostseeküsten eine deutsche Seemacht zu gründen und ließ sich einstweilen zum Admiral der Ostsee ernennen. Hierauf eroberte er Mecklenburg und besetzte Pommern. Das feste und mächtige Stralsund widerstand aber mit Erfolg, und obwohl Wallenstein sagte: „Und wenn es mit Ketten an den Himmel gebunden wäre, so muß ich hinein!" so mußte er doch schließlich mit Verlust von 12,000 Mann abziehen, worauf er, da England, Holland, Frankreich und Schweden sich zu kräftigerem Schutze Dänemarks **1629** geneigt zeigten, mit König Christian 1629 den Frieden zu Lübeck schloß, durch welchen derselbe gegen das Versprechen, sich nicht weiter in deutsche Angelegenheiten mischen zu wollen, sein ganzes Land zurückerhielt.

1628 Schon ein Jahr zuvor hatte der Kaiser dem Kurfürsten Maximilian von Bayern, der bereits mehr als 13 Millionen Kriegskosten für ihn ausgelegt hatte, die **Oberpfalz erblich** und einen Theil der Unterpfalz als Lehen übergeben und Wallenstein mit Mecklenburg belehnt, und als nach dem Lübecker Frieden ganz Norddeutschland unterworfen war, erließ er — un- **1629** geachtet des Widerspruches der meisten katholischen Fürsten — das verhängnißvolle **Restitutionsedict**, nach welchem die Protestanten alle seit dem Passauer Vertrag (1552) eingezogenen Kirchengüter (darunter 3 Erzbisthümer, 15 Bisthümer und viele Stifter und Abteien) wieder herausgeben sollten. Ferdinand glaubte dadurch wesentlich zur Ausrottung des protestantischen Glaubens beizutragen, warf aber damit nur eine neue Kriegsfackel in das unglückliche und arg verwüstete Deutschland.

Tilly und Wallenstein sollten mit den Waffen dieses Gesetz durchführen und erlaubten sich gegen Fürsten und Unterthanen die ärgsten Bedrückungen. Klagen über Klagen liefen deshalb **1630** beim Kaiser ein, und auf dem Reichstage zu Regensburg verlangten fast alle Stände und besonders Max von Bayern die **Entlassung Wallenstein's** und seiner verrufenen Raubschaaren. Mit schwerem Herzen erfüllte endlich der betroffene Kaiser diesen Wunsch der Fürsten; Wallenstein aber zog sich mit stolzer Ruhe und ungeheuren Schätzen auf seine böhmischen Güter zurück.

76. Vierte Periode: Der schwedisch-deutsche Krieg. 1630—1631.

Kaum hatte der Kaiser zu Regensburg Wallenstein und dessen Heer entlassen, so landete, von Frankreich aufgemuntert, am 24. Juni 1630 König **Gustav Adolf** von Schweden mit 1630 15000 wohlerprobten und an strengste Mannszucht gewöhnten Truppen an der pommerischen Küste, um seinen Glaubensgenossen in Deutschland zu Hilfe zu kommen und seinen beiden Vettern, den Herzögen von Mecklenburg, wieder zu ihrem Eigenthum zu verhelfen.

Gustav Adolf, der sich eben durch einen Krieg mit Polen großen Waffenruhm erworben hatte, war ein ausgezeichneter Staatsmann, ein warmer Verehrer der Wissenschaften und ein wahrer Christ. Er sprach vier Sprachen mit großer Fertigkeit, hatte einen hohen Wuchs, große graue Augen, eine Adlernase und eine wohltönende Stimme, und seine ganze Erscheinung flößte Achtung und Vertrauen ein.

Das Volk begrüßte den König als einen Retter und Befreier; die meisten protestantischen Fürsten aber verwarfen 1631 auf dem Fürstentag zu Leipzig das von ihm angebotene Bündniß, beschlossen aber, sich gegen die Ausführung des Restitutionsedictes zu rüsten. Nur Magdeburg, die Herzöge von Lauenburg, Lüneburg und Sachsen-Weimar und der Landgraf von Hessen schlossen sich Gustav Adolf an, der nun die Kaiserlichen rasch aus Pommern und Mecklenburg vertrieb und Brandenburg zu einem Bündnisse nöthigte. Als er aber hierauf der hart bedrängten Reichsstadt Magdeburg zur Hilfe eilen wollte, verweigerte ihm der Kurfürst von Sachsen den Durchzug durch sein Land, und so konnte Gustav Adolf nicht verhindern, daß Magdeburg durch Tilly am 10. Mai 1631 mit Sturm genommen 1631 und schrecklich verheert wurde. Das plötzlich allenthalben ausbrechende Feuer legte die ganze Stadt in Schutt und Asche, und gegen 20,000 Menschen kamen dabei durch Feuer und Schwert um's Leben.

Nach Magdeburgs Eroberung rückte Tilly in Sachsen ein,

um den Kurfürsten wegen seiner Auflehnung gegen das Restitutionsedict zu bestrafen. Jetzt bat der Kurfürst Gustav Adolf flehentlich um Hülfe, und dieser gewährte sie auch. Er zog in **1631** Sachsen ein, und am 7. Sept. 1631 wurde Tilly der Sieger in 36 Feldschlachten, in der blutigen Schlacht bei **Breitenfeld**, unweit Leipzig, gänzlich geschlagen und zum Rückzuge nach Süddeutschland genöthigt, und während die Sachsen sodann nach **Böhmen** aufbrachen, unternahm Gustav Adolf seinen Siegeszug durch **Franken** und **Bayern**. Er ließ sich im Stift Würzburg huldigen, fand in der eroberten Festung **Marienburg** große Schätze, begab sich nach **Frankfurt**, besetzte **Mainz**, **Worms** und **Speyer**, wandte sich dann gegen Bayern und erzwang sich bei **1632** **Rain** im April 1632 den Uebergang über den **Lech**, wobei Tilly eine tödtliche Wunde erhielt, an welcher er 15 Tage später in Ingolstadt starb *). Bayern lag nun dem Feinde offen. Ungehindert zog Gustav Adolf festlich in **Augsburg** ein, ließ sich daselbst huldigen, belagerte sodann Ingolstadt eine Zeit lang und wandte sich hierauf über **Landshut** und **Freising** gegen **München**, woselbst er am 17. Mai seinen Einzug hielt.

<small>Landshut mußte 100,000, Freising 30,000 und München 300,000 Thlr. Contribution zahlen, und in letzterer Stadt fielen außerdem noch 8000 Uniformen und 140 Kanonen**), die im Zeughause versteckt waren, als willkommene Beute in Gustav Adolf's Hände.</small>

In dieser Bedrängniß bat der in **Regensburg** verweilende Kurfürst Max den Kaiser um Hilfe, und letzterer trug auch seinem inzwischen wieder berufenen Feldherrn Wallenstein auf, sich mit dem Heere des Kurfürsten zu vereinigen.

Wallenstein aber, der den Oberbefehl nur nach längerem Weigern angenommen hatte — der Kaiser mußte ihm zuvor ein österreichisches Erbland und die Oberherrschaft über alle Länder

---

<small>*) Tilly starb als Greis von 73 Jahren. Sein Aeußeres war abschreckend: magere Gestalt, mittlere Größe, gerunzelte Stirn, borstiges Haar, finsterer Blick, lange Nase, hohle Wangen, spitzes Kinn mit starkem Knebelbart. Trotz seiner Härte und Roheit, die er mit allen Feldherrn jener Zeit (Gustav Adolf ausgenommen) theilte, war er doch ein ehrenwerther Charakter, denn er war stets nüchtern und enthaltsam im Genuß jeglicher Art, und durch seine Uneigennützigkeit — er verschmähte es, sich mit Geld und Gütern zu bereichern oder Titel und höhere Würden anzunehmen — erscheint er als das gerade Gegentheil von Wallenstein.

**) In der größten, Sau genannt, befanden sich 30,000 Dukaten.</small>

versprechen, die er erobern würde —, kümmerte sich zunächst weder
um die Bitten Maximilian's, noch um die Befehle seines Kaisers,
sondern zog zuerst nach Böhmen, und erst, nachdem er die Sachsen aus diesem Lande vertrieben hatte, näherte er sich langsam den
bayerischen Grenzen und stieß bei Nürnberg auf Gustav Adolf's
Heer. Elf Wochen lagen sich hier die beiden Heere gegenüber,
und nachdem Gustav Adolf, der Nürnberg besetzt hielt, das feste
Lager Wallenstein's bei Zirndorf mehrmals vergeblich bestürmt
hatte und alle Nahrungsmittel in und um Nürnberg verzehrt
waren, brach er wieder nach Bayern auf, Wallenstein aber nach
Sachsen. Der Hilferuf des Kurfürsten von Sachsen rief aber
auch Gustav Adolf dahin, und bei **Lützen** kam es am 6. November 1632 zur Entscheidungsschlacht. Gustav Adolf fiel, seine 1632
Schweden aber siegten, und Wallenstein mußte das Schlachtfeld
räumen und sich nach Böhmen zurückziehen.

Gustav Adolf's Tod war ein unersetzlicher Verlust für die
Sache der Protestanten, denn obwohl sein Kanzler, Axel Orenstierna, der die Leitung der ganzen Angelegenheit übernahm,
sich durch Umsicht, Klugheit und Festigkeit auszeichnete, so riß
doch bald manche Uneinigkeit ein, und durch das Heilbronner
Bündniß im April 1633 blieben nur die protestantischen Stände 1633
in Schwaben, Franken und am Rhein bei Schweden. Prinz
Bernhard von Weimar, der mit dem Herzogthum Franken
und mit den Bisthümern Bamberg und Würzburg belehnt wurde,
und der schwedische General Horn erhielten durch dies Bündniß
den Oberbefehl über das schwedisch-deutsche Heer, und Orenstierna
sollte in Kriegssachen die oberste Entscheidung haben, mußte aber
zuvor die Meinung eines ihm beigesetzten Bundesrathes erholen.
Bernhard und Horn besetzten nun Schwaben, verwüsteten Bayern
vom Lech bis zur Isar, sowie die Oberpfalz vier Monate lang
schrecklich und eroberten sogar Regensburg; Wallenstein aber
lag unthätig in Böhmen, zog aus Groll gegen Maximilian, der
sich mit seiner Regierung in Braunau befand, nicht gegen die
Schweden und ließ sich sogar in verdächtige Unterhandlungen mit
Sachsen, Brandenburg und Orenstierna ein. Es schien, als wolle
sich Wallenstein mit Hilfe Schwedens und Frankreichs die Krone
von Böhmen verschaffen, und so brachten es seine vielen Feinde
in Wien bald dahin, daß ihn der Kaiser, wiewohl ungern, für
einen Verräther erklärte, ihn seines Oberbefehls entsetzte und
diesen einstweilen an Gallas übertrug. Auf dieses hin zog sich

10

Wallenstein nach Eger zurück, und hier ermordete ihn am 25.
1634 Februar 1634 auf Veranstalten des Obersten Buttler der Hauptmann Deveroux mit einer Hellebarde. Seine vielen Güter aber wurden eingezogen und unter seine Verräther vertheilt.

Den Oberbefehl über das kaiserliche Heer erhielt nun der römische König Ferdinand, in Wirklichkeit aber der General Gallas, der die Schweden aus Bayern vertrieb und ihnen nach seiner Vereinigung mit dem bayrischen Heer unter Johann von
1634 Werth bei Nördlingen 1634 eine gänzliche Niederlage beibrachte. Horn wurde gefangen, die Fürsten von Baden und Württemberg mußten als Mitglieder des Heilbronner Bundes nach Straßburg fliehen, Schwaben und Franken wurden von den Kaiserlichen besetzt und arg verwüstet, und Bernhard von Weimar zog sich nach Lothringen zurück. Sachsen aber schloß mit dem
1635 Kaiser den Prager Separatfrieden, durch welchen es Bestätigung des Passauer Vertrages und des Augsburger Religionsfriedens, auf 40 Jahre den ruhigen Besitz der vor 1627 eingezogenen Kirchengüter und die Ober- und Niederlausitz als Mannslehen erhielt. Diesem Frieden traten bald die meisten protestantischen Fürsten und Städte bei, und nur Hessen-Cassel, Württemberg und Baden blieben Schweden treu.

77. Fünfte Periode: Der schwedisch-französisch-deutsche Krieg. 1636—1648.

Nach dem Prager Frieden hoffte jedermann, daß der verderbliche Krieg, der fast ganz Deutschland zur Wüste gemacht hatte, bald völlig enden würde; allein diese Hoffnung wurde bitter getäuscht. Frankreich, das längst schon die Uebermacht Habsburgs zu brechen suchte, glaubte jetzt die Rheingrenze für sich erwerben zu können; der französische Minister, Cardinal Richelieu, brachte ein Bündniß mit Schweden und mit Bernhard von Weimar zu Stande; mit französischem Gelde wurden neue Heere gewonnen und die Länder an der Elbe, Weser, Oder, am Rhein und an der Donau schrecklich verwüstet, und aus dem Religionskrieg war ein Eroberungs- und Plünderungskrieg geworden. Oberfeldherren der Schweden waren nun kurz aufeinander Banner, Torstenson und Wrangel; Turenne und Condé führten das französische Heer an der Spitze des kaiserlichen Heeres standen Piccolomini und Gallas, und die Bayern wurden von Werth und Mercy geführt.

1636 verwüstete Banner nach seinem Siege bei Wittstock (in Brandenburg) das abtrünnige Sachsen; 1637 bestieg nach dem Tode Ferdinand's II. dessen Sohn **Ferdinand III.**, (von 1637—1657) den deutschen Kaiserthron, und 1638 starb Bernhard von Weimar, nachdem er Elsaß für Frankreich in Besitz genommen hatte, plötzlich in Neuburg am Rhein.

1641 erschien Banner vor Regensburg, hätte fast den Kaiser und den ganzen Reichstag gefangen genommen und verwüstete dann Bayern und die Oberpfalz zwei Monate lang, und während sodann nach seinem Tode Torstenson, trotzdem er von der Gicht geplagt ward, dreimal Deutschland von Schleswig bis gegen Wien durchzog und in Schrecken setzte und mehrere Siege über die Kaiserlichen davontrug, kämpften die Bayern siegreich gegen die Franzosen, so z. B. 1643 bei Tuttlingen und 1645 bei Herbsthausen (unweit Mergentheim). In der Schlacht bei Allersheim (bei Nördlingen) verlor aber Mercy 1645 Schlacht und Leben, und nun brach eine schwere Zeit über Bayern herein. Schweden und Franzosen drangen 1646 ungehindert in Bayern ein und brachten es durch ihre Verheerungen so weit, daß Max sich vom Kaiser trennte und 1647 einen Waffenstillstand mit ihnen abschloß, und als er nach Abzug der Feinde sofort wieder als Freund Oesterreichs auftrat, brachen Turenne und Wrangel abermals verwüstend in Bayern ein.

Schon seit 1643 verhandelten auf Ferdinand's Betreiben die Gesandten der kriegführenden Mächte in den westfälischen Städten Münster und Osnabrück; allein Frankreich mußte durch Ränke aller Art den Abschluß des Friedens stets zu verzögern, und so kam erst am 24. October 1648, als eben der schwedische **1648** General Königsmark einen Theil von Prag erobert hatte, der sogenannte **westfälische Friede** zu Stande.

Durch denselben bekam

Frankreich: außer den schon im schmalkaldischen Kriege besetzten Stiftern Metz, Toul und Verdun, den österreichischen Theil des Elsaßes, den Sundgau, Breisach und Philippsburg;

Schweden: Vorpommern, Rügen, einen Theil von Hinterpommern, Wismar, Bremen und Verden unter deutscher Oberhoheit und fünf Millionen Thaler;

Sachsen: die Lausitz und vier magdeburgische Aemter;

10*

Brandenburg: das übrige Hinterpommern und die Bisthümer
Magdeburg, Halberstadt, Minden und Kamin.

Bayern durfte die Kurwürde und die Oberpfalz behalten; die
Unterpfalz aber mußte es herausgeben, und diese, sowie die
neu errichtete achte Kurwürde kam an

Karl Ludwig, den Sohn des verstorbenen Kurfürsten Friedrich V.

Die übrigen Staaten bekamen ihren früheren Besitzstand
wieder, und die Schweiz und die Niederlande wurden als
selbständige Staaten anerkannt.

In Religionssachen wurde der Passauer Vertrag und
der Augsburger Religionsfriede bestätigt und auch auf die Reformirten ausgedehnt und bezüglich des Besitzes der geistlichen
Güter und des Rechtes freier Religionsübung 1624 als Normal-
jahr angenommen.

Allen deutschen Fürsten wurde Landeshoheit und das Recht
zugestanden, Bündnisse unter sich und mit fremden Mächten zu
schließen, jedoch nicht gegen Kaiser und Reich; der Reichstag erhielt gesetzgebende Gewalt, und das Reichskammergericht wurde
gleichmäßig besetzt.

Deutschland war also in politischer Beziehung von
einem Bundesstaat zu einem Staatenbund herabgesunken und bestand nun aus mehr als 300 größeren und kleineren, geistlichen
und weltlichen, monarchischen und republikanischen Staaten. Die
Macht des Kaisers war gleich Null; Frankreich aber fuhr fort,
Deutschlands Schwäche zu seiner Vergrößerung zu benützen.

Aus dem blühenden Deutschland war eine wilde
Einöde geworden, und Veröung und Verwüstung herrschte auch
auf geistigem und auf sittlichem Gebiete. Kaum die
Hälfte der Bevölkerung war noch vorhanden, und Ackerbau, Ge-
werbfleiß und Handel lagen tief darnieder. Statt volkreicher
Städte und Dörfer sah man Aschenhaufen und Ruinen, statt Felder
und Wiesen — mit Unkraut und Buschwerk überzogenes Land,
und im ganzen Reiche gab es zahlreiche Bettler, Landstreicher,
Räuber und Mörder.

78. Wissenschaft, Kunst und Handel seit 1517.

Mit dem Beginn der Reformation und der Wiederbelebung
des klassischen Alterthums nahmen Wissenschaft und Bildung einen
gewaltigen Aufschwung. Der gesammte Schulunterricht wurde

wesentlich verbessert, und in allen Gebieten des Wissens verließ man den Weg der Ueberlieferung und suchte an den Quellen Belehrung. Luther wurde durch seine Bibelübersetzung der Vater der neuhochdeutschen Sprache; um Hebung des Schulunterrichts machten sich außer Luther besonders Melanchthon, Sturm und Camerarius verdient; Copernikus und Keppler leisteten Vorzügliches in der Astronomie*); Theophrastus Paracelsus und Johann Agricola aus Gunzenhausen waren berühmte Chemiker und Aerzte; Otto von Guerike erfand die Luftpumpe und Elektrisirmaschine, und Johannes Thurmayer, genannt Aventinus, schrieb die erste bayrische Geschichte. Als aber sodann der 30jährige Krieg über Deutschland hereinbrach, da gieng es mit Wissenschaft und Bildung rasch wieder rückwärts. Alle Schulen leerten sich; Roheit, Aberglaube und Irreligiosität nahmen überhand, und zu keiner Zeit gab es so viele Hexenprocesse als zur Zeit dieses Krieges. Jedermann schwebte in Gefahr, der Hexerei beschuldigt zu werden, und kein Alter, kein Stand und kein Geschlecht wurde ausgenommen. Im Würzburgischen z. B. wurden in 2 Jahren 158 Personen als Hexen verbrannt, darunter 1 Rathsherr, 4 Chorherren und sogar ein blindes Mädchen, und die Zahl aller Opfer, die dieser Aberglaube forderte, beträgt mindestens 100,000.

Auch auf einige Zweige der **Dichtkunst** übte die Reformation einen erfreulichen Einfluß. Sebastian Brandt (1458—1521), Thomas Murner (1476—1536) und Johann Fischart (um 1670), welche sämmtlich in Straßburg lebten, geißelten in dieser Zeit der größten Gegensätze und Widersprüche mit den schärfsten Waffen der Satyre die Fehler und Gebrechen aller Stände; Hans Sachs, Erasmus Alberus, (†1553) und Burkhard Waldis, † 1555 als Pfarrer zu Abterode am Meißner, pflegten mit Erfolg die Fabel, und die tiefsinnigen, kraftvollen und edlen Kirchenlieder, welche Luther, Decius, Hermann, Nicolai, Paul Gerhard, Neumark, Rist u. a. zwischen 1520—1676 dichteten, sind nicht nur ein Ehrenschmuck der evan-

---

*) Copernikus, geboren 1473 zu Thorn, wurde der Entdecker des wahren Sonnensystems, und Keppler, geboren zu Weil in Württemberg 1571, durch seine Bewegungsgesetze der Planeten der Vater der neueren Sternkunde.

gelifchen Kirche, fondern der gefammten beutfchen
Lyrik.

In allen übrigen Formen der Poefie wurde in diefer Pe=
riode nichts Wefentliches geleiftet, und Martin Opiz verdient
nur beßhalb Erwähnung, weil er durch fein Buch „von der deut=
fchen Poeterei" (1624) und zwar durch die Beftimmung, daß
im deutfchen Verfe gerade fo regelmäßig zwifchen Hebung und
Senkung gewechfelt werden müffe, wie im antiken Verfe zwifchen
den Längen und Kürzen, fich großes Verdienft um die Metrik
erwarb, denn diefe von ihm aufgeftellte Regel gilt noch heute.

Als **Maler** zeichneten fich in der erften Zeit diefer Periode
befonders Lucas Kranach (1472—1553) und Hans Holbein b.
J. (1498—1554) aus; allein fchon ihre Schüler vermochten fie
nicht mehr zu erreichen, und bald nahm die deutfche Malerei
immer mehr italienifches Gepräge an.

Die **Induftrie** und der **Handel** Deutfchlands erlitten durch
die Entdeckung Amerikas und des Seeweges nach Oftindien einen
argen Stoß, und als bald nachher die nordifchen Reiche fich gänz=
lich von der Hanfa emancipirten, als Dänemark den Sund und
Holland die Schelde und den Rhein fperrte, als Englands Han=
delsmacht fich immer mehr entfaltete und fchließlich auch der
breißigjährige Krieg mit allen feinen Schrecken und ungeheuren
Verluften über Deutfchland hereinbrach: da war der Handel
Deutfchlands auf lange hinaus vernichtet*). London, Amfterdam
u. a. waren die lachenden Erben, und erft nach und nach erhoben
fich Hamburg, Lübeck und Bremen, fowie Frankfurt am Main
und Leipzig (und . in Bayern Nürnberg und Augsburg) wieder
zu einiger Bedeutung.

---

*) Es fehlte nach dem dreißigjährigen Kriege fowohl an Producenten
als auch an Confumenten; denn gegen 10 Millionen Menfchen hatten durch
denfelben ihr Leben verloren. In Nordheim (in Südhannover) zählte man
nach dem Kriege nur noch 150, darunter nur 40 fteuerzahlbare Bürger; in
Augsburg war die Einwohnerzahl von 80,000 auf 20,000 herabgefunken;
viele kleinere Städte, Dörfer und Weiler ftanden ganz leer, und an ver=
brannten Ortfchaften zählte man z. B. in Württemberg 45 Dörfer, 8 Städte,
65 Kirchen, gegen 4000 andere Häufer 2c. und in Heffen 200 Dörfer, 17
Städte, 47 Schlöffer u. f. w.

Siebenter Zeitraum.

Vom westfälischen Frieden bis zur Auflösung des römisch-deutschen Reiches. 1648—1806.

(Bayern ein Kurfürstenthum.)

79. Leopold I., 1658—1705, und die Kriege mit Ludwig XIV. von Frankreich und mit den Türken.

Frankreich, das nach dem westfälischen Frieden durch List und Gewalt bald der einflußreichste Staat Europa's wurde, trat unter dem ehrgeizigen und eroberungslustigen König Ludwig XIV. (v. 1643—1715) immer offener mit seinen Absichten auf die Rheingrenze hervor, und daß es ihm nicht gelang, nach Ferdinand's III. Tode die deutsche Kaiserkrone für sich zu gewinnen, haben wir nur dem Kurfürsten Friedrich Wilhelm von Brandenburg zu verdanken. Mit aller Kraft trat dieser der anmaßenden Bewerbung Ludwig's entgegen und brachte es dadurch so weit, daß 1658 Leopold I., Ferdinand's Sohn, deutscher Kaiser wurde. Freilich war auch diese Wahl keine besonders glückliche, und es zeigte sich dies besonders in den Kriegen mit Frankreich, die, da sie Frankreich ohne allen rechtlichen Grund anfing und führte, nicht mit Unrecht die Raubkriege genannt werden.

Erst griff Ludwig 1667 Spanien und die Niederlande an und erzwang sich 1668 die Abtretung von 12 Festungen in Flandern. Dann wollte er Rache an Holland nehmen, das ihn von größeren Erwerbungen abgehalten hatte, und **1668**

1672 so begann 1672 der holländisch=deutsche Krieg. Ludwig's Heere drangen unter Condé und Turenne siegreich in Holland ein. Die Holländer aber durchstachen ihre Dämme und behaupteten sich sodann gegen Turenne und den Marschall von Luxemburg, bis ihnen Kurfürst Friedrich Wilhelm, der recht wohl einsah, daß in Holland zugleich Deutschland vertheidigt werde, zu Hilfe kam. Der mit diesem verbündete Kaiser betrieb aber den Krieg äußerst flau, verbot seinem General Montekukuli, die Franzosen anzugreifen, und ließ durch die rheinischen Fürsten Friedrich Wilhelm solche Schwierigkeiten bereiten, daß sich dieser endlich genöthigt sah, 1673 mit Frankreich einen Neutralitätsvertrag abzuschließen. Als aber hierauf der immer übermüthiger werdende Ludwig XIV. auch deutsche Länder und besonders die Pfalz besetzen und durch Turenne schrecklich verheeren ließ*): da machte endlich der Kaiser Ernst, und auch Friedrich Wilhelm eröffnete wieder den Krieg. Kaum war letzterer jedoch am Rhein angelangt, so fielen die mit Frankreich verbündeten Schweden verheerend in Brandenburg ein, und als sodann auch die Polen Miene machten, es den Schweden nachzumachen, da kehrte der große Kurfürst rasch nach Hause zurück, schlug am 18.

1675 Juni 1675 die ihm an Zahl überlegenen Schweden glänzend bei Fehrbellin in der Mittelmark, eroberte 1678 auch Rügen, Stralsund und Greifswalde und legte dadurch den Grund zur künftigen Größe Preußens. Unterdessen hatte aber auch im Westen der Kampf fortgewüthet, und die Franzosen mußten nach ihrem Verluste bei Saßbach am Rhein 1675 sich auf's linke Rheinufer zurückziehen. Und als endlich das mit Frankreich verbündete England, nachdem es durch die holländischen Seehelden de Ruyter und Tromp dreimal besiegt worden war, mit Holland Frieden schloß und sogar mit gegen Frankreich zog: da fand es

1679 Ludwig gerathen, 1679 den **Nymweger Frieden** zu schließen. Er gab an Holland alle Eroberungen zurück, erhielt von Spanien die Freigrafschaft Burgund und 16 feste Plätze in Flandern und Hennegau und vom Kaiser Freiburg im Breisgau, und bewirkte, daß auch Friedrich Wilhelm diesem Frieden beitreten

---

*) Als Kurfürst Karl Friedrich von der Pfalz von Mannheim aus sein Land ringsum in Flammen sah, überschickte er Turenne eine Herausforderung zum Zweikampf, die dieser jedoch auf Befehl seines Königs nicht annahm.

und fast ganz Pommern wieder an Schweden herausgeben mußte.

Bald regte sich in Ludwig die Lust nach weiteren Annexionen. Er riß deshalb durch die sogenannte **Reunion** gegen 600 Städte und Dörfer, darunter Zweibrücken, Saarbrück u. a., unter dem Vorgeben an sich: sie gehörten zu den durch die Friedensschlüsse von 1648 und 1679 an Frankreich abgetretenen Territorien, und hiermit noch nicht zufrieden, nahm er am 30. September 1681 mitten im Frieden auch die **Reichsstadt Straßburg** in Besitz. Ganz Deutschland war darüber empört, der Kaiser aber schloß, da zu derselben Zeit die von Ludwig aufgereizten Türken in Oesterreich einfielen, zu Regensburg einen zwanzigjährigen Waffenstillstand mit Frankreich, durch welchen alle reunirten und geraubten Orte Ludwig verblieben. **1681**

Mittlerweile waren die Türken unter Anführung des beutelustigen Großveziers **Kara Mustapha** durch Ungarn vorgedrungen, und im Juli 1683 langten sie, 200,000 Mann stark, vor Wien an. Kaiser Leopold floh nach Linz; der wackere Commandant aber, Graf **Rüdiger von Stahremberg**, sowie die geringe Besatzung und die Bürger leisteten den entschlossensten Widerstand. Allein trotzdem hätte sich Wien nach zweimonatlicher Belagerung ergeben müssen, wenn nicht noch zur rechten Zeit das von Karl von Lothringen, dem Kurfürsten Max Emanuel von Bayern u. a. befehligte Reichsheer und das damit vereinigte polnische Heer unter dem tapferen Polenkönig Johann Sobiesky, zusammen 64,000 Mann, die Stadt entsetzt und die Türken in die Flucht geschlagen hätten. **1683**

Damit war jedoch der Türkenkrieg noch nicht beendet, sondern währte noch volle 13 Jahre. 1686 entriß Max Emanuel als kaiserlicher Oberfeldherr den Türken das feste Ofen, und 1688 eroberte er das wichtige Belgrad, den Schlüssel zur Türkei; Karl von Lothringen siegte 1687 bei Mohacz und Ludwig von Baden 1691 bei Salankemen an der Theißmündung. Der größte Held dieses Krieges war aber bald Prinz Eugen von Savoyen, der edle Ritter, und nachdem durch seinen glänzenden Sieg bei Zentha an der Theiß 1697 fast das ganze Türkenheer seinen Untergang gefunden hatte, verstand sich die Pforte 1699 zu dem Frieden zu Karlowitz in Slavonien, wodurch Siebenbürgen und alles Land zwischen der Donau und Theiß an Oesterreich, Morea und Dalmatien aber an Venedig kam. **1699**

Ludwig XIV. hatte indessen einen neuen Vorwand zum Kriege gefunden. Als nämlich 1685 der Kurfürst Karl von der Pfalz ohne Kinder starb, machte er im Namen einer Schwester desselben, der Herzogin von Orleans, Erbschaftsansprüche auf mehrere pfälzische Fürstenthümer und eröffnete sofort den dritten Raubkrieg. Ein französisches Heer unter dem Mordbrenner Melac rückte in der Pfalz ein und wüthete daselbst und in den benachbarten Ländern (Baden, Württemberg und Mainz) schrecklicher, als ehedem die Hunnen. Gegen 1200 Städte und Dörfer, darunter Heidelberg, Mannheim, Kreuznach, Alzey, Worms, Speyer u. a., wurden geplündert und niedergebrannt, und im Dome zu Speyer zerstörten die Franzosen sogar die Gräber der salischen Kaiser, raubten die silbernen Särge und alle Kostbarkeiten und zerstreuten die kaiserlichen Gebeine unter Hohn und Spott.

Diese Gräuel hatten die Erklärung des Reichskrieges 1689 zur Folge, und auch Holland, Spanien und Savoyen zogen mit gegen Frankreich. Allein dieses kämpfte glücklich gegen alle Feinde, und Ludwig's Generäle siegten bei Fleurus 1690 über die Deutschen, bei Tournay 1691 über das spanisch-niederländische Heer, bei Neerwinden 1693 über die Holländer, bei Dieppe über die holländisch-englische Flotte und bei Marseille über den Prinzen Eugen von Savoyen. Da aber die entscheidende Seeschlacht bei dem Vorgebirge La Hogue sich für die Flotte der Verbündeten entschied, die fortwährenden Kriege Frankreichs Finanzen immer mehr zerrütteten und die bevorstehende Erledigung des spanischen Thrones Ludwig's ganzes Interesse in Anspruch nahm und große Vorkehrungen nöthig machte: so zeigte sich Frankreich zum Frieden geneigt. Zu **Ryswick**, einem Schlosse **1697** bei Haag, kam derselbe 1697 zu Stande, und Ludwig war diesmal unerwartet großmüthig. Er gab alle neugemachten Eroberungen, sowie die früher erhaltenen Orte Breisach, Freiburg, Kehl und Philippsburg heraus und ließ sich für die Erbansprüche seiner Schwägerin mit Geld abfinden. Alle reunirten Orte, sowie Straßburg blieben jedoch in seinen Händen, und überall, wo er die katholische Religion unterdessen mit Gewalt eingeführt hatte, was in 1922 pfälzischen Orten der Fall war, mußte dieselbe erhalten werden.

In diese Zeit fällt auch die Standeserhöhung mehrerer deutschen Fürsten. In Schweden bestieg mit Karl X., dem

Sohne des pfälzischen Prinzen Johann Casimir und der Stief=
schwester Gustav Adolfs, im Jahre 1654 die Linie Pfalz=Zwei=
brücken den Thron und besaß denselben bis 1718. Herzog
Ernst August von Braunschweig=Lüneburg erhielt vom Kaiser
Leopold 1692 die Würde eines Kurfürsten von Hannover,
und dessen Sohn Georg I. bestieg 1714 den englischen Kö=
nigsthron. (Hannover wurde dadurch eine Art britische Provinz
und erhielt erst 1837 wieder seinen eigenen Fürsten.) Und als
1697 der edle Polenkönig Johann Sobiesky starb, wurde der
sächsische Kurfürst Friedrich August II., der Starke, dessen
Nachfolger, mußte aber zuvor zum katholischen Glauben über=
treten.

80. Der spanische Erbfolgekrieg. 1701—1714.

In Spanien saß zu Ende des 17. Jahrhunderts der kin=
derlose Karl II. auf dem Thron, und es hatte derselbe den Enkel
seiner an den Kaiser Leopold von Oesterreich verheiratheten Schwe=
ster, den bayrischen Prinzen Joseph Ferdinand Leopold,
Sohn Max Emanuels, zu seinem Nachfolger ernannt. Leider
starb derselbe aber schon 1699, und als ein Jahr später auch
Karl II. starb, so entstand wegen der Erbfolge ein gewaltiger
Kampf. Nach früheren Verträgen war Kaiser Leopold der
nächste Erbe; aber Ludwig XIV. hatte es dahin zu bringen
gewußt, daß sein Enkel Philipp von Anjou von dem schwach=
sinnigen Karl II. in einem geheimen Testament zum Universalerben
des gewaltigen spanischen Reiches eingesetzt ward. Leopold
wollte jedoch nicht gutwillig auf sein Recht verzichten, und so griff
denn Oesterreich wie Frankreich zu den Waffen. Allein auch
den übrigen Mächten Europa's konnte es nicht gleichgültig sein,
wer der künftige Herrscher Spaniens sei, und so fanden beide
Kämpfer Verbündete. England und Holland, sowie die meisten
deutschen Fürsten — später auch Savoyen und Portugal — ver=
einigten sich mit Leopold, der die spanische Krone für seinen
zweiten Sohn Karl beanspruchte; der Kurfürst von Bayern aber
und dessen Bruder, der Erzbischof von Köln, hielten es — Dank
den westfälischen Friedensbedingungen — mit Frankreich.

In Bayern folgte nach Max I. Ferdinand Maria (von 1651—
1679), der sorgfältig jeden Krieg vermied und unter dessen Regierung das
durch den 30jährigen Krieg arg zerstörte Land halb wieder aufblühte. Als

aber sodann der kriegerisch-kühne **Max Emanuel** (1679—1726) den Thron bestieg, begann für Bayern wieder eine unruhige Zeit. Erst kämpfte er für Oesterreich mit Leib und Leben gegen die Türkei, und erwarb er sich dadurch die Hand der Kaisertochter; da aber Leopold ihm gegenüber immer zurückhaltender wurde und sich immer undankbarer bewies, so trat Max Emanuel um so lieber auf Frankreichs Seite, als dieses ihm für den Fall des Sieges das Königreich der Niederlande versprach, über welches er schon 1691 zum unumschränkten Statthalter mit einem monatlichen Gehalt von 75,000 Thlr. ernannt worden war. Diese Statthalterschaft war jedoch für Bayern kein Segen, denn Max Emanuel lebte in Brüssel, wo mancher Kaufmann ein größeres Einkommen hatte, als der König, mit solchem Aufwande, daß es in Bayern halb hieß: „Unser Kurfürst brockt den Niederländern sein Bayern zu," und daß trotz doppelter Steuern die Schuldenlast Bayerns sich von Jahr zu Jahr vermehrte.

1701 begann der Krieg, und zwar anfangs zu Gunsten Frankreichs. In Italien eroberte Vendome Piemont und die Lombardei, und Max Emanuel eroberte die Festung Ulm und Regensburg, drang sodann in Tyrol ein, nahm Kufstein und Innsbruck, und suchte sich mit den Franzosen zu vereinen. Allein ein Aufstand der wackern Tyroler nöthigte ihn zum Rückzuge, und 1704 begann das Unglück für Bayern und Frankreich. Ein großes österreichisches Heer unter Prinz Eugen vereinigte sich in Württemberg mit der Reichsarmee unter Ludwig von Baden und mit einem englisch-holländischen Heere unter Marlborough, und nun erfolgten die für Bayern und Frankreich so unglücklichen Schlachten am Schellenberg bei Donauwörth (am 2. Juli) 1704 und bei Hochstädt und Blindheim (am 13. August). Max Emanuel rettete sich mit wenig Getreuen nach den Niederlanden; Bayern aber, das wehrlos den Siegern preisgegeben war, kam unter österreichische Administration und wurde unbarmherzig gedrückt.

Jeder Hausvater mußte z. B. außer den gewöhnlichen Abgaben wöchentlich 4½ Gulden Kriegssteuer zahlen und bekam 2 Mann Einquartierung.

Der Kurfürstin Therese, einer Tochter des Polenkönigs Sobiesky, ließ man blos das Rentamt München, und als sie ein Jahr später zur Stärkung ihrer zerrütteten Gesundheit nach Venedig reiste, wurde sie nicht mehr über Bayerns Grenzen gelassen, sondern nach Klagenfurt gebracht.

Ganz Bayern behandelte man nun als eine österreichische Provinz; als aber

Kaiser Joseph I., von 1705—1711,

der seinem Vater in der Kaiserwürde folgte, sogar 12,000 junge Bayern gewaltsam für Oesterreich ausheben ließ, da war das Maß der Verzweiflung voll, und von den Alpen bis zum Böhmer= wald ertönte das Losungswort: „Lieber bayerisch sterben, als österreichisch verderben!" Ueberall sammelten sich streit= bare Männer zur Rettung des Vaterlandes, und unter Anführung der Studenten Plinganser und Meindl u. a. zogen sie gegen München, um die Oesterreicher zu vertreiben. Anfangs erwarben sich die Bayern — gegen 24,000 Mann — manche Vortheile; denn Burghausen, Braunau, Schärding, Kelheim und andere Städte fielen in ihre Hände; als aber der österreichische General Kriechbaum mit seinem geordneten Heere gegen sie zog, vermoch= ten die schlecht bewaffneten Landleute nicht Stand zu halten und wurden überall geschlagen und zersprengt. Gegen 6000, welche die zu München gefangen gehaltenen bayrischen Prinzen befreien wollten, wurden im Kirchhofe zu Sendling, ½ Stunde von München, nach tapferer Gegenwehr zum größten Theil aufgerieben, und einen zweiten Haufen ereilte am 8. Januar 1706 dasselbe Schicksal bei Aidenbach, unweit Vilshofen. Damit war der Aufstand niedergeschlagen, und Kaiser Joseph belegte nun Max Emanuel mit der Reichsacht, führte dessen Söhne als Ge= fangene nach Klagenfurt, gab die Oberpfalz sammt der Kur= würde dem Kurfürsten von der Pfalz zurück, verlieh dem engli= schen General Marlborough die Herrschaft Mindelheim, er= hob Donauwörth wieder zur Reichsstadt und machte so eine Wiederherstellung Bayerns fast zur Unmöglichkeit.

Auch für Ludwig XIV. war das Jahr 1706 ein sehr un= **1706** glückliches; denn durch Marlborough's Sieg bei Ramillies giengen die spanischen Niederlande und durch Eugen's Sieg bei Turin ganz Mailand, Neapel und Sardinien für Philipp von Anjou verloren.

Nach diesen Verlusten war Ludwig sehr zum Frieden ge= neigt; allein die siegreichen Verbündeten wiesen seine Anträge zurück und drangen immer weiter vor. Bei Oudenarde an der Schelde siegten hierauf 1708 Eugen und Marlborough **1708** nochmals glänzend über die Franzosen, und da bald nachher sich auch die für unüberwindlich gehaltene Festung Lille ergeben mußte, so war Ludwig bereit, nicht nur auf die ganze spanische Erbschaft zu verzichten, sondern auch Elsaß und Straß=

burg herauszugeben. Das übermüthig gewordene Oesterreich war jedoch auch damit nicht zufrieden, sondern verlangte, Ludwig müsse seinen eigenen Enkel aus Spanien, wo sich dieser mit Erfolg als König behauptete, vertreiben helfen. Ludwig wagte in Folge dessen noch eine Schlacht, aber auch diese — **1709** bei Malplaquet (unweit Mons) — gieng für ihn verloren, worauf er sein früheres Anerbieten erneuerte und außerdem noch monatlich 1 Million Livres Hilfsgelder zur Vertreibung seines Enkels zu zahlen versprach.

Oesterreich beharrte jedoch auch jetzt bei der empörenden Forderung des Krieges gegen den Enkel, und Ludwig hätte sich schließlich fügen müssen, wenn nicht plötzlich zwei äußerst günstige Umstände für ihn eingetreten wären.

In England hatte nämlich ein Ministerwechsel die Entsetzung Marlborough's vom Oberbefehl und dessen Zurückberufung nach England zur Folge, und als bald darauf Kaiser Joseph I. ohne männliche Nachkommen starb und sein Bruder **Karl VI.**, für den die spanische Erbschaft begehrt ward, nicht nur Oesterreich erbte, sondern auch Kaiser wurde, so fürchteten die mit ihm verbündeten Mächte — England, Holland, Preußen, Savoyen und Portugal —, Habsburg möchte wieder so mächtig werden, wie unter Karl V., und schlossen mit Frank- **1713** reich 1713 den Frieden zu **Utrecht.** Durch diesen erhielt Philipp Spanien und alle außereuropäischen Länder, Karl VI. die spanischen Niederlande, Neapel, Sardinien und Mailand, England Gibraltar, Minorka und französische Besitzungen in Nordamerika, Savoyen Sicilien als ein Königreich, und Preußen Obergeldern, Neufchatel und Valengin in der Schweiz und allgemeine Anerkennung seiner Königswürde.

Kaiser Karl VI. war hiermit nicht einverstanden und kämpfte allein weiter. Nach mehreren Verlusten schloß jedoch auch er (zu Rastadt 1714) mit Frankreich Frieden,*) trat den Utrechter Bestimmungen bei und gab den beiden Kurfürsten von Bayern und Köln ihre Länder und Würden zurück.

Gleichzeitig mit dem spanischen Erbfolgekrieg wüthete in Rußland, Polen, Schweden ꝛc. der **nordische Krieg** von 1700—1721. Als 1697 **Karl XII.**, der letzte Regent aus der Linie Pfalz-Zweibrücken, den Thron von Schweden bestieg, vereinigten sich **Peter der Große** von Rußland (von 1689—1725), **Friedrich IV.** von Dänemark und **August**

---

*) Das deutsche Reich trat diesem Frieden zu Baden in der Schweiz bei.

II., Kurfürst von Sachsen und König von Polen, um das mächtige Schweden zu demüthigen. Sie hatten sich jedoch in der Heldenkraft des jugendlichen Karl sehr verrechnet; denn kaum hatte dieser von ihrem Bunde Nachricht erhalten, so schiffte er nach Seeland, nöthigte Dänemark zum Frieden von Travendahl (1700), eilte dann nach Ingermannland, schlug Peter den Großen bei Narwa (1700), verfolgte August II. bis nach Sachsen, und zwang ihn zum Frieden von Altranstädt (1706) und zur Verzichtung auf die polnische Krone. Nun drang Karl unaufhaltsam in Rußland ein, wurde aber 1709 von Peter dem Großen, der unterdessen die schwedischen Ostseeprovinzen erobert und 1703 den Grund zur rasch aufblühenden Stadt Petersburg gelegt hatte, bei Pultawa bis zur Vernichtung geschlagen und flüchtete sich in die benachbarte Türkei. Nach sechsjährigem Aufenthalte daselbst (zu Bender) kehrte er 1714 auf Umwegen nach Schweden zurück, erneuerte den Krieg, fand aber 1718 bei der Belagerung der Festung Friedrichshall seinen Tod. Karl's Schwester und Nachfolgerin, Ulrike Eleonore, schloß mit ihren Feinden zu Stockholm und zu Nystadt (1721) Frieden, und dadurch kam Bremen und Verden an Hannover, Vorpommern mit Stettin an Preußen, und Livland, Esthland, Ingermannland und ein Theil von Finnland an Rußland.

81. Karl VI. 1711—1740.

Kaum war der spanische Erbfolgekrieg beendet, so brach ein neuer Krieg mit den Türken aus, die Morea wieder an sich gerissen hatten. Bei Peterwardein erfocht sich Prinz Eugen 1716 neue Lorbeeren, und nachdem 1717 auch Belgrad in seine Hände gefallen war, trat die Türkei durch den Frieden zu Passarowitz 1718 den Banat, Serbien und einen Theil von der **1718** Walachei, von Bosnien und Croatien an Oesterreich ab und bestätigte auch die Eroberungen der Republik Venedig in Dalmatien und Albanien; Morea aber blieb bei der Türkei.

Nach dem Tode des Prinzen Eugen eröffnete Oesterreich abermals den Krieg mit der Türkei, allein mit so schlechtem Erfolg, daß durch den übereilten Frieden zu Belgrad 1739 der **1739** größte Theil der Errungenschaft des Jahres 1718 wieder herausgegeben werden mußte.

Noch mehr Sorgen, als die Türkenkriege, verursachte dem Kaiser die Durchführung der pragmatischen Sanktion. Da nämlich der spanische Erbfolgekrieg die Lehre gab, daß die Unbestimmtheit der Thronfolge das Glück der Völker gefährde, so suchte Karl VI., der nur eine einzige Tochter besaß, die nach den germanischen Gesetzen nicht erbberechtigt war, die Erbfolge in seinen Ländern gesetzlich festzustellen, und bestimmte, daß Oesterreich nie getheilt werden dürfe, und daß nach seinem Tode seine Tochter **Maria Theresia** die rechtmäßige Erbin sei. Zu diesem Gesetze bedurfte Karl aber der Zustimmung aller Staaten und erhielt sie meist erst nach großen Opfern. So überließ er z. B. Neapel und Sicilien, welche Insel er gegen Sardinien eingetauscht hatte, als ein selbständiges Königreich einem spanischen Prinzen und verlieh die Herzogthümer Lothringen und Bar — die Erblande seines Schwiegersohnes Franz Stephan von Lothringen, der mit dem erledigten Toskana entschädigt wurde — an den verdrängten Polenkönig Stanislaus Lescinsky, und nach dessen Tode an Frankreich.

Und alle diese Opfer waren umsonst, denn kaum hatte 1740 Karl VI. seine Augen geschlossen, so brach der österreichische Erbfolgekrieg aus, und wurden gerade Frankreich und Spanien die erbittertsten Feinde Oesterreichs. Bevor wir jedoch mit der Schilderung dieses Krieges und der damit in Verbindung stehenden schlesischen Kriege beginnen, wollen wir erst einige Blicke auf die Entwicklung des Hauses Hohenzollern werfen.

82. Die Hohenzollern von 1191—1740.

Ob die Hohenzollern, die unbedeutende Hausgüter in Schwaben besaßen, schon vor 1191 Burggrafen von Nürnberg waren, ist ungewiß; daß aber Friedrich I., der 1191 mit dem Burggrafenthum Nürnberg belehnt wurde, ein Hohenzoller war, ist sicher. Bald mehrte sich der geringe Länderbesitz dieses Hauses durch Sparsamkeit und kluge Politik, durch Verdienst und glückliche Heirathen, und schon 1363 wurde Burggraf Friedrich V. vom Kaiser Karl IV. in der Reichsfürstenwürde bestätigt und dessen Besitzungen*) zu einem Fürstenthum erhoben. Der eigentliche Gründer der hohenzollerischen Macht aber wurde Friedrich VI., der das Kur-

---

*) 1248 erbten die Hohenzollern Hof, Schauenstein, Münchberg und Rehau, und wenig Jahre später, durch Vergleich mit Bamberg, Bayreuth und Umgegend; 1331 erwarben sie Ansbach, Windsbach ꝛc., 1338 Culmbach, Plassenburg, Berneck ꝛc. und 1371—1385 Emskirchen, Schwabach, Wassertrübingen, Gunzenhausen, Feuchtwangen, Uffenheim u. s. w.

fürstenthum Brandenburg erwarb und über dieses, wie über das Fürstenthum Bayreuth=Ansbach ruhmvoll bis 1440 regierte. Auch unter seinem Sohne Albrecht Achilles (von 1440—1486) waren beide Länder noch vereinigt; Albrecht's Söhne aber theilten sich in das Erbe, und erschienen von nun an Brandenburg, Bayreuth und Ansbach als drei selbständige Länder. Bayreuth und Ansbach hatten jedoch öfters auch einen gemeinschaftlichen Regenten, und 1791 fielen beide durch einen Vertrag an das Königreich Preußen. — Ein Enkel Albrecht Achilles', der Hochmeister Prinz Albrecht von Brandenburg, wurde 1525 (s. S. 123) erblicher Fürst des Ordenslandes Preußen, und als 1618 dessen Linie ausstarb, fiel Preußen an Johann Sigismund von Brandenburg, der 1614 (s. S. 137) auch einen Theil der jülich'schen Lande mit Brandenburg vereinigte. Auch durch den westfälischen Frieden erhielt Brandenburg mehrere Besitzungen (s. S. 148), und war sodann **Friedrich Wilhelm**, der große Kurfürst (von 1640—1688), unermüdlich thätig, um in seinen Ländern die Wunden zu heilen, die der 30jährige Krieg geschlagen hatte. Er hob Ackerbau, Gewerbe, Handel, Künste und Wissenschaften, nahm die durch die Aufhebung des Ediktes von Nantes (1685) aus Frankreich vertriebenen Hugenotten in seinem Lande auf, befreite Preußen durch den Vertrag von Welau 1657 von der polnischen Oberhoheit und verschaffte sich durch seinen Sieg über die Schweden bei Fehrbellin in ganz Europa einen geachteten und 1675 gefürchteten Namen. Sein Sohn

Friedrich III. (von 1688—1713) erklärte sich mit Einwilligung des Kaisers am 18. Januar 1701 zum **König in** 1701 **Preußen**, hieß nun Friedrich I., erhielt durch den Utrechter Frieden Geldern, Neuschatel und Valengin und stiftete 1694 die Universität zu Halle und 1700 die Akademie der Wissenschaften zu Berlin.

Friedrich Wilhelm I. (1713—1740), der ein Feind aller Pracht und Verschwendung und ein Muster der größten Sparsamkeit und Enthaltsamkeit war, trug durch den Frieden zu Stockholm (s. S. 159) ebenfalls zur Vergrößerung seines von ihm trefflich regierten Landes bei und hinterließ bei seinem Tode seinem Sohne und Nachfolger

Friedrich II., dem Großen (1740—1786), ein wohlgeübtes

11

Heer von 80,000 Mann und eine reichgefüllte Schatzkammer (9 Millionen Thaler).

83. Der österreichische Erbfolgekrieg und die zwei ersten schlesischen Kriege. 1740—1748.

Kaum hatte Maria Theresia die Regierung der österreichischen Staaten angetreten, so machte Kurfürst Karl Albrecht von Bayern (von 1726—1745), Max Emanuel's Sohn, der die pragmatische Sanction nicht anerkannt hatte, in Folge früherer Verträge Erbansprüche auf Oesterreich, verband sich 1741 zu Nymphenburg mit Frankreich (bald traten auch Spanien, Neapel, Sachsen und Preußen diesem Bunde bei) und eröffnete den **österreichischen Erbfolgekrieg** (1741—1748). Er drang in Verbindung mit 25,000 Franzosen in Oberösterreich ein, ließ sich in Linz huldigen, zog bis acht Meilen vor Wien, wandte sich dann nach Böhmen und empfieng bald darauf in Prag die böhmische Krone. Als er aber sodann nach Frankfurt reiste, um daselbst die Kaiserkrone zu empfangen, vertrieben die Ungarn, die Maria Theresia um Hilfe anrief, die Bayern und Franzosen aus Oesterreich und Böhmen und eroberten sogar Bayern, und an demselben Tage, als Karl Albrecht zu Frankfurt als

Kaiser **Karl VII.** gekrönt wurde (am 17. Februar 1742), besetzten die Oesterreicher seine Hauptstadt München. Karl VII. war nun ein Kaiser ohne Land, und da er von seinen Bundesgenossen, den Franzosen, welche 1743 durch ein hannöverisch-englisches Heer unter König Georg II. bei Dettingen am Main geschlagen wurden, keine Hilfe mehr zu erwarten hatte, so wandte er sich an Friedrich II. von Preußen. Dieser gehörte ebenfalls zu den Feinden Oesterreichs und hatte kurz zuvor den ersten
1740 schlesischen Krieg beendet. Als er nämlich 1740 den Thron von Preußen bestieg, machte er begründete Ansprüche auf die vier schlesischen Fürstenthümer Brieg, Wohlau, Liegnitz und Jägerndorf, und bot dagegen seine Hilfe gegen alle andern Feinde Oesterreichs an. Maria Theresia verweigerte jedoch die Abtretung dieser Länder, und so begann der **erste schlesische Krieg** von 1740—1742. Bei Mollwitz unweit Brieg (1741) und bei Czaslau in Mähren (1742) errang Friedrich II. glänzende
1742 Siege, und hierauf schloß Maria Theresia im Juni 1742 mit ihm

ben Frieden zu **Breslau** und überließ ihm fast ganz Ober= und Niederschlesien nebst der Grafschaft Glatz.

Das hierauf beginnende Kriegsglück Oesterreichs und dessen Bündniß mit Sachsen machte jedoch Friedrich um sein eben erkämpftes Schlesien besorgt, und als bald darauf Kaiser Karl VII. ihn um Hilfe anrief, so schloß er 1744 mit mehreren Reichsstän= ben zur Wahrung der Neutralität des Reiches, zum Schutze des kaiserlichen Ansehens und zur Wiedergewinnung der Erblande Karls VII. den „Frankfurter Verein" und eröffnete den **zweiten schlesischen Krieg** von 1744—1745. Er rückte mit 100,000 Mann „kaiserlicher Hilfsvölker" in Böhmen ein, eroberte Prag und Budweis, wurde aber sodann durch den Prinzen Karl von Lothringen mit großem Verlust nach Schlesien zurück= gedrängt und befand sich zu Anfang des Jahres 1745 (nach dem Frieden zu Füssen) in einer bedenklichen Lage. Bald war Fried= rich aber wieder siegreich. Bei Hohenfriedberg, unweit Sorr in Böhmen, schlug er die Oesterreicher, und da einige Monate später Friedrichs tapferer Feldherr Leopold von Dessau auch die mit Oesterreich verbündeten Sachsen bei Kesselsdorf besiegte und Dresden besetzte, so bestätige Maria Theresia durch den Frieden zu Dresden (am 25. Dezbr.) dem König Friedrich aber= **1745** mals den Besitz von Schlesien und Glatz, wogegen Friedrich M. Theresia's Gemahl, den im October 1745 zum Kaiser ge= wählten

Franz I. (1745—1765) als solchen anerkannte.

Als Friedrich 1744 glücklich in Böhmen kämpfte, eroberte Karl VII. durch seinen General Seckendorf sein Bayern wieder und kehrte nach München zurück. Allein er kam nur, um auf heimischer Erde zu sterben (am 20. Januar 1745), und sein einziger Sohn und Nachfolger, Kurfürst Maximilian III. (von 1745—77), schloß hierauf nach dem unglücklichen Treffen bei Pfaffenhofen mit M. Theresia den Separatfrieden zu **Füssen** (April 1745), wodurch er auf die österreichische Erb= **1745** schaft verzichtete und dafür Bayern zurückerhielt.

Damit war jedoch der österreichische Erbfolgekrieg nur in Deutschland zu Ende, wüthete aber in Italien und den Nieder= landen noch mehrere Jahre fort. Bei Fontenay, Raucoux und Laffeld errang der französische Marschall Moritz von Sachsen glänzende Siege, konnte sie aber, durch Ludwig's XV. sitten= loses Hofregiment gehindert, nicht benützen. Und als endlich

11*

bte ruſſiſche Kaiſerin Eliſabeth ein Heer für Oeſterreich
an den Rhein rücken laſſen wollte, kam im Oktober 1748 der
Friede zu Aachen zu Stande, der den öſterreichiſchen Erb=
folgekrieg beſchloß. Oeſterreich erhielt von Frankreich alles
Verlorene zurück, mußte aber Parma, Piacenza und Guaſtella
an den ſpaniſchen Infanten Philipp abtreten.

1748

84. Der ſiebenjährige Krieg. 1756—1763.

Maria Thereſia konnte ihr ſchönes Schleſien nicht ver=
ſchmerzen. Ihr gewandter Rathgeber und Miniſter, der Fürſt
Kaunitz, wußte darum bald gegen Preußen, deſſen Aufſchwung
zu einer europäiſchen Großmacht vielfach Neid und Eiferſucht er=
regte, eine geheime Verbindung zwiſchen Oeſterreich, Rußland,
Frankreich, Sachſen und Schweden zu Stande zu bringen,
und das Ziel der Feinde war kein geringeres, als Preußen wie=
der zu einem Kurfürſtenthum zu machen.

Allein Friedrich erhielt durch Abſchriften geheimer Depe=
ſchen aus dem Dresdener Archiv Kunde über ſeine gefahrvolle
Lage, und da er lieber angreifen wollte, als ſich angreifen laſſen,
ſo verband er ſich mit Georg II. von England und Hanno=
ver, brachte auch die Herzöge von Braunſchweig und Gotha
und den Landgrafen von Heſſen auf ſeine Seite, fiel dann
urplötzlich mit 100,000 Mann in Sachſen ein und eröffnete ſo
1756 den ſiebenjährigen Krieg.

Er beſetzte Wittenberg, Torgau, Leipzig und andere Städte,
ſchloß ſodann das 17,000 Mann ſtarke ſächſiſche Heer bei Pirna
ein, bemächtigte ſich in Dresden der geheimen Depeſchen, die
Aufſchluß gaben über das Bündniß gegen ihn, veröffentlichte ſie
und zog dann dem den Sachſen zu Hilfe eilenden öſterreichiſchen
Feldmarſchall Brown entgegen. Bei Lowoſitz an der Elbe
in Böhmen brachte er demſelben eine gewaltige Niederlage bei,
und nun mußte ſich das ſächſiſche Heer zur Uebergabe bequemen.
Die Officiere wurden auf Ehrenwort entlaſſen, die Gemeinen aber
unter die preußiſchen Regimenter geſteckt. Damit war der erſte
Feldzug glücklich beendet; allein Friedrich befand ſich trotzdem in
einer ſchlechten Lage, denn von allen Seiten rückten gegen 450,000
Feinde gegen ihn, und er konnte denſelben trotz aller Anſtrengung
kaum 200,000 Mann gegenüberſtellen. Doch Friedrich verzagte
nicht und entfaltete eine ſolche Thätigkeit und Feldherrngröße,

1756

daß selbst seine Feinde ihm ihre Bewunderung nicht versagen konnten.

Während der treffliche Ferdinand von Braunschweig die Seite deckte, rückte Friedrich 1757 in Böhmen ein und schlug **1757** am 9. Mai die Oesterreicher unter Karl von Lothringen und Brown bei Prag, verlor aber leider dabei seinen heldenmüthigen Feldmarschall, den 73jährigen Schwerin. „Sein Tod macht die Lorbeeren des Sieges verwelken," sagte der König, denn er ist allein 10,000 Mann werth."

Sodann belagerte Friedrich Prag, mußte aber, von den heranziehenden Oesterreichern unter Daun (am 18. Juni) bei Collin an der Elbe zum erstenmal geschlagen, die Belagerung aufgeben und sich nach Schlesien zurückziehen, und da fast zu gleicher Zeit die Russen nach ihrem Siege bei Groß-jägerndorf Ostpreußen besetzten, die Schweden in Pommern einfielen, die Franzosen unter dem Prinzen Soubise, nach ihrem Siege über das englisch-holländische Heer bei Hastenbeck (unweit Hameln) bis Erfurt vordrangen und sich daselbst mit der Reichsarmee vereinigten, und England die bisher geleistete Unterstützung nicht mehr gewährte: so war die Lage Friedrich's bedenklicher, wie je. Doch Friedrich verzagte auch jetzt nicht. Er eilte mit einem Theil seines Heeres nach Sachsen, jagte am 5. Novbr. die Franzosen sammt der Reichsarmee *) bei **Roßbach**

---

*) Die Reichsarmee war ein klägliches Spiegelbild der Uneinigkeit und Zerrissenheit Deutschlands und eine buntscheckige, roh zusammengewürfelte Masse. Gegen 300 Reichsstände stellten dies Heer und zwar je nach Umfang des Besitzes 2, 3½, 4⅓, 10 ꝛc. Mann. Fast jedes dieser Contingente hatte andere Uniform und anderes Exercitium, und am schlimmsten sah es mit der Artillerie aus; denn die Kanonen waren alt und schlecht und jeder Reichsstand hatte anderes Kaliber, ein Ulmer Dreipfünder also anderes, als ein Stuttgarter ꝛc. Als 1792 Mainz aufgefordert wurde, sich zu ergeben, hatte man in der Festung zwar Kugeln, aber sie paßten nicht in die Kanonen. Die meisten Compagnieen waren componirt, d. h. sie bestanden aus Mann-schaften verschiedener Stände, und zu ein und derselben Compagnie stellte und wählte z. B. der Rath von Schwäbisch-Gmünd den Hauptmann, der von Rottweil den ersten Lieutenant, die Aebtissin von Rottenmünster den zweiten, und der Prälat von Gengenbach den Fähnrich. Die Truppen des Reichs-heeres waren so verachtet, daß selbst Offiziere diejenigen besseren Locale, wohin jeder Bürger gehen konnte, nicht besuchen durften. — In Schwäbisch-Gmünd präsentirte der Soldat vor jedem wohlgekleideten Manne und jeder anständigen Frau das Gewehr, während er mit der andern Hand den Hut ausstreckte, um eine Gabe bettelnd.

an der Saale in die schimpflichste Flucht — die Franzosen flohen bis über den Rhein, und die Reichsarmee erwarb sich den Namen „Reißausarmee" — und schlug am 5. Dezb. die Oesterreicher unter Daun und Karl von Lothringen bei **Leuthen** (unweit Breslau) so vollständig, daß sie bald darauf Breslau und Schweidnitz wieder herausgeben mußten.

1758   Im Jahre 1758 schickten die für Friedrich's Ruhm begeisterten Engländer ein Hilfsheer unter Ferdinand von Braunschweig, der die Franzosen von der Elbe bis an den Rhein zurücktrieb und sie bei Crefeld schlug. Und Friedrich selbst belagerte erst Olmütz, mußte sich aber vor dem österreichischen General Laudon zurückziehen, wandte sich dann gegen die Russen, die unter Sengen und Brennen bis in die Mark vorgedrungen waren, und brachte ihnen bei **Zorndorf** (unweit Küstrin) am 25. August eine schreckliche Niederlage bei, worauf sie sich zurückzogen. Als er aber sodann seinem Bruder Heinrich nach Sachsen zu Hilfe eilte, um Dresden zu entsetzen, wurde er von Daun bei **Hochkirch** in der Lausitz in der Nacht des 14. Octobers überfallen, verlor dabei den Prinzen Franz von Braunschweig, den tapfern Feldmarschall Keith,*) 9000 Mann und alles Geschütz, hielt sich aber trotzdem in Sachsen und brachte sogar die Festung Neiße in seine Gewalt.

1759   Das nächste Jahr (1759) war für Friedrich das unglücklichste im ganzen Krieg. Seine Hilfsmittel begannen zu versiegen, während der Feind, der ihm ohnehin schon bedeutend überlegen war, stets neue Verstärkungen an sich zog. Die Franzosen, denen nach ihrem Sieg bei Bergen (unweit Frankfurt a. M.) ganz Nordwestdeutschland offen stand, wurden zwar bald darauf bei Minden durch Ferdinand von Braunschweig wieder geschlagen und über den Rhein zurückgedrängt; allein im Osten reihte sich für Friedrich Verlust an Verlust. Nachdem die Russen unter Soltikow ein gegen sie geschicktes preußisches Corps unweit Züllichau geschlagen hatten, gelang ihnen ihre Vereinigung mit den Oesterreichern unter Laudon, und als hierauf Friedrich die vereinten Gegner angriff, erlitt er bei

---

*) Am Abend zuvor warnte Keith den König und sagte: „Wenn uns die Oesterreicher hier in Ruhe lassen, so verdienen sie alle gehängt zu werden," worauf der durch schlechte Spione sicher gemachte Friedrich antwortete: „Sie fürchten sich vor uns auch noch mehr, als vor dem Galgen."

Kunersdorf (unweit Frankfurt a. O.), nachdem er bereits die Russen geschlagen und ihnen 180 Geschütze abgenommen hatte, durch den klugen Feldherrn Laudon eine so entscheidende Niederlage, daß alles verloren schien und Friedrich *) voller Verzweiflung an seinen Minister Finkenstein schrieb: „Es ist alles verloren! Rettet die königliche Familie nach Magdeburg. Adieu für immer!"

Ganz Brandenburg stand den Siegern offen, bald nachher mußte sich auch Dresden an Daun ergeben, und der General Fink wurde mit 12,000 Mann Preußen bei Maxen (unweit Dresden) eingeschlossen und gefangen genommen. Allein die Eifersucht seiner Feinde rettete Friedrich; denn Daun zog zu Ende des Jahres wieder nach Böhmen, und die Russen wandten sich, anstatt nach Berlin zu gehen, durch Niederschlesien nach Polen.

Auch das Jahr 1760 war zum Theil äußerst unglücklich **1760** für Friedrich. Sein General Fouquet wurde bei Landshut an der Bober durch den überlegenen Feind geschlagen und gefangen genommen, die wichtige Festung Glatz gieng verloren, und ein vereintes russisch-österreichisch-sächsisches Corps drang in Brandenburg ein, besetzte am 4. October Berlin, brandschatzte es eine Woche lang, zog aber auf die Nachricht, daß der König komme, rasch wieder ab. Durch den glänzenden Sieg bei Liegnitz an der Katzbach (am 15. August) über den dreimal stärkeren Feind gewann Friedrich jedoch ganz Schlesien außer der Festung Glatz wieder, und als er hierauf am 3. November bei Torgau an der Elbe den in seinem festen Lager verschanzten Daun angriff, errang er durch die Tapferkeit seines Generals Ziethen auch hier einen entscheidenden Sieg, eroberte damit ganz Sachsen und bezog bei Leipzig mit seinem Heere die wohlverdienten Winterquartiere.

Im Jahre 1761 sah sich Friedrich, da ihn England seit **1761** dem Tode Georg's II. (Octbr. 1760) nicht mehr unterstützte und seine Heere immer mehr zusammenschmolzen, leider zu einem bloßen Vertheidigungskrieg genöthigt und verlor er die zwei wichtigen

---

*) Dem Könige wurden in der Schlacht 2 Pferde unter dem Leibe erschossen, und eine Kugel drang durch seine Kleidung, prallte aber an einer goldenen Dose in seiner Westentasche ab. — Unter den Gefallenen befand sich auch der Major Ewald von Kleist, der Dichter des „Frühlings."

Festungen Schweidnitz und Kolberg. Als aber am 5. Ja=
1762 nuar 1762 seine Hauptfeindin, die russische Kaiserin Elisa=
beth starb und Peter III., der schon längst ein großer Verehrer
Friedrichs war, den Thron Rußlands bestieg, da begannen für ihn
wieder glücklichere Zeiten; denn Peter schloß sofort Frieden mit
Friedrich, gab ihm alles Eroberte heraus und überschickte ihm
Hilfstruppen. Peter wurde jedoch schon nach 6 Monaten ermor=
det, worauf dessen Gemahlin und Nachfolgerin, die Kaiserin
Katharina II., das Bündniß mit Preußen wieder aufhob. Da
sie jedoch den Frieden aufrecht erhielt und inzwischen auch die
Schweden Frieden gemacht hatten, so kämpfte Friedrich auch ohne
russische Hilfe siegreich weiter, nahm nach dem glücklichen Treffen
bei Burkersdorf den Oesterreichern die wichtige Festung
Schweidnitz wieder ab, hielt durch Prinz Ferdinand von
Braunschweig die Franzosen im Zaume und gewann durch seinen
Bruder Heinrich am 29. October bei Freiberg auch einen
Sieg über die Reichsarmee.

Oesterreich und Frankreich willigten nun mit Freuden
1763 in einen Waffenstillstand, der am 10. Febr. 1763 zu Paris *)
den Frieden zwischen Frankreich, England und Preußen und
am 15. Februar zu Hubertsburg, einem sächsischen Jagdschlosse,
den zwischen Oesterreich, dem Reiche und Preußen zur Folge
hatte. Preußen trat dadurch in die Reihe der europäischen
Großmächte und erhielt Schlesien für immer, und England
bekam von Frankreich große Besitzungen in Nordamerika (Canada);
alle andern Eroberungen aber wurden gegenseitig zurückgegeben.

85. Friedrich der Große als Landesvater.

So groß Friedrich als Feldherr und Eroberer war, so
groß war er auch als Regent, und es gebührt ihm daher mit
vollstem Rechte der Beiname des Großen. Unermüdliche Thä=
tigkeit, weise Ordnungsliebe, Sparsamkeit und strenge Gerechtig=
keit machten ihn zu einem leuchtenden Vorbilde, und selbst seine
Erholung war eigentlich Arbeit und bestand in der Beschäftigung
mit Musik, Poesie und Wissenschaft, im Umgange und im Brief=
wechsel mit Gelehrten, und im Niederschreiben seiner Kriegs= und

*) Dieser Friede endigte zugleich auch den von England gegen Frank=
reich und Spanien von 1754—1763 geführten Colonial= oder Seekrieg.

Regierungserlebniſſe. Mit väterlicher Sorgfalt ſuchte Friedrich
die Wunden zu heilen, die der Krieg ſeinen Provinzen geſchlagen
hatte, und es gelang ihm dies auch früher, als allen andern
Fürſten. Er erließ Steuern, verwandte zwiſchen 1763—1786
nicht weniger als 24 Mill. Thaler aus ſeinen Privaterſparniſſen
zur Unterſtützung ſeiner Unterthanen und zwar beſonders zur
Hebung des Ackerbaues und des Fabrikweſens, legte Dörfer und
Colonieen, Straßen und Canäle an, war ein eifriger Beförderer
des Unterrichtes, der Künſte und Wiſſenſchaften, ſorgte für eine
gleichförmige, raſche und uneigennützige Rechtspflege *), legte
durch neue Geſetze, welche für das ganze Land Geltung hatten,
den Grund zu dem „preußiſchen Landrechte“ und ſchuf
durch dies alles einen Staat, der als eine Art Ideal erſchien,
dem andere Fürſten, ſo z. B. Kaiſer Joſeph II., nachzuſtreben
ſuchten. Durch ſeine Mißachtung deutſcher Sprache und Bildung,
ſowie durch ſeine Vorliebe für alles Franzöſiſche — er ſprach und
ſchrieb faſt nur franzöſiſch, erwählte zu ſeinem nächſten Umgang
am liebſten Franzoſen ꝛc. **) — trug Friedrich aber weſentlich
dazu bei, daß die leichtſinnige Denkungsart und die gottentfrem=
bende Zeitphiloſophie der Franzoſen immer mehr Anbeter und
Verehrer fand, wodurch viel Unheil über Deutſchland kam.

86. Kaiſer Joſeph II. 1765—1790.

Nach dem Tode Franz I., mit dem die Kaiſer aus dem
habsburgiſch=lothringiſchen Hauſe beginnen und von dem die Ge=
ſchichte nichts Merkwürdiges zu erzählen weiß, beſtieg 1765 deſſen
Sohn Joſeph II. den Kaiſerthron und wurde zugleich Mitregent
ſeiner Mutter Maria Thereſia.

Joſeph beſaß treffliche Anlagen, hatte einen lebhaften Geiſt,
war ein aufrichtiger Bewunderer Friedrichs des Großen, erwählte
ſich denſelben zum Vorbilde, unterließ aber, ſo lange ſeine Mutter
lebte, aus kindlicher Liebe jede Neuerung und ſuchte ſich dafür
vorläufig kriegeriſchen Ruhm und neue Provinzen zu erwerben.

---

*) Friedrich der Große und der Müller von Sansſouci.

**) So z. B. den Philoſophen Voltaire, mit dem er in Sansſouci
ein ganzes Jahr lang in wiſſenſchaftlicher Beſchäftigung lebte und dem er
fürſtliche Ehre erwies, die Mathematiker Maupertuis und d'Alembert,
den Arzt de la Mettrie u. a.

Er gieng daher bereitwillig auf die von der Kaiserin Katharina von Rußland vorgeschlagene Theilung Polens ein und bewirkte, daß auch seine Mutter, die anfänglich eine Gegnerin dieses Planes war, darein willigte*), und so erfolgten denn 1772, 1793 und 1795 die drei Theilungen Polens.

Durch die erste Theilung erhielt Oesterreich Galizien und Lodomirien, Preußen Westpreußen**) — jedoch ohne Danzig und Thorn — und Rußland alles Land bis zur Düna und dem Dnjepr; durch die zweite Theilung kam die Hälfte von Litthauen an Rußland, und Südpreußen nebst Thorn und Danzig an Preußen, und durch die dritte Theilung endlich — nach dem Verzweiflungskampfe der Polen unter Kosciusko — wurde der Niemen der Grenzfluß zwischen Preußen und Rußland, die Weichsel zwischen Preußen und Oesterreich und der Bug zwischen Oesterreich und Rußland.

Eine weitere Aussicht auf Landvergrößerung eröffnete sich für Joseph II. durch das Aussterben der Wittelsbacher (der Ludwig'schen Linie) in Bayern.

Als nämlich Maximilan III., der Gute, 1777 kinderlos starb, war der Kurfürst Karl Theodor von der Pfalz — aus der Linie Pfalz-Sulzbach — der nächste Erbe und mußte zufolge eines Erbvertrages nach München übersiedeln***). Da er aber große Vorliebe für seine 1742 ererbte Pfalz und für das schöne Mannheim und kein Herz für Bayern hatte, so beredete Kaiser Joseph ihn leicht zur Abtretung von ganz Niederbayern an Oesterreich. Allein Friedrich der Große nahm sich der damit unzufriedenen Bayern, sowie des Herzogs Karl von Zweibrücken-Birkenfeld-Bischweiler, welcher der nächste Erbe 1778 des kinderlosen Karl Theodor war, an, und so entstand 1778 **der bayerische Erbfolgekrieg.**

---

*) Sie that es jedoch mit Widerstreben und schloß die Unterzeichnung mit den Worten: „Wenn ich schon längst todt bin, wird man erfahren, was aus dieser Verletzung von allem, was bisher heilig und gerecht war, hervorgehen wird."

) Von jetzt an nannte sich Friedrich, der nun ganz Preußen besaß, nicht mehr König in, sondern **von Preußen.

***) Das vereinigte Kurfürstenthum Pfalzbayern war eines der beträchtlichsten Gebiete Teutschlands und umfaßte: Ober- und Niederbayern, die Pfalzgrafschaften Neuburg und Sulzbach, die Rheinpfalz, die Herzogthümer Jülich und Berg, und in den Niederlanden die Grafschaft Ravenstein und die Markgrafschaft Bergen op Zoom, zusammen ungefähr 1070 Q.-M. mit c. 2 Mill. Einwohnern.

Maximilian III. (von 1745—77) war der einzige Sohn Karl Albrechts und erwarb sich durch seine ausgezeichnete Regierung und besonders durch seine Mildthätigkeit den Beinamen des Guten. Er verminderte die auf 40 Mill. angewachsene Schuldenlast des Staates von Jahr zu Jahr, führte in seinem Lande neue, von dem Freiherrn von Kreitmayr verfaßte Gesetzbücher *) ein, hob Ackerbau und Industrie, gründete die Porzellanfabrik zu Nymphenburg, bewirkte beim Papste eine Verminderung der vielen Feiertage und beförderte die Bildung und den Unterricht des Volkes, sowie Künste und Wissenschaften. 1759 bestätigte er die durch Georg von Lori gegründete Akademie der Wissenschaften; den größten Theil des Vermögens der Jesuiten wies er nach ihrer Auflösung (1773) den gelehrten Schulen zu, und zur Förderung der schönen Künste gründete er eine Maler- und Bildhauerschule (1770), ein deutsches Theater und ein Opernhaus.

Unter die Hausarmen in München vertheilte Max alljährlich 40,000 fl., und als 1771—72 eine furchtbare Theuerung und große Noth entstand, öffnete er die Speicher des Landes, ließ, als diese leer waren, auf seine Kosten Getreide vom Auslande kommen und theilte auch dies an die Nothleidenden aus **).

Da Joseph das ihm abgetretene Niederbayern besetzte und nicht wieder herausgeben wollte, so rückte 1778 ein preußisches Heer in Böhmen ein. Bevor es jedoch zu einer Schlacht kam, erfolgte, da auch Rußland eine drohende Erklärung gegen Joseph erließ, 1779 der Friede zu **Teschen**, durch den **1779** das bisher bayerische Innviertel mit Braunau (38 ☐ M. mit 115,000 E.) an Oesterreich kam und die Erbansprüche der Herzöge von Zweibrücken neu bestätigt wurden.

Im Jahre 1785 suchte Joseph Bayern wiederholt an sich zu bringen und zwar gegen Austausch der österreichischen Niederlande als Königreich Burgund. Aber auch diesmal rettete Friedrich die Rechte der Herzöge von Zweibrücken und zwar durch Stiftung des deutschen Fürstenbundes, der die Er- **1785** haltung des Reiches in seinem damaligen Zustande zum Zweck hatte.

---

*) Das von Kreitmayr verfaßte Strafgesetzbuch fußte auf dem Grundsatz der Abschreckung und stellte deshalb grausame Strafbestimmungen auf, so z. B. den Galgen für dreimaligen Diebstahl von 30 Kreuzern. Allein trotzdem minderten sich die Raubanfälle und Gewaltthätigkeiten nicht, was man daraus ersieht, daß nur im Rentamte Burghausen in den nächsten 30 Jahren über 1100 Hinrichtungen erfolgten.

**) Die Mißjahre von 1770 und 1771 hatten in Bayern 1771 die Einführung des Kartoffelbaues zur Folge.

1786   Ein Jahr später (am 17. Aug. 1786) starb Friedrich der Große, 74 Jahre alt, in dem von ihm erbauten Schlosse Sanssouci bei Potzdam und hinterließ seinem Brudersohne Friedrich Wilhelm II. (von 1786—1797) einen Staat von 3500 ☐ M., ein schlagfertiges Heer von 200,000 Mann und einen Kriegsschatz von 72 Mill. Thalern.

> „Ein Staat,“ pflegte Friedrich zu sagen, „ruht bei voller Kasse und einem tüchtigen Heere so sicher, wie die Erde auf den Schultern des Atlas.“

Als Joseph II. nach dem Tode seiner Mutter 1780 der alleinige Regent von Oesterreich wurde, fieng er an, seine großen Neuerungen ins Werk zu setzen, und suchte er vor allem seinem ganzen, aus so vielerlei Elementen zusammengesetzten Reiche eine gleiche Regierungsform und gleiche Gesetze zu geben und überall Licht, Geistesfreiheit und Kultur zu verbreiten. Er hob daher die Leibeigenschaft und fast alle Klöster*) auf, erließ ein Toleranzedict, wodurch Lutheraner, Reformirte und Griechen freie Religionsübung und gleiche politische Rechte mit den Katholiken erhielten, suchte die österreichische Geistlichkeit möglichst unabhängig vom Papste zu machen und verlieh selbst den Juden bürgerliche Rechte. Da er jedoch in der Ausführung seines Verbesserungsplanes zu rasch vorwärts gieng und sich durch seine Neuerungen den Haß der Geistlichkeit und das Mißfallen des Adels und vieler Bürgerlichen zuzog: so mußte er alle seine Pläne scheitern sehen, und in den Niederlanden kam es sogar zur offenen Empörung.

Tief gekränkt nahm Joseph am Ende seiner Regierung fast alle seine Anordnungen wieder zurück, und als sich zu seinem innern Leiden in Folge allzugroßer Anstrengung, namentlich während des Türkenkrieges, auch noch Krankheit gesellte, starb**) er **1790** am 20. Februar 1790, erst 49 Jahre alt, und hinterließ, da er keine Kinder hatte, sein Reich seinem Bruder Leopold.

---

*) Von circa 3000 Klöstern, in denen 26,000 Mönche und Nonnen lebten, ließ er 700 bestehen.

**) „Ich wünsche,“ sagte Joseph kurz vor seinem Tode, „man schriebe auf mein Grab: „Hier ruht ein Fürst, dessen Absichten rein waren, der aber das Unglück hatte, alle seine Entwürfe scheitern zu sehen.“

87. Leopold II. 1790—1792.

Leopold, der vor 1790 als Großherzog von Toskana der Vater seiner Unterthanen gewesen, folgte seinem Bruder auch als Kaiser. Er stellte durch Wiederherstellung der alten Verfassung in Ungarn und den Niederlanden rasch die Ordnung wieder her und beruhigte auch die Hierarchie durch mehrere Zugeständnisse; die den Protestanten gewährte Duldung, sowie einige andere ausgezeichnete Bestimmungen der josephinischen Gesetzgebung hielt er aber aufrecht. Unter seiner Regierung brach über Europa das schwere Unglück herein, das Friedrich der Große vorhergesehen hatte — die französische Revolution.

„Ich fürchte," sprach Friedrich kurz vor seinem Tode zum Kronprinzen Friedrich Wilhelm, „nach meinem Tode wird es drunter und drüber gehen. Ueberall liegen Gährungsstoffe, vorzüglich in Frankreich, und leider nähren sie die regierenden Herren."

88. Die französische Revolution.

Kein Ereigniß der Neuzeit hatte auf die Umgestaltung des politischen und socialen Lebens in Deutschland und ganz Europa einen so großen Einfluß, als die französische Revolution. Deutschland wurde durch dieselbe fast ein Vierteljahrhundert hindurch der Schauplatz verheerender Kriege; der letzte Rest der deutschen Kaiserwürde gieng zu Grunde; vielfache und umfassende Gebiets- und Verfassungsänderungen erfolgten in raschem Wechsel; ein fremder Tyrann, der allmächtige Napoleon I., schlug unser Vaterland in Fesseln, und erst nach einer langen Reihe von Jahren der Schmach und der tiefsten Knechtschaft errang sich Deutschland durch die ewig denkwürdigen Befreiungskriege seine Freiheit wieder.

Die Veranlassung der Revoluton war folgende: Auf Frankreich lastete in Folge der vielen Kriege seit 1640 und der Verschwendungssucht Ludwigs XIV. und Ludwigs XV. die ungeheure Staatsschuld von 1000 Mill. Thalern, und schlechte Finanzverwaltung und die höchst unzweckmäßige Steuervertheilung machten dies Uebel noch größer. Das Volk erlag unter der drückenden Last der Abgaben; der Adel und die Geistlichkeit aber schwelgten in Ueberfluß, besaßen viel Grundeigenthum und große Renten und Besoldungen und waren fast steuerfrei. Recht und Gerechtigkeit suchte man im ganzen Lande vergebens; Unsittlichkeit und Laster aller Art aber nahmen immer mehr überhand und verpesteten allmählich das ganze Volk. Die verderblichen Lehren der sogenannten Volksaufklärer, (Voltaire, Rousseau, Montesquieu) untergruben jeden Glauben an göttliche und menschliche Autorität und weckten die Lust nach „Freiheit und Gleichheit," und durch die unkluge Unterstützung der Nordamerikaner *) gegen die Engländer durch ein französisches Heer unter Lafayette wurde diese Lust für's Republikanische noch vermehrt.

Ludwig XVI., ein Mann von großer Herzensgüte und reinen Sitten, aber ohne Willenskraft, ebenso schwankend und zögernd in Entschlüssen, als schwach in Ausführung etwaiger Vorsätze, suchte dem Staatshaushalte wieder aufzuhelfen. Er ließ daher 1789 die seit 175 Jahren nicht einberufenen Reichsstände (Vertreter des Adels, der Geistlichkeit und der Bürger) nach Versailles kommen und legte ihnen den traurigen Zustand der Finanzen vor. Die bürgerlichen Abgesandten schlugen hierauf als einziges Mittel zur Rettung aus der Finanznoth eine gleichmäßige Steuervertheilung vor, und als die Abgeordneten des Adels und der Geistlichkeit nichts davon wissen wollten und sich auf ihre alten, verbrieften Rechte beriefen: da erfolgte der erste revolutionäre Act. Die Vertreter des dritten Standes erklärten sich **1789** am 17. Juni auf Sieyes Vorschlag als **Nationalversammlung,** luden die andern Stände zum Beitritt ein, welcher Einladung auch viele Folge leisteten und setzten sich die Aufgabe, ihrem Vaterlande eine neue Verfassung zu geben. Im nächsten Monat (am 14. Juli) erstürmten und schleiften die durch den elenden Herzog von Orleans aufgereizten Pariser die Bastille (das Gefängniß); am 4. August schaffte die Nationalversammlung alle Vorrechte des Adels und der Geistlichkeit ab und ließen dem König nur ein aufschiebendes Veto, und am 5. October wurde der König sammt seiner Familie durch Pöbelhaufen von Versailles nach Paris geholt, worauf auch die Nationalversammlung dahin folgte. Der König war von nun an ein Gefangener; die sogenannten Jacobiner **), an deren Spitze die Advokaten Robespierre und Danton und der Arzt Marat standen, rissen die Herrschaft an sich, und bald folgte Neuerung

---

*) Bis 1775 waren die „Vereinigten Staaten" englisch; durch den sogenannten Unabhängigkeitskrieg (1775—1782), in dem sich besonders Benjamin Franklin, der Erfinder des Blitzableiters, und Washington auszeichneten, erkämpften sie sich aber ihre Freiheit.

**) So genannt nach ihrem Versammlungsorte, dem Kloster St. Jacob.

auf Neuerung. Alle Titel und Würden wurden abgeschafft, die Kirchengüter, im Werthe von 3000 Millionen Francs, als Staatseigenthum erklärt, alle Klöster aufgehoben, völlige Religionsfreiheit bestätigt u. dgl. m. Roheit und Gemeinheit galten als Kennzeichen eines wahren Volksfreundes; alle Bildung, Wissenschaft und Kunst aber wurde verspottet. Dies alles hatte die Auswanderung der kgl. Prinzen und vieler Adeliger und Geistlichen zur Folge, und selbst die kgl. Familie machte am 21. Juni 1791 einen Fluchtversuch. In Varennes aber erkannte man den König, worauf man ihn und die Seinen wieder nach Paris zurückbrachte.

Da die französischen Emigranten Schutz und Aufnahme bei den rheinischen Fürsten fanden, so mußte Ludwig XVI. im April 1792 seine Einwilligung zum Kriege gegen Oesterreich geben, und als hierauf die Preußen siegreich in Frankreich einrückten, so beschlossen die Jacobiner den völligen Sturz des Königthums. Am 21. September 1792 erklärte der an die Stelle **1792** der Nationalversammlung getretene **Nationalconvent** das Königthum für abgeschafft*) und Frankreich für eine **untheilbare Republik**, und wenige Monate später wurde der schuldlose König als „Ludwig Kapet" wegen „Verrathes und Verschwörung gegen das Land" angeklagt, mit einer Mehrheit von fünf Stimmen zum Tode verurtheilt und am 21. Januar 1793 guillotinirt.

Gleiches Schicksal hatten bald darauf Ludwigs Schwester Elisabeth und seine Gemahlin Maria Antoinette von Oesterreich. Sein Sohn, der kleine Dauphin, wurde dem Schuster Simon übergeben und starb bald darauf in Folge allzu grausamer Behandlung; Ludwigs Tochter aber, Maria Thresia, wurde 1795 gegen französische Gefangene an Oesterreich ausgeliefert und heirathete später den Herzog von Angouleme, einen Sohn des späteren Karl X.

Als sich in Folge der Hinrichtung des Königs die Vendee, Bordeaux, Lyon, Marseille 2c. empörten und die sogenannte erste Coalition der jungen Republik gefährlich zu werden drohte, ernannte der Convent einen Wohlfahrtsausschuß mit unumschränkter Gewalt. Robespierre, Danton und Marat standen an der Spitze und übten bald eine völlige Schreckens-

---

*) Zugleich wurde auch das Christenthum abgeschafft, der Kultus der Vernunft eingeführt, (wobei eine Frauensperson die Göttin Vernunft vorstellte), der Kalender und die Monatsnamen 2c. verändert u. dgl. m.

herrschaft aus. Wer als Königsfreund verdächtig war, wurde hingerichtet, ebenso auch diejenigen, welche mit der neuen Freiheit und Gleichheit nicht zufrieden waren, und bald war niemand mehr seines Lebens sicher. Die aufgestandenen Provinzen und Städte unterlagen bald, und hierauf durchzog eine Revolutionsarmee von 6000 Sansculotten mit Guillotinen das ganze Land und vergoß Blut in Strömen.

Endlich brachten aber die Häupter der Revolution sich selbst aufs Blutgerüst, und nachdem 1794 auch der Kopf des **R o b e s = p i e r r e** gefallen war, kehrte allmählich einige Ordnung und 1795 Ruhe zurück. 1795 übernahm ein **Directorium** die Regierung 1799 des Landes, und dieses wurde 1799 durch den **General Bona-** 1804 **parte** gestürzt, worauf ein **Consulat** und noch später (1804) ein **Kaiserreich** folgte.

89. Kaiser Franz II. 1792—1806. — Anfang der Revolutionskriege.

Obwohl die aus Frankreich Ausgewanderten, die sich meist in den Städten am Rhein sammelten, äußerst bemüht waren, um die deutschen Reichsfürsten, die zum Theil wegen ihrer Besitzungen im Elsaß durch die Veränderungen in Frankreich beeinträchtigt wurden, zum Kriege aufzureizen: so gelang ihnen dies doch nicht, so lange **Leopold II.** lebte. Kaum aber hatte **Franz II.** den Thron seines Vaters bestiegen, so erfolgte der **A u s b r u c h** der sogenannten **Revolutionskriege**; denn als er in Folge eines kurz zuvor abgeschlossenen Bündnisses zwischen **Leopold II.** und **Friedrich Wilhelm II.** von Preußen die Herausgabe der von der französischen Nationalversammlung eingezogenen Besitzungen deutscher Fürsten in Elsaß und Lothringen verlangte, so erklärte ihm Frankreich — wie schon weiter oben bemerkt — den Krieg. Die verbündeten Oesterreicher, Preußen und Hessen unternahmen hierauf einen glücklichen Einfall in Frankreich, und das **preußische Heer** unter dem Herzog **Ferdinand von Braunschweig** *) drang so schnell in die **C h a m p a g n e** ein, daß Paris zitterte. Allein die Franzosen, aufgereizt durch das für den Fall des Widerstandes mit exemplarischer Züchtigung der Hauptstadt drohende Manifest des Herzogs von Braunschweig und entflammt für ihre

---

*) Neffe des Herzogs Ferdinand von Braunschweig. der sich im 7jährigen Kriege auszeichnete.

Freiheit, sammelten sich in großen Haufen, nöthigten die Preußen zum Rückzuge, schlugen hierauf unter Dümouriez bei Jemappe (unweit Mons) im November die bedeutend schwächeren Oesterreicher, eroberten ganz Belgien, nahmen unter Cüstine durch Verrath die wichtige Festung Mainz weg und besetzten Speyer, Worms und andere Städte.

Als hierauf Frankreich 1792 sich zur Republik erklärte und 1793 sogar seinen König ermordete, kam durch die Bemühungen des englischen Ministers Pitt eine Verbindung der meisten europäischen Mächte — die erste Coalition — zu Stande, und die Verbündeten drangen von allen Seiten in Frankreich ein. Die junge Republik stand am Rande des Abgrundes; allein die schon erwähnte Schreckensregierung unter Robespierre rief das ganze Volk zu den Waffen, und bald war die Uebermacht und das Kriegsglück auf Seiten der Republikaner. Bei Tournay und bei Fleurus gewannen sie zwei Hauptschlachten, nahmen sodann, trotz des Sieges der Preußen bei Kaiserslautern, das ganze linke Rheinufer in Besitz, drangen unter Dümouriez im Winter 1794/95 über die gefrorenen Gewässer in Holland ein, nahmen die eingefrorene Terelflotte weg, nöthigten den Erbstatthalter zur Flucht nach England, verwandelten Holland, das 100 Mill. Gulden zahlen mußte, 1795 in die batavische Republik und schlossen mit derselben ein Schutz- und Trutzbündniß.

Preußen wurde nun des Krieges müde, und da es außerdem nicht mit Unrecht fürchtete, bei der bevorstehenden dritten Theilung Polens übervortheilt zu werden, so schloß es, um seine Truppen disponibel zu haben, mit Frankreich im April 1795 den schmachvollen Frieden zu Basel. Preußen verlor dadurch seine Besitzungen links des Rheines, erhielt aber dagegen die Zusicherung, daß Frankreich bei seinen Kriegen in Süddeutschland das durch Ziehung der Demarkationslinie *) genau begrenzte Norddeutschland stets als neutrales Land betrachten wolle.

Diesem Frieden traten noch in demselben Jahre auch Hannover und Kurhessen bei, und da bald darauf auch Spanien

1793

1794

1795

---

*) Diese Linie lief von Ems in Nassau über Frankfurt nach Franken und der Oberpfalz bis nach Schlesien.

und Neapel Frieden schlossen, so hatte Frankreich nur noch Oesterreich und England gegen sich.

90. Fortsetzung der Revolutionskriege bis zum Frieden von Campo Formio 1797.

Nach dem Frieden zu Basel erfolgte eine kurze Waffenruhe. **1795** Aber schon im September 1795 drangen die Franzosen unter Jourdan wieder siegreich vor und besetzten Mannheim und Heidelberg, worauf sie jedoch der österreichische Feldmarschall Clairfait nach seinem Siege bei Handschuchsheim ebenso rasch wieder über den Rhein zurückwarf. Als hierauf in Frankreich an die Stelle des Nationalconvents ein Directorium trat, beschloß dasselbe, auf mehreren Wegen in Süddeutschland und Oesterreich einzudringen.

1796 Die Nordarmee unter Jourdan zog dem Main entlang, ein zweites Heer unter Moreau durch Schwaben und Bayern, und das dritte Heer, an dessen Spitze der jugendliche General **Napoleon Bonaparte** stand, kämpfte in Italien. Siegreich drang Jourdan bis in die Oberpfalz vor, erlitt aber sodann bei Amberg und bald darauf bei Würzburg und Aschaffenburg durch die Oesterreicher unter dem erst 24jährigen Erzherzog **Karl**, Bruder des Kaisers, so empfindliche Verluste, daß er, verfolgt von der österreichischen Reiterei und dem empörten Landvolke, eiligst über den Rhein floh, und auch Moreau, der bereits München besetzt und dem bayerischen Kurfürsten 10 Millionen Livres und 10 werthvolle Bilder abgepreßt hatte, seinen Rückzug antreten mußte, denselben aber so trefflich ausführte, daß jedermann darüber erstaunte.

In Italien dagegen eilte Napoleon von Sieg zu Sieg. Napoleon, geboren 1769 zu Ajaccio auf Corsika, war der Sohn eines Advokaten, erhielt seine Kriegsbildung zu Brienne und Paris, wurde schon in seinem 17. Jahre Lieutenant und ergriff mit Begeisterung die Sache der Republik. Pünktlichkeit, Fleiß und Kenntnisse gewannen ihm bald die Achtung seiner Vorgesetzten; und während der Belagerung von Toulon, das die Engländer besetzt hielten, zeichnete er sich 1793 so glänzend aus, daß ihn, obwohl er erst 26 Jahre alt war, der National-Convent 1795 zum General beförderte. Ein Jahr später wurde er Oberfeldherr der italienischen Armee, die aber leiblich und geistig

sehr herabgekommen war. In kurzer Zeit brachte Napoleon Ord=
nung, Folgsamkeit und Begeisterung in das zerrüttete Heer, wo=
rauf er seine Siegeslaufbahn antrat. Durch seine Siege bei
Milesimo und Montenotte nöthigte er Sardinien zum Frie=
den und zur Abtretung von Savoyen und Nizza, und nach=
dem er hierauf bei Lodi, Arkole und Rivoli auch die Oester=
reicher mehrmals geschlagen hatte, mußte der österreichische General
Wurmser Mantua übergeben, wodurch fast ganz Oberita=
lien in die Hände der Franzosen kam.

Jetzt erst schickte Franz II. seinen in Deutschland siegreichen
Bruder Karl nach Italien. Da dieser aber ein vielfach geschla=
genes und gänzlich entmuthigtes Heer vorfand, so war es ihm
unmöglich, den heranbrausenden Corsen aufzuhalten, und nach
wenig Wochen stand Napoleon bereits in Kärnthen und be=
drohte die Hauptstadt Wien. Unter solchen Umständen gieng
Franz II. bereitwillig auf die ihm durch Napoleon angebotenen
Friedensverhandlungen ein, und am 17. Oktober 1797 kam **1797**
auf dem Schlosse **Campo Formio**, bei Udine im Venetianischen,
der Friede zu Stande. Oesterreich trat dadurch die österrei=
chischen Niederlande an Frankreich ab, verzichtete zu
Gunsten der eben gebildeten **cisalpinischen Republik** (Oberitalien) auf
Mailand und Mantua und erhielt dafür die Stadt Venedig,
Istrien und Dalmatien.

91. Zweiter Krieg mit Frankreich. Friede zu Lüneville. 1798—1801.

Durch einen geheimen Artikel des Friedens zu Campo
Formio hatte Oesterreich unter der ausdrücklichen Bedingung,
daß ein Theil von Bayern und Schwaben, sowie Salzburg und
das Bisthum Passau ihm von Frankreich gewährleistet werde, im
Voraus eingewilligt, daß der Rhein künftig die Westgrenze
Deutschlands bilden solle. Als aber behufs Verwirkli=
chung dieses Punktes im December 1797 zu Rastatt der soge=
nannte Friedenscongreß zusammen trat, behandelten die
französischen Gesandten die deutschen Fürsten mit solchem Ueber=
muth, daß sich die Unterhandlungen ohne Erfolg auflösten und
ein neuer Krieg mit Frankreich ausbrach. Die eigentliche Ursache
dieses Krieges war jedoch weniger dieser Congreß, sondern der
Umstand, daß Frankreich trotz der Versicherung, sich weiterer

Eroberungen zu enthalten, den Kirchenstaat mit Waffengewalt in eine römische Republik verwandelte, den Papst Pius VI. nach Frankreich abführte, die Schweiz zu einer helvetischen Republik erklärte und einen Zug nach Aegypten unternahm, um von dort aus die englische Herrschaft in Ostindien zu erschüttern.

1798 segelte Napoleon mit 36,000 Kerntruppen von Toulon aus nach Aegypten, entgieng glücklich der beständig im Mittelmeer kreuzenden englischen Flotte, nahm unterwegs dem Johanniter-Orden die Insel Malta und landete glücklich bei Alexandria. Seine ganze Flotte wurde bald darauf (am 1. August) bei **Abukir** von der englischen Flotte unter dem Admiral Nelson bis auf 4 Schiffe vernichtet; er selbst aber zog nach seinem Siege bei den Pyramiden über die Mamelucken (21. Juli) in Kairo ein und eroberte bald ganz Oberägypten.

Diese Erfolge Napoleons verursachten, daß England eine **zweite Coalition** (bestehend aus England, Oesterreich, Rußland, Neapel und der Türkei) gegen Frankreich zu Stande brachte, worauf auch sofort der Krieg begann. Erzherzog Karl kämpfte glücklich am Rhein, und ein russisch-österreichisches Heer unter 1799 Suwaroff nahm 1799 fast ganz Italien in Besitz, drang sodann unter ungeheuren Beschwerden über den St. Gotthardt in die Schweiz, mußte aber, da der russische Unterbefehlshaber Korsakoff, dem Suwaroff zu Hilfe eilen wollte, unterdessen bei Zürich eine Niederlage durch ein französisches Heer unter Massena erlitten hatte, sich wieder nach Italien zurückziehen. In Folge dieses Verlustes rief der Kaiser von Rußland sein Heer zurück, und als bald darauf auch Napoleon, der die Niederlagen der Franzosen vernommen hatte, von Aegypten zurückkehrte*), änderte sich bald die ganze Sachlage. Er stürzte in Frankreich die unfähige Directorialregierung, schuf die Consularregierung und bot als erster Consul den Verbündeten den Frieden an. Da diese jedoch sein Anerbieten verwarfen, so schickte er ein Heer unter **Moreau** nach Deutsch-

---

*) Die von Aegypten aus versuchte Eroberung Syriens mißglückte, da sich das wichtige St. Jean d'Akre — unterstützt von einer englischen Flotte unter Sidney Smith — nicht ergab und die Pest in dem Heere Napoleons arg wüthete. — Als bald nachher Napoleon nach Frankreich zurückkehrte, übertrug er den Oberbefehl des ägyptischen Heeres dem General Kleber, der ein Jahr später ermordet wurde, worauf sich der Rest des Heeres an die Engländer ergeben mußte.

land, und er selbst eilte über den großen Bernhard nach Italien. Durch seinen glänzenden Sieg bei Marengo (am 14. Juni
1800) gewann er ganz Italien wieder, und als hierauf (am 1800
3. December) Moreau auch ein zweites österreichisches Heer unter
dem Erzherzog Johann bei Hohenlinden, unweit München,
völlig schlug, worauf Moreau und Napoleon gegen Wien vordrangen: schloß Oesterreich am 9. Februar 1801 den Frieden zu 1801
Lüneville, gab dadurch das ganze linke Rheinufer (1200 ☐ M.
mit ca. 4 Mill. E.) an Frankreich und willigte in die Entschädigung
der dadurch benachtheiligten deutschen Fürsten durch Aufhebung
von Reichsstädten und Kirchengütern.

Ein Jahr später (1802) schloß auch England mit Frank- 1802
reich Frieden (zu Amiens) und gab dadurch die meisten von
Frankreich und Holland eroberten Kolonien wieder heraus;
1803 kam es jedoch zwischen diesen beiden Mächten wieder zum 1803
Krieg, und derselbe währte ohne Unterbrechung bis zum Sturze
Napoleons.

92. Reichsdeputations=Hauptschluß. 1803.

Bald nach dem Lüneviller Frieden trat die sogenannte
Reichsdeputation in Regensburg zusammen, um das
schwierige Werk der Entschädigung der deutschen Fürsten auszu-
führen. Da jedoch auch Frankreich (durch Talleyrand) und
Rußland sich in diese innere Angelegenheit Deutschlands mischten,
so gedieh dieselbe nur sehr langsam, und erst im Februar 1803 1803
erfolgte der sogenannte Reichsdeputations-Hauptschluß.

Durch denselben verloren die drei geistlichen Kurfürsten ihre Länder und Würden, und nur der Kurfürst
von Mainz, Fürst=Primas Karl von Dalberg, blieb Reichs=
erzkanzler, verlegte seinen Sitz nach Regensburg und erhielt
Wetzlar, Aschaffenburg, Regensburg und einen Antheil an den
Rheinzöllen. Die meisten Bisthümer, Abteien ꝛc. wurden sä-
kularisirt, die reichsunmittelbaren Standesherrn und
die 52 Reichsstädte bis auf Nürnberg, Augsburg, Frankfurt
a/M., Hamburg, Bremen und Lübeck mediatisirt, und Baden,
Württemberg, Hessen=Cassel und Salzburg erhielten die Kur=
würde.

Ferner erhielten:
Oesterreich: die Bisthümer Brixen und Trient;

Preußen: die Bisthümer Paderborn, Hildesheim, Münster, Er=
furt und einige Reichsstädte und Abteien, zusammen 240 ☐M.
mit ½ Mill. Einwohnern;

Bayern: die Bisthümer Würzburg, Bamberg und Augsburg
(ohne die Stadt), Theile von Passau und Freising, 13 Ab=
teien, z. B. Kempten, Waldsassen, Ebrach ꝛc., 15 Reichsstädte,
darunter Kaufbeuern, Dinkelsbühl, Nördlingen, Rothenburg,
Schweinfurt, Ulm ꝛc., die salzburgische Stadt Mühldorf am
Inn und die 2 Reichsdörfer Gochsheim und Sennfeld (bei
Schweinfurt), zusammen 288 ☐M. mit 850,000 Einwoh=
nern (220 ☐M. mit 780,000 E. hatte es verloren);

Württemberg: die geistlichen Besitzungen Ellwangen, Zwiefal=
ten, Schönthal und 9 Reichsstädte, z. B. Heilbronn, Aalen,
Hall, Reutlingen, Weil, Gmünd ꝛc.;

Baden: das Bisthum Constanz, die Besitzungen der Bisthümer
Speyer, Straßburg und Basel auf dem rechten Rheinufer,
einen Theil der Rheinpfalz mit Heidelberg und Mannheim,
18 Abteien und 7 Reichsstädte;

Hessen=Cassel: einen Theil des Bisthums Mainz;

Hessen=Darmstadt: Westfalen und mehrere wormsische und
mainzische Aemter;

Hannover: das Bisthum Osnabrück;

Oldenburg: das Bisthum Lübeck;

der Großherzog von Toscana: das aus Salzburg, Berchtes=
gaden und dem größten Theil der Bisthümer Eichstädt und
Passau gebildete Kurfürstenthum Salzburg;

der Herzog von Modena den Breisgau, und

der Erbstatthalter der Niederlande (aus dem Hause Nassau=
Oranien) Fulda und Corvey.

93. Dritter Krieg mit Frankreich. Friede zu Preßburg. 1805.

• Seit dem Frieden zu Lüneville trat Napoleon immer
rücksichtsloser gegen die Fürsten Europa's auf. So besetzte er
z. B. 1803 in Folge des wieder begonnenen Krieges mit Eng=
land das unter dem Scepter Georgs III. von England stehende
Hannover, und Preußen, woselbst der bestechliche Cabinetsrath
Lombard und der gesinnungslose Minister von Haugwitz die
Regierung in den Händen hatten, ließ diese schmähliche Ver=

letzung des Baseler Friedens ruhig geschehen. Als aber hierauf Napoleon die Schweiz zu einem Bundesstaate Frankreichs machte, die Republik Frankreich in ein Kaiserreich und die cisalpinische Republik in ein Königreich umwandelte, sich selbst am 18. Mai 1804 die **Kaiser-** **krone** und ein Jahr später auch die lombardische Krone aufsetzte, und seinen Stiefsohn Eugen Beauharnais zum Vicekönig von Italien ernannte: da brachte England 1805 die **dritte Coalition** (bestehend aus England, Oesterreich, Rußland und Schweden) zu Stande, worauf Napoleon sich mit Bayern, Württemberg und Baden verband und sofort den Krieg eröffnete. **1804**

1805

In Bayern starb mit Karl Theodor 1799 auch die Linie Pfalz-Sulzbach aus, worauf **Maximilian Joseph**, Bruder des weiter oben erwähnten, inzwischen aber kinderlos verstorbenen Herzogs Karl von **Zweibrücken-Birkenfeld-Bischweiler**, den Thron bestieg und mit herzlicher Freude empfangen wurde. Bis 1801 stand er treulich auf Oesterreichs Seite, 1805 wollte er aber aus mehrfachen Gründen neutral bleiben: er wollte seinem Volke die Segnungen des Friedens erhalten; wußte, daß es gefährlich ist, sich unbedingt in Oesterreichs Arme zu werfen und hatte außerdem noch erfahren, daß dasselbe die Absicht habe, seine Grenzen bis an den Lech auszudehnen. — Oesterreich drohte jedoch im Falle der Allianzverweigerung mit Ueberschreitung des Inns, und so entschied sich Max Joseph für Allianz mit Frankreich und gieng, da österreichische Truppen hierauf sofort Bayern besetzten, mit seinem Hofe nach Würzburg.

Mit 170,000 Mann, die in Boulogne versammelt waren und zu einer Landung in England bestimmt zu sein schienen, rückte Napoleon in Deutschland ein, vereinigte sich mit den Truppen der Fürsten von Baden, Württemberg und Bayern, brachte durch seinen Feldherrn Bernadotte den unfähigen österreichischen General Mack zu der schmachvollen **Kapitulation** von **Ulm** (am 20. October), wodurch 23,000 Oesterreicher und 18 Generäle in französische Gefangenschaft geriethen, besetzte bereits am 13. November durch Murat Wien, und gewann am 2. December, am Jahrestage seiner Krönung, bei **Austerlitz** in Mähren einen so glänzenden Sieg *) über das vereinte russisch-österreichische Haupttheer, daß Kaiser Franz schon am 26. December unter harten Bedingungen den **Preßburger Frieden** **1805**

---

*) Weil die 3 Kaiser von Oesterreich, Rußland und Frankreich, anwesend waren, so nannte Napoleon diese Schlacht „die Dreikaiserschlacht."

schloß. Er trat dadurch Tyrol mit Vorarlberg, Vorderöster=
reich und Venedig — circa 1000 ☐M. mit 3 Mill. Einwoh=
nern — ab, zahlte 100 Mill. Francs Kriegskosten, kannte die
durch Napoleon den Fürsten von Bayern und Württem=
berg verliehene Königswürde, sowie mehrere andere Verän=
derungen an und erhielt für dies alles nur Salzburg und
Berchtesgaden.

So glücklich die Franzosen zu Lande waren, so unglücklich waren sie
zur See; denn am 21. Oktober wurde die französisch=spanische
Kriegsflotte beim Vorgebirge Trafalgar, unweit Kadiz, durch den
englischen Admiral Nelson, der jedoch dabei sein Leben verlor, fast
gänzlich vernichtet.

94. Der Rheinbund. Ende des römischen Reiches deutscher Nation. 1806.

Gleich nach dem Preßburger Frieden theilte Napoleon
mit vollen Händen Länder und Würden unter seine Bundes=
genossen und Verwandten aus, und mancher deutsche Fürst
mußte sich — freiwillig oder unfreiwillig — eine Gebietsveränd=
rung gefallen lassen.

So erhielten z. B.
der Kurfürst von Bayern: die Königswürde, Tyrol und Vo=
rarlberg, die Markgrafschaft Burgau*), Immenstadt, Lindau,
die 1803 an Salzburg gekommenen Theile der Bisthümer
Eichstädt und Passau, die Markgrafschaft Ansbach und die
Reichsstadt Augsburg, mußte aber dafür das Herzogthum
Berg und Würzburg an Napoleon abtreten;
der Kurfürst von Württemberg: die Königswürde, die öster=
reichischen Besitzungen in Oberschwaben, und mehrere Güter
des Malteserordens;
der Kurfürst von Baden: den österreichischen Breisgau, die
Stadt Constanz und den Titel Großherzog;
Preußen: gegen Abtretung der Fürstenthümer Bayreuth und
Ansbach ꝛc.**) das Kurfürstenthum Hannover;

*) Burgau lag am Südufer der Donau zwischen der Iller und dem
Lech.

**) Bayreuth blieb bis 1810 unter französischer Verwaltung und kam
dann ebenfalls an Bayern.

Murat, ein Schwager Napoleons: das zu einem Großherzogthum
erhobene Herzogthum Berg;

der französische Marschall Berthier: das Fürstenthum
Neuenburg, und

der Kurfürst von Salzburg, der sein Land an Oesterreich und
Bayern verlor: das von Bayern abgetretene Würzburg.

Allein auch in anderen europäischen Ländern verfuhr Napoleon mit gleicher Willkür und verlieh er — ebenfalls 1806 —
die zu einem Königreich umgeformte batavische Republik seinem
Bruder Ludwig und das Königreich Neapel seinem Bruder
Joseph.

Durch diese Veränderungen und Länderverleihungen, sowie
durch Familienverbindungen *) mit mehreren deutschen Fürsten
gewann Napoleon immer mehr Einfluß in Deutschland,
und als bald darauf durch die Bemühungen des französischen
Ministers Talleyrand und des Reichserzkanzlers von Dalberg der **Rheinbund** ins Leben trat: da legte **Kaiser Franz II.**
am 6. August 1806 die **Würde eines deutschen Kaisers nieder** 1806
und führte von nun an den schon 1804 angenommenen Titel
eines Kaisers von Oesterreich.

Am 12. Juli 1806 wurde in Paris die **Rheinbundsakte** unterzeichnet. Die 16 Fürsten von Bayern, Württemberg, Baden, Hessen-
Darmstadt, Cleve-Berg, Nassau-Weilburg, Nassau-Usingen, Salm-Salm,
Salm-Kyrburg, Hohenzollern-Sigmaringen, Hohenzollern-Hechingen,
Isenburg, Aremberg, Lichtenstein, der Graf von der Leyen und der
Fürst Primas von Dalberg (zusammen mit einem Gebiet von 5,500 □.-M.)
traten dadurch aus dem deutschen Reichsverbande, erkannten **Napoleon**
als ihren **Protektor** oder Beschützer an, und verpflichteten sich bei
jedem Kriege zur Stellung eines Hilfsheeres von 63,000 M. (Bayern
allein stellte 30,000 Mann). Dafür erhielt jeder Fürst unumschränkte Souveränität und Landesvergrößerung durch
Mediatisirung der kleineren reichsunmittelbaren Stände**).
Bayern z. B. erhielt die Reichsstadt Nürnberg mit Gebiet
(20 □.-M.) und die Landeshoheit über 13 reichsunmittelbare Herrschaften, nämlich über die Fürstenthümer Hohenlohe, Oettingen, Schwar-

---

*) Auf Napoleons Wunsch und Befehl heirathete Prinzessin Augusta
von Bayern den Vicekönig von Italien, Eugen Beauharnais, Karl,
der Enkel des Großherzogs von Baden, Napoleons Adoptivtochter Ste-
phanie, und eine Tochter des Königs von Württemberg Napoleons Bruder Hieronymus.

**) Es verblieb denselben nunmehr nur die Patrimonial-Gerichtsbar-
keit, Patronatsrechte, Lehensgefälle, der Zehnten ꝛc.

zenberg, über die Besitzungen der Fürsten von Thurn und Taxis, der Fürsten und Grafen Fugger u. a. m., und der Fürst Primas von Dalberg wurde Großherzog von Frankfurt und führte als Stellvertreter Napoleons den Vorsitz bei den Bundesversammlungen.

Ein fremder Herrscher regierte nun über einen großen Theil von Deutschland; Fürsten und Völker zitterten vor ihm, und da er jede Opposition blutig niederschlug — so ließ er z. B. den wackern Buchhändler Palm von Nürnberg, der sich weigerte, den Verfasser*) der in seinem Verlage erschienenen Schrift: „Deutschland in seiner tiefsten Erniedrigung," zu nennen, in Braunau erschießen —, so wagte bald niemand mehr seine Stimme gegen den despotischen Corsen zu erheben.

Ein solch trauriges Ende nahm das deutsche Reich, das 1006 Jahre bestanden hatte, dem aber schon längst nichts mehr als der Schatten und der Name früherer Größe und Macht geblieben war.

---

*) Es soll dies der Advokat Preu in Altdorf gewesen sein.

Achter Zeitraum.

Von Deutschlands tiefstem Fall bis zur Stiftung des deutschen Bundes. 1806—1815.

95. Preußens Unglück. 1806 und 1807.

Als Napoleon 1805 einen Theil seines Heeres, das dem General Mack in den Rücken fallen sollte, durch das Ansbacher Land marschiren ließ, wodurch er Preußens Neutralität verletzte: da brängten die Minister Stein und Harbenberg ihren König **Friedrich Wilhelm III.** (von 1797—1840) zu einer kriegerischen Entscheidung, und Kaiser Alexander von Rußland kam persönlich nach Potsdam, um Preußens König zum Anschluß an die dritte Coalition zu bewegen. Doch — Dank der Haugwitz'schen Partei — verpflichtete sich der König nur zu einer bewaffneten Vermittlung, und nur, wenn diese nicht bis zum 15. December zum Ziele führen würde, wollte Preußen den Krieg eröffnen. Der 15. December brachte auch wirklich eine Entscheidung; denn an diesem Tage dictirte Napoleon dem preußischen Minister Haugwitz zu Schönbrunn bei Wien einen Vertrag, wodurch Preußen Ansbach, Bayreuth, Cleve und Neuenburg abtreten und Hannover dafür besetzen sollte, und da 10 Tage später Oesterreich den Preßburger Frieden abschloß, so mußte Preußen, das nun allein stand, sich fügen.

Doch der Friede sollte nicht lange mehr dauern, denn Napoleon fügte Beleidigung an Beleidigung. Er erlaubte sich neue Gebietsverletzungen, besetzte mitten im Frieden die Festung Wesel und bot schließlich sogar das an Preußen abgetretene Hannover dem König von England wieder an. Empört über diese Un=gerechtigkeiten, erklärte endlich Friedrich Wilhelm III., ob=wohl er nur den Kurfürsten von Sachsen und einige kleine deutsche Fürsten zu Bundesgenossen hatte, dem über=müthigen Napoleon den Krieg. Allgemein hoffte man auf balbigen Sieg; denn das ganze Volk, das Heer, die Prinzen und die hochherzige Königin Luise waren für die Sache des Vater=landes begeistert, und Rußland hatte seine Hilfe zugesagt. Allein es kam anders, als man glaubte; denn die russische Hilfe nahte zu langsam, die preußischen Heerführer waren meist hochbejahrt, den jungen Offizieren fehlte die Erfahrung, und die kampfgeübten Scharen des Feindes standen unter dem größten Feldherrn seiner Zeit.

Unerwartet schnell stand Napoleon, dessen Heere noch ge=rüstet waren, in Thüringen, und das unglückliche Gefecht bei **1806** Saalfeld am 10. October, in welchem der Prinz Ludwig Ferdinand von Preußen — das Haupt der Kriegspartei — seinen Tod fand, öffnete den Franzosen die Pässe an der Saale. Schon am 14. Oktober erfolgte sodann die für Preußen so un=glückliche **Doppelschlacht bei Jena und Auerstädt** *), und nun ergriff allgemeine Muthlosigkeit und Entsetzen das preußische Heer und die Anführer. Ganze Haufen streckten bestürzt das Gewehr; Fürst Hohenlohe wurde auf der Flucht mit 17,000 Preußen gefangen genommen, und die stärksten Festungen, so z. B. Magdeburg mit 24,000 Mann, Erfurt mit 8000 Mann, Küstrin u. a., kapitulirten ohne Schwertstreich. Nur Kol=berg, vertheidigt durch Gneisenau, Schill und den Bürger Nettel=beck, Graudenz, woselbst der wackere 73jährige General L'Homme de Courbière **) kommandirte, Thorn und Danzig und mehrere schlesische Festungen wehrten sich heldenmüthig, und auch Blücher

---

*) Bei Auerstädt wurde der Oberanführer, Herzog Ferdinand von Braunschweig, sofort bei Beginn der Schlacht durch einen Schuß ins rechte Auge schwer verwundet. Er mußte aus dem Gefecht getragen werden und starb nach entsetzlichen Qualen in Ottensen bei Hamburg.
**) Als Courbière, der Nachkomme eines aus Frankreich ausgewan=derten Hugenotten, von Napoleon aufgefordert wurde, zu kapituliren, „denn es gäbe keinen König von Preußen mehr", antwortete er: „Wenn mein allergnädigster Könik und Herr nich mehr is Könik von Preuß', so erlaub' die Herr Franzos, das ik bleib Könik von Graudenz."

schlug sich glücklich bis Lübeck durch, mußte sich aber nach hart=
näckiger Vertheidigung gegen eine große Uebermacht ergeben
und wurde später gegen den französischen General **Viktor** aus=
gewechselt.

Schon am 27. October hielt **Napoleon** seinen Einzug in
Berlin, ließ viele Kunstschätze ꝛc. *) nach **Paris** bringen, bot
dem Könige, der sich mit seiner Familie nach **Königsberg** be=
geben hatte, unter mäßigen Bedingungen einen Frieden **) an,
nahm aber, als sich eine Festung nach der andern ergab, sein Wort
wieder zurück, und brach, nachdem er am 21. November den Be=
fehl der **Continentalsperre** erlassen hatte, wodurch er allen Han=
delsverkehr mit England strengstens untersagte, gegen **Königsberg** auf.

Mittlerweile hatten sich in der Provinz **Preußen** die
Ueberreste des preußischen Heeres unter **Kalkreuth** und
Lestocq gesammelt und mit den **Russen** vereinigt, und mitten
im Winter — am 7. und 8. Februar 1807 — erfolgte die blu= **1807**
tige Schlacht bei **Eilau**, welche 60,000 Todte und Verwundete
kostete. Beide Theile schrieben sich den Sieg zu, aber beide Theile
waren auch auf längere Zeit zu einem entscheidenden Schlag un=
fähig. Als aber bald darauf die schlesischen Festungen Kosel,
Brieg, Breslau, Glogau und Schweidnitz sich ergaben und am
24. Mai auch das wichtige Danzig kapitulirte, drang Napoleon
wieder vor und gewann am 14. Juni, dem Jahrestage von Ma=
rengo, die entscheidende Schlacht bei **Friedland** unweit der russi=
schen Grenze, worauf am 7. und 9. Juli der Friede zu **Tilsit** zu
Stande kam.

Preußen verlor dadurch alles Land zwischen dem Rhein
und der Elbe und fast ganz Preußisch=Polen mit circa 5 Mill.
Einwohnern, mußte 120 Mill. Fr. Kriegskosten bezahlen (monat=
lich 3½ Mill.), durfte fortan außer den Garden nur 42,000 Sol=
daten halten und hatte bis zur völligen Abzahlung der Kriegs=
kosten 200,000 französische Truppen in seinem Lande zu unter=
halten.

Rußland mußte sich zur Haltung der Continentalsperre
verstehen und erhielt dagegen ein Stück von Ostpreußen. Das

---

*) So z. B. die Viktoria auf dem Brandenburger Thor.
**) Er forderte 25 Mill. Thaler und Enthaltung von aller Ein=
mischung in die deutschen Angelegenheiten.

feste Danzig wurde dem Namen nach ein Freistaat, in der Wirklichkeit aber eine Zwingburg Napoleons gegen den europäischen
Osten. Die Fürsten von Nassau und Braunschweig, welche
Preußen beigestanden hatten und der Kurfürst von Hessen, der
neutral geblieben war, verloren ihre Länder, und aus diesen, sowie
aus dem von Preußen abgetretenen Gebiete links der Elbe schuf
Napoleon das **Königreich Westfalen** mit der Hauptstadt Cassel
und gab es seinem jüngsten Bruder Hieronymus (Jerome).
Der Kurfürst von Sachsen endlich, der nach der Schlacht
von Jena sich von Preußen getrennt hatte, wurde ebenfalls
König und erhielt das zu einem Herzogthum Warschau umgeformte Preußisch=Polen, und er, sowie die sächsischen Herzöge
und der König von Westfalen mußten dem Rheinbunde beitreten.

Unendliches Unheil brachte der Krieg von 1806 und 7 über
Preußen; allein er hatte auch sein Gutes, und ohne 1806 wäre
kaum ein 1813 möglich gewesen. Friedrich Wilhelm III.,
der immer das Beste seines Volkes wollte, wußte nun, was er
zu thun und wem er zu folgen habe. Er entließ daher Haugwitz,
und bald entstanden mit Hilfe der trefflichen Minister Stein
und Hardenberg — Stein wurde im December 1808 von
Napoleon geächtet und floh sodann nach Rußland, wo er ebenfalls viel Gutes wirkte — eine Reihe wesentlicher Verbesserungen.
Eine neue Städteordnung (1808) verlieh den Städten
größere Selbständigkeit; die Gründung der Universität Berlin
(1810) trug zur Hebung und Stärkung des nationalen Sinnes bei,
und an die Stelle des seitherigen Söldnerheeres trat durch Scharnhorst und Gneisenau ein wirkliches Volksheer (Landwehr),
basirt auf allgemeiner Wehrpflicht.

Sowie 42,000 Mann einexercirt waren, wurden sie (als Landwehr)
entlassen und durch neue Rekruten ersetzt.

Von Preußen aus wandte sich Napoleon nach der pyre-
näischen Halbinsel, eroberte, da König Johann von Portugal
sich weigerte, der Continentalsperre beizutreten, durch seinen Marschall Junot das ganze Portugal, zwang seinen seitherigen
Bundesgenossen Karl IV. von Spanien, der mit seinem Sohne
Ferdinand in Uneinigkeit lebte, zur Thronentsagung und machte
sodann seinen Bruder Joseph, den bisherigen König von Neapel, zum König von Spanien und Mürat, dessen Großher-

zogthum Berg zum größten Theil an Frankreich kam, zum König von Neapel.

Doch die Spanier waren mit ihrem neuen König nicht zu= frieden und wehrten sich — unterstützt von den Engländern unter Wellington — mit aller Kraft gegen denselben. Einer der blutigsten Kriege entspann sich, und nach 5 Jahren endigte derselbe mit der völligen Vertreibung der Franzosen.

96. Oesterreichs vierter Krieg gegen Frankreich. Friede zu Schönbrunn. 1809.

Oesterreich, aufgemuntert durch das Beispiel der Spanier, machte 1809 einen neuen Versuch, die französische Uebermacht zu brechen und erklärte, als die französischen Truppen größtentheils in Spanien beschäftigt waren, an Napoleon den Krieg. Fast zu gleicher Zeit zog der ritterliche Erzherzog Karl in Bayern ein, der Erzherzog Johann in Italien und der Erzherzog Ferdi= nand in Warschau. Allein die Stunde der Erlösung hatte noch nicht geschlagen. Bald kam Napoleon, der diesmal zum größten Theil Rheinbundstruppen unter sich hatte, mit Sturmes= gewalt dahergebraust, drängte nach einem 4tägigen Kampfe — am 20. April bei Abensberg, am 21. bei Landshut, am 22. bei Eckmühl und am 23. bei Regensburg — Karl nach Böhmen zurück und zog bereits am 13. Mai als Sieger in Wien ein. Am 21. und 22. Mai erlitt hierauf Napoleon durch Karl bei Aspern und Eßlingen auf dem Marchfelde seine **erste Niederlage**; da aber die Schlacht bei **Wagram** (am 5. und 6. Juli) sich wieder zu Gunsten der Franzosen entschied, so schloß Franz einen Waffenstillstand ab, der am 14. Oktober den Frieden zu **Schönbrunn** (bei Wien) zur Folge hatte, durch welchen Oesterreich 2000 ☐M. mit 3½ Mill. Einwoh= nern verlor und zwar Salzburg und das Innviertel an Bayern, Westgalizien an Warschau und Theile von Kärnthen, Krain, Triest, Friaul, Istrien und Dalmatien an das Königreich Italien.

Bald nach Eröffnung dieses Krieges waren auch in Nord= deutschland und in Tyrol Aufstände gegen Napoleon ent= standen; allein umsonst waren die kriegerischen Bemühungen Dörnbergs in Westfalen, umsonst der Muth des Majors von Schill und des Herzogs von Braunschweig=Oels, um=

sonst aber auch die Tapferkeit der heldenmüthigen Tyroler unter ihren Anführern Andreas Hofer, Joseph Speckbacher, Haspinger rc.

Dörnberg floh nach mißglückter Sache nach Böhmen; Schill fiel mit den meisten seiner Leute in der von ihm eroberten Festung Stralsund nach verzweifelter Gegenwehr; der Herzog von Braunschweig-Oels schlug sich nach erfolgtem Frieden zu Schönbrunn von Braunschweig bis zur Nordsee durch, von wo er sich nach England einschiffte; die Tyroler, die nach ihrem Siege am Iselberge alle Feinde aus ihrem Lande vertrieben hatten, mußten sich, als ein Heer von 50,000 Mann unter dem Vicekönig von Italien gegen sie rückte, wieder ergeben, und Hofer, der trotz der Unterwerfung sein Volk wiederholt zu den Waffen rief, mußte fliehen, fiel durch Verrath in die Hände der Franzosen und wurde am 20. Februar 1810 zu Mantua erschossen.

Da Bayern nach erfolgtem Niederwerfen des tyroler Aufstandes zwei Drittel dieses Landes an Italien und Illyrien abtreten mußte, so erhielt es zur Entschädigung hierfür durch den Vertrag zu Paris — am 20. Februar 1810 — die Markgrafschaft Bayreuth, Regensburg und Theile von Würzburg und besaß sodann ein wohlabgerundetes Gebiet von 1736 Quadratmeilen mit 3³/₄ Mill. Einw.

1810 Zu Anfang des Jahres 1810 hatte Napoleon den höchsten Gipfel seines Glückes erstiegen; denn fast auf allen Fürsten und Völkern Europa's lastete seine eiserne Faust. Ueber Frankreich, wozu er 1810 auch Holland, einen Theil der Schweiz und die Nordküsten Deutschlands mit den Seestädten Hamburg, Lübeck, Bremen und Danzig schlug, und über das Königreich Italien herrschte er selbst, in Spanien und Neapel regierten seine nächsten Verwandten, der Rheinbund war kaum mehr als eine französische Provinz, Preußen und Oesterreich hiengen ebenfalls in manchen Dingen von Napoleon ab, die Schweden hatten sich kurz zuvor einen seiner Marschälle — Bernadotte — zum Thronerben gewählt, und selbst das gigantische Rußland hatte 1807 versprechen müssen, die Continentalsperre zu beobachten.

Nur eines schien dem Kaiser noch zur Befestigung seiner Macht zu fehlen: eine Gemahlin aus einem alten regierenden Fürstenhause Europa's. Er ließ sich daher am 15. Dezember 1809 von seiner ersten Gemahlin Josephine, mit der er äußerst glücklich gelebt hatte, scheiden*), und schon am 1. April 1810 erfolgte in St. Cloud unter ungeheurer Pracht seine Vermählung mit Maria Luise, Tochter des Kaisers Franz II. von Oesterreich. Und als sodann am 20. März 1811 Napoleon's sehnlichster Wunsch sich erfüllte, indem ihm ein Thronerbe**) geboren wurde, so erhielt derselbe schon in der Wiege den bedeutungsvollen Titel: „König von Rom."

97. Napoleon's Zug nach Rußland. 1812.

Als Kaiser Alexander von Rußland erkannte, welche nach-theiligen Folgen die Continentalsperre für den Verkehr seines Lan-des hatte, hob er dieselbe 1810 für Rußland auf und söhnte sich wieder vollständig mit England aus. Hierauf beschloß Napoleon Rußlands Demüthigung, und nachdem er 1811 die außerordent-lichsten Vorbereitungen hierzu getroffen hatte, erklärte er Ruß-land den Krieg und brach 1812 mit einem ungeheuren Heere **1812** von mehr als einer halben Million Menschen und mit über 1000 Kanonen und 2000 Packwagen dahin auf.

Fast alle europäischen Staaten mußten Hilfstruppen stellen, so z. B. der Rheinbund 100,000 (Bayern allein 30,000), Oesterreich 30,000 und Preußen 20,000***).

Am 22. Juni überschritt das stolze Heer — die große Armee genannt — den russischen Grenzfluß Niemen, und da die Russen auf kaiserlichen Befehl fort und fort zurückwichen, so gelangte Napoleon, der mit der Hauptmacht gerade auf die alte Czarenstadt Moskau losgieng, rasch in das Innere Rußlands. Bei Smolensk kam es am 17. und 18. August zur ersten bedeutenden Schlacht; allein diese, wie die noch viel mörderischere bei Borodino an der Moskwa (am 7. September) giengen für Rußland verloren, und schon am 15. September hielt Napo-leon seinen Einzug in Moskau und wollte daselbst sein Win-terquartier aufschlagen. Allein es kam anders! Auf Befehl des russischen Gouverneurs von Moskau, des Grafen Rostop-

---

*) Ein Formfehler bei der Vermählung — Cardinal Fesch hatte vergessen, den Kirchspielgeistlichen als Zeugen beizuziehen — mußte als Scheidungsgrund dienen.

**) Derselbe starb 1832 als Herzog von Reichstadt in Wien.

***) Blücher, Scharnhorst, Gneisenau und noch 300 Offiziere nahmen, um nicht für Napoleon kämpfen zu müssen, ihren Abschied.

schin, steckten Mordbrenner die herrliche, aber fast von allen ihren Bewohnern verlassene Stadt an vielen Stellen in Brand, und bald glich dieselbe einem einzigen großen Feuermeer. Rasch waren alle Wintervorräthe vernichtet, und da Napoleon, als er hierauf dem Czaren den Frieden anbot, nach längerem Hinhalten die Antwort erhielt, daß nun der Krieg erst recht angienge, so mußte er sich zu einem Rückzuge entschließen, der seines Glei= chen in der ganzen Weltgeschichte nicht hat.

Am 18. Oktober brach Napoleon nach Süden auf, um in Landstriche zu gelangen, die vom Kriege verschont geblieben waren; allein die Russen unter Kutosoff zwangen ihn zum Rückzug über die Schlachtfelder von Borodino und Smolensk. Von Tag zu Tag schmolz die Armee mehr zusammen, alle Zucht und Ord= nung hörte auf, der Hunger wüthete immer entsetzlicher, die Kälte stieg bis auf 27 Grad, und die Kosaken umschwärmten beständig die wild durch einander geworfenen franz. Heerhaufen und gönnten denselben weder Rast noch Ruh'. Am gräßlichsten wurde das Elend beim Uebergang über die **Beresina**, wo Napoleon mit noch etwa 12,000 Bewaffneten anlangte und sich mit den Heeresab= theilungen der Marschälle Oudinot und Victor — etwa 18,000 Mann — vereinigte, ohne die das ganze Heer verloren gewesen wäre. Unter beständigem Kampfe wurde der Uebergang vom 26.—28. November bewerkstelligt; allein gegen 15,000 Mann und alle noch vorhandene Beute von Moskau*) fielen den Russen in die Hände.

In vollster Auflösung gieng's nun dem Niemen zu, den jedoch kaum 30,000 Mann, darunter höchstens 10,000 Gesunde und Waffenfähige, erreichten; Napoleon aber verließ am 4. Dezem= ber, nachdem er in seinem 29. Bulletin seine Niederlage einge= standen hatte, das Heer und eilte mit einer kleinen Bedeckung auf einem Schlitten in größter Verborgenheit durch Polen und Deutsch= land nach Paris, um dort neue Rüstungen zur Fortsetzung des Krieges zu machen.

So schrecklich endete dieser mit so großen Hoffnungen be= gonnene russische Krieg. Mehr als 300,000 Menschen und 150,000 Pferde waren umgekommen, gegen 200,000 Gefangene schmachteten in russischer Gefangenschaft, und 1813 verbrannte man in Ruß= land über 200,000 erstarrte Leichen.

---

*) Napoleon hatte dasselbe der Plünderung preisgegeben.

98. Der deutsche Befreiungskrieg. 1813.

Die Flammen von Moskau wurden die Morgenröthe der Befreiung Deutschlands, und Preußen war es, das unter allen deutschen Staaten zuerst wagte, sich offen mit Rußland zu verbünden.

Schon am 12. Dezember 1812 hatte sich York, der Anführer des preußischen Hilfscorps, das wenig Schaden erlitten hatte, von den Franzosen getrennt, und am 30. Dezember schloß er mit dem russischen General Diebitsch in der Mühle zu Tauroggen einen Vertrag, nach welchem er sich neutral verhalten wollte. Groß war das Erschrecken des preußischen Königs, als er diese Nachricht empfieng; denn seine Hauptstadt war von Franzosen besetzt, und die Macht Napoleon's war immerhin noch eine bedeutende. Doch Friedrich Wilhelm erkannte bald, was nun zu thun sei, mußte aber freilich auch, daß Preußen zum zweitenmale auf dem Spiele stand. Er verlegte, da er in Erfahrung brachte, daß Napoleon gesonnen sei, ihn als Gefangenen nach Paris zu schleppen, seine Residenz rasch nach Breslau, und schon am 17. März 1813 erklärte er an Napoleon den Krieg 1813 und erließ seinen ewig denkwürdigen Aufruf: „An mein Volk." Voll edelster Begeisterung für die heilige und gerechte Sache des Vaterlandes eilten Jünglinge, Männer und Greise, Lehrer und Schüler, Beamte und Studenten, Gelehrte und Ungelehrte, Reiche und Arme, ja sogar Jungfrauen unter manchfachen Verstellungen und Verkleidungen unter die Waffen; Freicorps — so das des Majors von Lützow — bildeten sich; die Landwehr trat in's Leben; Theodor Körner *), Max von Schenkendorf und Arndt sangen ihre trefflichen, alle Herzen ergreifenden Vaterlandslieder, und wer die Waffen nicht zu tragen vermochte, der opferte freudig Vermögen, Schmuck, Ersparnisse und der Hände Arbeit dem Vaterlande. Bald stand ein Heer von 270,000 Mann zum Kampfe bereit, und zur Auszeichnung für Thaten der Tapferkeit und des Muthes schuf Preußens König am Geburtstage seiner am 19. Juli 1810 gestorbenen Gemahlin Luise den Orden des eisernen Kreuzes.

Allein auch Napoleon war nicht müssig gewesen, und als

---

*) Körner fand als Lützow'scher Jäger bei einem Vorpostengefecht bei Gadebusch am 26. August 1813 seinen Tod.

er im April wieder in Deutschland erschien, hatte er über ein Heer von 350,000 Mann zu gebieten. Bei Großgörschen, unweit Lützen, stellte sich ihm am 2. Mai das vereinte russisch= preußische Heer gegenüber. Napoleon siegte, allein es war kein Sieg von Jena, denn er hatte weder Gefangene, noch Kanonen aufzuweisen, und die Verbündeten zogen sich in größter Ordnung über die Elbe zurück und lagerten sich bei Bautzen. Am 21. Mai kam es hier zur zweiten Schlacht, und obwohl auch hier Napo= leon durch Uebermacht siegte, so konnte er sich doch seines Erfolges nur wenig freuen, denn die Macht des Feindes, die er zu vernichten geglaubt, zog sich wiederum in bester Ordnung zurück, und auf dem Schlachtfelde lagen neben 15,000 Verbündeten 25,000 Franzosen und Rheinbundstruppen. Durch den österrei= chischen Minister Metternich kam nun ein Waffenstillstand vom 4. Juni bis 10. August zu Stande, der zu Friedensunterhand= lungen benutzt wurde; da jedoch Napoleon dadurch nur Zeit ge= winnen wollte und an nichts weniger dachte, als an den Frieden, so erklärte am 12. August auch Oesterreich an Frankreich den Krieg, und bald zogen die Verbündeten mit 470,000 Mann von drei Seiten, von Böhmen, Schlesien und Brandenburg, gegen Napoleon, der mit 440,000 Mann in der Gegend von Dresden stand.

Die böhmische Armee (230,000 Mann), bei der sich die Herrscher von Rußland, Oesterreich und Preußen befanden, stand unter dem öster= reichischen Feldherrn Schwarzenberg, die schlesische Armee, bestehend aus 60,000 Russen und 35,000 Preußen, unter Blücher*) (Gneisenau war sein Generalstabschef), und die Nordarmee, be= stehend aus Russen, Preußen und Schweden, unter dem schwedischen Kronprinzen Bernadotte.

Gegen die Nord= und schlesische Armee schickte Napoleon seine Marschälle Oudinot und Macdonald; allein ersterer, der die Aufgabe hatte, Berlin zu nehmen und die von Napoleon als „Gesindel" bezeichnete Landwehr zu zerstreuen, und dies

---

*) Blücher, geboren 1742 in Rostock, kämpfte bereits im 7jährigen Kriege unter Friedrich II., wurde aber später wegen toller Streiche bei einer Beförderung übergangen, worauf er den Abschied nahm. Er erhielt densel= ben von Friedrich mit den Worten: „Der Rittmeister Blücher kann sich zum Teufel scheeren!" und lebte sodann auf seinem Gute in Pommern als Land= wirth. Erst unter Friedrich Wilhelm III. trat Blücher wieder in militärische Dienste und wurde sofort Generallieutenant. — Sein kühner Zug von Jena bis Lübeck u. a. wurde schon weiter oben (S. 188 und 189) erwähnt.

auch erreicht hätte, wenn es nach Bernabotte's Kopf gegangen wäre, wurde am 23. August bei **Großbeeren** — 2 Meilen süd- lich von Berlin — durch die Preußen und Russen unter Bülow und Sacken gänzlich geschlagen, und gleiches Schicksal hatte Macdonald am 26. August in der Schlacht an der **Katzbach**. 18,000 Gefangene, 100 Kanonen und 2 Adler fielen in die Hände Blücher's, und sein dankbarer König ernannte ihn in Folge dieses glänzenden Sieges bald hernach zum Fürsten von Wahlstadt.

Der Angriff der böhmischen Armee auf Napoleon's Haupt- quartier Dresden (am 26. und 27. August) fiel dagegen äußerst unglücklich aus; da aber Napoleon's Marschall Vandamme, der nach dem Siege bei Dresden in Böhmen eindringen sollte, am 30. August von den Russen unter Ostermann und den Preußen unter Kleist bei Culm und Nollendorf, unweit Teplitz in Böhmen, geschlagen wurde und mit 10,000 Mann in Gefangenschaft gerieth, und am 6. September durch Bülow's Sieg über den Marschall Ney bei Dennewitz, unweit Jüter- bogk, abermals 15,000 Gefangene und 80 Kanonen in die Hände der Preußen geriethen: so konnte Napoleon seinen Sieg nicht be- nützen. Als hierauf am 30. October York durch das ruhmvolle Gefecht bei Wartenburg*) gegen 20,000 Franzosen unter Bertrand der schlesischen Armee den Uebergang über die Elbe erkämpft hatte, rückten die Verbündeten von allen Seiten gegen Leipzig vor, und dadurch wurde Napoleon veranlaßt, sich gleichfalls dahin zu wenden. Am 14. October traf er in Leipzig ein, und am 16. Morgens 9 Uhr begann hier die **große Völkerschlacht**, durch die Deutschlands Befreiung vom Franzosenjoche glorreich errungen wurde. Am ersten Tage schwankte das Kriegsglück, da sich ziemlich gleiche Heeresmassen gegenüberstanden und auf beiden Seiten mit bewunderungswürdiger Tapferkeit gekämpft wurde, hin und her. Um 3 Uhr glaubte Napoleon vollständig gesiegt zu haben, bald aber nahmen die Russen und Oesterreicher ihre alte Stellung wieder ein, und Blücher**) errang beim Dorfe Möckern sogar bedeutende Vortheile über den Marschall Mar- mont. Am 17. (Sonntag) herrschte Waffenruhe und ließ Napo-

---

*) York erhielt dafür von seinem Könige den Namen: York von Wartenburg."
**) Blücher wurde nach der Leipziger Schlacht Feldmarschall.

leon seinem Schwiegervater Friedensanträge machen. Dieselben wurden jedoch nicht angenommen und am 18. daher der Kampf wieder eröffnet. Schrecklich wüthete derselbe, und zwar am heftigsten beim Dorfe Probstheyda. Da jedoch die Verbündeten frische Streitkräfte an sich gezogen hatten — auch 3000 Sachsen und 600 Württemberger giengen zu ihnen über —, so verlor Napoleon eine Stellung um die andere, und schon in der Nacht auf den 19. begann der Rückzug der französischen Armee und artete bald in eine völlige Flucht aus. Am 19. October Morgens 10 Uhr verließ auch Napoleon die Stadt, 3 Stunden später drangen die ersten Preußen in Leipzig ein, und bald darauf hielten auch die verbündeten Fürsten ihren Einzug. Groß waren die Verluste der Verbündeten (50,000 Todte und Verwundete, darunter 21 Generäle und 1783 Offiziere), groß aber auch die errungenen Vortheile, denn gegen 15,000 Gefangene und 25,000 Kranke, sowie 300 Kanonen und 1000 Wagen fielen in die Hände der Sieger.

Der Rheinbund löste sich nun auf; der König von Sachsen wurde als Gefangener nach Berlin gebracht; der König von Bayern aber hatte sich schon am 8. October durch den Vertrag von Ried von Napoleon losgesagt und an Oesterreich angeschlossen.

Bei Hanau stellte sich am 30. October der bayerische Heerführer Wrede mit 31,000 Bayern und 25,000 Oesterreichern Napoleon in den Weg, wurde selbst schwer verwundet und verlor 9000 Mann, brachte aber auch den Franzosen bedeutende Verluste bei. Aufzuhalten vermochte er sie jedoch nicht, und schon am 2. November überschritt Napoleon den Rhein, um ihn nie wieder zu sehen.

Die in den Festungen zwischen Weichsel und Rhein liegenden Franzosen (gegen 190,000 Mann) mußten sich nun auch ergeben. Die vertriebenen Fürsten von Hessen, Braunschweig und Oldenburg kehrten in ihre Länder zurück; Holland wurde durch Bülow frei, und nur in Hamburg trieb der französische Marschall Davoust sein Unwesen noch bis zum Frieden von Paris fort.

Davoust legte der Stadt, die durch einen kühnen Handstreich eines russischen Korps unter Tettenborn auf kurze Zeit aus der Zwingherrschaft der Franzosen befreit gewesen war und ihre Freude hierüber offen an den Tag gelegt hatte, eine Contribution von 48 Millionen Franks auf, konfiscirte die Güter derjenigen, die geflohen waren, trieb, um für den Winter Lebensmittel zu haben, gegen 25,000 Einwohner der ärmeren Klasse geradezu aus der Stadt u. dgl. m.

99. Der Krieg in Frankreich. Erster Pariser Friede. 1814.

Da Napoleon die Friedensvorschläge der Verbündeten*) stolz abwies, so wurde am 1. Dezember zu Frankfurt beschlossen, den Krieg gegen ihn fortzusetzen, und am 1. Januar 1814 er- 1814 folgte der Uebergang über den Rhein. Die große böhmische Armee unter dem Fürsten Schwarzenberg bewerkstelligte ihn bei Basel, die schlesische Armee unter dem Feldmarschall Blücher zwischen Mannheim und Coblenz, die niederländische Armee unter Bülow drang durch Belgien, und fast zu gleicher Zeit überschritt ein englisch=spanisch=portugiesisches Heer unter Wellington, der am 23. Juni 1813 einen herrlichen Sieg bei Vittoria in Spanien errungen hatte, auch die Pyrenäen.

Das erste Treffen bei Brienne (am 29. Januar) blieb unentschieden; bei La Rothière aber (am 1. Februar), wo sich besonders die Württemberger unter ihrem Kronprinzen Wilhelm auszeichneten, siegte Blücher. Da jedoch bald nachher (am 11. und 12. Februar) seine Untergeneräle Sacken und York durch Napoleon bei Montmirail und Château Thierry geschlagen wurden, mußte er sich mit Verlust nach Chalons zurückziehen, und auch das Hauptheer sah sich nach dem unglücklichen Treffen bei Montereau (am 18. Februar) zum Rückzuge veranlaßt. Abermals bot man Napoleon (von Chatillon aus) den Frieden an. Allein zu seinem Unglück nahm er ihn nicht an; denn von nun an folgte für ihn Verlust auf Verlust. Vergeblich bestürmte er am 9. und 10. März Blücher's feste Stellung bei Laon, und auch das zweitägige Treffen gegen das Hauptheer bei Arcis sur Aube am 20. und 21. März gieng für ihn verloren. Durch seinen Zug nach Elsaß und Lothringen suchte er hierauf die Verbündeten zu einem Rückzuge zu bewegen; allein diese zogen, nachdem sie sich vereinigt hatten, trotzdem gegen Frankreichs Hauptstadt vor, siegten am 25. März bei La Fère Champenoise über die Marschälle Marmont und Mortier und langten bereits

---

*) Sie boten ihm Frankreich bis zum Rhein als Kaiserthum an.

am 29. März vor Paris an. Am folgenden Tage wurde die Stadt von allen Seiten angegriffen, ein Blücher'sches Corps erstürmte die mit vielen Kanonen tapfer vertheidigte Anhöhe Montmartre, und da auch alle anderen Anhöhen, sowie die Vorstädte bald genommen waren, so mußte **Paris** am 31. März **capituliren**, und noch an demselben Tage zogen Kaiser Alexander und König Friedrich Wilhelm an der Spitze ihrer Heere als Sieger in der Stadt ein.

Als Napoleon am 27. März den Sieg der Verbündeten bei Fère Champenoise erfuhr, rückte er in Eilmärschen gegen Paris. Allein er kam zu spät und begab sich nach Fontaine-bleau, woselbst er am 11. April in seine bereits am 2. April durch den französischen Senat erfolgte Absetzung willigte und für sich und die Seinen auf alle seine Kronen verzichtete. Von allen seinen Besitzungen blieb ihm nur die Insel Elba als Herzogthum, ein jährliches Einkommen von 2 Millionen Francs, der Kaisertitel und 400 seiner Garden, und schon am 20. April reiste er nach Elba ab.

In Frankreich aber bestieg bereits am 4. Mai Ludwig XVIII., Bruder des 1793 ermordeten Ludwig XVI., den Thron seiner Väter. Am 30. Mai wurde sodann von den verbündeten Fürsten der **erste Pariser Friede** feierlichst unterzeichnet, durch den Frankreich die Grenzen von 1792 erhielt, d. h. alles, was es unter den Königen besaß, und außerdem noch die ehemals zum Kirchenstaat gehörigen Grafschaften Avignon und Venaissin und 150 □M. in Savoyen und am Oberrhein, und weder Contributionen zu zahlen, noch die geraubten Kunstschätze zurückzugeben brauchte.

Ferner kehrten der Papst und die rechtmäßigen Fürsten von Sardinien, Toskana und Modena in ihre Länder zurück, die Kaiserin erhielt für sich und ihren Sohn das Herzogthum Parma, und alle Mitglieder der Familie Bonaparte bekamen reiche Dotationen, so z. B. der Vicekönig Eugen das Fürstenthum Leuchtenberg.

100. Der Wiener Congreß. Neuer Kampf mit Napoleon. Zweiter Pariser Friede. 1815.

Ganz Deutschland, ja halb Europa hatte durch die Kriege seit 1793 so vielfache Veränderungen und Umgestaltungen erfahren, daß es vieler Ausgleichungen bedurfte, um Ordnung und Ruhe wieder herzustellen. Zu diesem Zwecke eröffneten die verbündeten Großmächte Europa's den **Wiener Congreß** (1. November 1814 bis 10. Juni 1815). Da aber auf demselben auch sämmtliche deutsche Fürsten zugegen oder vertreten waren, und man selbst dem französischen Minister Talleyrand Sitz und Stimme eingeräumt hatte, so gedieh das Werk der Neugestaltung aller politischen Verhältnisse nur äußerst langsam, und eine Zeit lang hatte es sogar den Anschein, als wollten die verbündeten Mächte selbst gegen einander zum Schwerte greifen. Da erscholl plötzlich die Nachricht, Napoleon habe Elba verlassen, und stellte rasch den Frieden wieder her; denn nun galt es, nochmals den allgemeinen Feind zu bekämpfen.

Am 26. Februar hatte Napoleon Elba verlassen, und am **1815** 1. März landete er bei Cannes mit 1100 Mann und zog über Grenoble nach Lyon und Paris. Alle gegen ihn geschickten Heere giengen zu ihm über, und schon am 20. März hielt er seinen feierlichen Einzug in Paris *), begann „die Herrschaft der hundert Tage" und machte durch seine Botschafter die friedfertigsten Anträge und Versprechungen. Allein die europäischen Hauptmächte erklärten ihn als einen Feind Europa's, sprachen die Acht gegen ihn aus und schickten gegen ihn, sowie gegen den für ihn aufgetretenen König Murat von Neapel ihre Heere. Letzterer, der sich aus allzu großer Ungeduld zu bald erhob, erlitt bereits am 2. und 3. Mai bei Tolentino am Po durch die Oesterreicher eine völlige Niederlage, verlor dadurch Neapel an den früheren König Ferdinand und wurde, als er später zur Wiedergewinnung seines Reiches einen Aufstandsversuch in Calabrien machen wollte, bei seiner Landung gefangen genommen und am 13. October 1815 als Verbrecher erschossen.

Gegen Napoleon zogen, wie 1814, drei Hauptheere: Schwarzenberg mit 230,000 Süddeutschen und Oesterreichern marschirte gegen den Oberrhein, 150,000 Russen unter Barklay gegen den Mittelrhein, und die Engländer, Preußen, Niederländer und Norddeutschen unter Wellington und Blücher sammelten sich in Belgien.

Napoleon wartete jedoch nicht, bis diese Heere in Frankreich standen, sondern zog mit seinen 150,000 Mann rasch gegen Bel-

*) Ludwig XVIII. war den Tag vorher mit den Seinen nach Gent geflohen.

gien und hoffte das preußisch=englische Heer noch vor erfolgter Bildung gänzlich zu vernichten. Bei Ligny errang er auch wirklich am 16. Juni einen völligen Sieg über Blücher*), und sein Marschall Ney, der die Aufgabe hatte, das Wellington'sche Heer abzuhalten, bestand am gleichen Tage bei Quatrebras ein hartnäckiges Gefecht, in welchem der heldenmüthige Herzog von Braunschweig seinen Tod fand.

Nach der Schlacht bei Ligny wandte sich Napoleon gegen Wellington, und am 18. Juni begann bei **Waterloo** oder **Belle Alliance** — 4 Stunden südlich von Brüssel — die Hauptschlacht. Trotz der größten Tapferkeit und Zähigkeit hätte Wellington schließlich weichen müssen, wenn nicht Blücher gerade noch zur rechten Zeit — gegen 5 Uhr Nachmittags — auf dem Schlacht= felde erschienen wäre und den Feind im Rücken angegriffen hätte. Damit war die Schlacht für die Verbündeten gewonnen und bald eilten die Franzosen, verfolgt von den Preußen unter Gneisenau, in wildester Flucht davon.

Nun drangen die verbündeten Heere von allen Seiten in Frankreich ein; Napoleon aber, zu schwach zu einer weiteren Schlacht, entsagte am 23. Juni zum zweitenmal der Re= gierung, suchte nach Amerika zu entkommen, ergab sich, als er keinen andern Ausweg mehr sah, auf der Rhede von Rochefort am 10. Juli den Engländern und wurde von diesen mit Zu= stimmung der verbündeten Mächte als Gefangener Europa's auf die Insel St. **Helena** gebracht, wo er seine Memoiren schrieb und am 5. Mai 1821 an einem Magenleiden starb. (1840 wurde seine Asche, seinem Wunsche gemäß, nach Frankreich gebracht und im Hotel der Invaliden feierlichst bestattet.)

Am 7. Juli hielten die Verbündeten (Blücher und Welling= ton) ihren zweiten Einzug in Paris; bald darauf trafen auch die verbündeten Monarchen und Ludwig XVIII. wieder daselbst ein, und am 20. November kam der **zweite Pariser Friede** zu Stande, wodurch Frankreich auf die Grenzen von 1790 beschränkt wurde, 700 Millionen Francs Kriegskosten zahlen, alle geraubten Schätze der Kunst und Wissenschaft herausgeben und in 17 Grenz=

---

*) Blücher wäre hier fast in Gefangenschaft gerathen; denn während er unter seinem getödteten Pferde lag, sprengten französische Kürassiere zwei= mal an ihm vorüber.

festungen ein Heer von 150,000 Mann drei Jahre lang unter=
halten mußte.

Auf Blücher's und Stein's Andrängen verlangte Preußen
diesmal auch die Abtretung von Elsaß (mit Straßburg) und Loth=
ringen; allein England und Rußland, die darin eine ihnen unliebe
Erstarkung Deutschlands sahen, versagten diesem Plane ihre Zu=
stimmung, und so blieben denn diese deutschen Länder auch diesmal
bei Frankreich.

Kurz vor ihrer Abreise von Paris — am 26. Sept. 1815 — ver=
kündeten die Beherrscher von Rußland, Oesterreich und Preußen „ihren
unabänderlichen Entschluß, von nun an die christliche Religion zur Richt=
schnur ihrer Politik zu nehmen, nur nach den Vorschriften der Gerech=
tigkeit, der christlichen Liebe und des Friedens zu regieren, einander in
allen Fällen Beistand zu leisten und sich selbst nur als Bevollmächtigte
der Vorsehung zu betrachten, um drei Zweige ein und derselben Fami=
lie zu beherrschen."

Auf die praktische Anwendung dieser „heiligen Allianz", der 1816
alle europäischen Fürsten beitraten, mit Ausnahme des Königs von Eng=
land, des Papstes und des Sultans, warteten die Völker jedoch verge=
bens; denn die Politik ist auf das Interesse der Völker und Länder ge=
gründet und nicht auf das Evangelium. Schon nach 6 Jahren wurde
die h. Allianz bedeutend erschüttert und nach 15 Jahren vollständig
zerbrochen.

101. Ende des Wiener Congresses. Der deutsche Bund. 1815.

Fast gleichzeitig mit der zweiten Einnahme von Paris er=
folgte auch der Schluß des Wiener Congresses. Schon am
8. Juni unterzeichneten die Betheiligten die deutsche Bundesacte
und einen Tag später auch die Schluß= oder Congreßacte.

Die wesentlichsten Gebietsveränderungen in Folge des Wiener
Congresses waren folgende:

Rußland erhielt: das zu einem Königreich erhobene Herzog=
thum Warschau und Finnland; Schweden: das Königreich Nor=
wegen; Dänemark: das deutsche Herzogthum Lauenburg; Eng=
land: die jonischen Inseln; die Schweiz: die 3 Cantone Wa=
lis, Genf und Neuenburg; Oesterreich: das lombardisch=vene=
tianische Königreich, Dalmatien, Galizien, Tyrol mit Vorarlberg,
Salzburg und das Innviertel; Preußen: einen Theil von Sachsen,
Posen, schwedisch Pommern mit Rügen, einen Theil Westfalens
und auf dem linken Rheinufer die Rheinprovinz mit Aachen,

Koblenz, Köln und Trier; Bayern: Würzburg, Aschaffenburg, die Pfalz am Rhein, das böhmische Amt Redwitz (in Oberfranken) und später (1816) noch einige hessendarmstädtische und fuldaische Aemter, nämlich Amorbach, Miltenberg, Heubach, Hammelburg und Brückenau *); Württemberg und Baden behielten ihren vergrößerten Besitz; Sachsen wurde um die Hälfte verkleinert; Hamburg, Lübeck, Bremen und Frankfurt blieben Reichsstädte; Holland und Belgien wurden unter dem Namen Königreich der Niederlande an Wilhelm von Nassau-Oranien verliehen, und die vertriebenen Fürsten Europa's kehrten in ihre Länder zurück.

Aus ganz **Deutschland** aber wurde, da ein Kaiserthum nach früherer Form nicht mehr möglich war, ein **Staatenbund**, der die Erhaltung der äußeren und inneren Sicherheit Deutschlands und die Unabhängigkeit und Unverletzlichkeit der einzelnen Bundesmitglieder zum Zwecke hatte und dessen Angelegenheiten durch eine Versammlung der Bundestagsgesandten zu Frankfurt a. M. unter dem Vorsitze Oesterreichs gemeinschaftlich berathen und besorgt wurden.

Alle Bundesmitglieder hatten gleiche Rechte, gewährten sich gegenseitigen Schutz gegen äußere Feinde und machten sich verbindlich, einander unter keinerlei Form zu bekriegen.

Mainz, Luxemburg und Landau wurden als Bundesfestungen erklärt, und zu dem Bundesheer von 300,000 Mann stellte jeder Staat sein Contingent nach dem Verhältniß der Bevölkerung (Bayern z. B. 35,000 Mann).

1816 Am 5. November 1816 wurde die Bundesversammlung zu Frankfurt feierlich eröffnet, und folgende 39 souveräne Staaten waren die Mitglieder des Bundes:

1 Kaiserthum: Oesterreich.

5 Königreiche: Preußen, Bayern, Hannover, Württemberg, Sachsen.

1 Kurfürstenthum: Hessen-Kassel.

7 Großherzogthümer: Baden, Hessen-Darmstadt, Mecklenburg-Schwerin, Mecklenburg-Strelitz, Oldenburg, Sachsen-Weimar, Luxemburg.

10 Herzogthümer: Nassau, Braunschweig, Sachsen-Koburg, Sach-

---

*) Dafür mußte Bayern alles, was es noch von Tyrol besaß, Vorarlberg, das Innviertel und Salzburg an Oesterreich abtreten und betrug nunmehr Bayerns Flächeninhalt ungefähr 1390 Q.-M. und 3,7 Mill. Einw.

sen=Gotha, Sachsen=Meiningen=Hildburghausen, Sachsen=Alten=
burg, Anhalt=Bernburg, Anhalt Dessau, Anhalt=Köthen, Holstein.

10 Fürstenthümer: Schwarzburg=Rudolstadt, Schwarzburg=Son=
dershausen, Reuß=Greiz, Reuß=Schleiz, Lippe=Detmold, Schaum=
burg=Lippe, Waldeck, Hohenzollern=Hechingen, Hohenzollern=
Sigmaringen, Lichtenstein.

1 Landgrafschaft: Hessen=Homburg.

4 freie Städte: Hamburg, Lübeck, Bremen, Frankfurt a. M.

102. Wissenschaft, Kunst, Industrie und Handel seit 1648.

Durch den westfälischen Frieden war zwar wieder Ruhe
über Deutschland gekommen, aber noch lange Zeit lagen die ver=
derblichen Folgen des verheerenden 30jährigen Krieges schwer auf
unserem Vaterlande, und man braucht sich daher nicht zu ver=
wundern, daß noch ein ganzes Jahrhundert lang alle Zweige der
Kunst und Wissenschaft fast völlig brach lagen. Als man aber
von der Mitte des vorigen Jahrhunderts an dem gesammten Un=
terrichtswesen wieder mehr Aufmerksamkeit widmete, als mehrere
neue Universitäten entstanden und die schon bestehenden bessere Ein=
richtungen erhielten: da ward Deutschland bald wieder eine Hei=
mat der Künste und Wissenschaften und reihte sich wieder Erfin=
dung an Erfindung.

Als Philosophen zeichneten sich Leibnitz, Thomasius,
Imanuel Kant, Fichte, Schelling u. a. aus; auf dem Gebiete
der Sprachen= und Alterthumskunde thaten sich Geßner,
Winkelmann, Heyne, Voß, F. A. Wolff, Jacobs, J. Grimm u. a.
hervor; als Geschichtschreiber verdienen J. von Müller,
Heeren, Niebuhr, Schlosser, Rotteck, Ranke, v. Raumer, Menzel u. a.
genannt zu werden; Ritter wurde der Schöpfer der neueren, verglei=
chenden Geographie, und auch auf dem großen Gebiete der
Mathematik, Natur= und Arzneikunde wetteiferten Deutsche
(so z. B. Euler, Werner, A. v. Humboldt, Oken, Hufeland u. a.)
mit Erfolg mit allen Völkern der Erde.

Kirchner aus Fulda erfand 1673 das Hör= und Sprach=
rohr, Böttcher 1702 in Meißen das Porzellan, Schröder aus
Hohenstein in Sachsen 1717 das Fortepiano, Sennefelder
1796 in München die Lithographie, Lampadius 1801 in Frei=
burg die Gasbereitung, und Frauenhofer aus Straubing, Ut=
schneider und Reichenbach wurden die Verbesserer und Er=

finder ausgezeichneter optischer und mathematischer Instrumente. **Poesie** und **deutsche Musik** entfalteten sich seit 1700 eben= falls immer herrlicher und würdiger. Bodmer, Hagedorn, Haller, Rabener, Gellert, Gleim, Utz und Kleist (zwischen 1700 und 1800) sind Dichter der Uebergangsperiode; **Klopstock, Lessing, Wieland,** Herder, Schiller und **Göthe** (zwischen 1724 und 1832) gehören zu den Dichterkoryphäen aller Zeiten und der ganzen Welt; von ihren vielen Schülern und Nachfolgern sind zu merken: Kretschmar, Schubart, Geßner, Matthison, v. Salis und die Dichter des Hainbundes (Bürger, Hölty, v. Stolberg, Voß, Claudius) — Nicolai, Iffland, Kotzebue — Blumenau, v. Thümmel, Musäus, Kortüm — Hippel, Lichtenberg, Jean Paul Fr. Richter — die Dichter der romantischen Schule (Tieck, Schlegel, Novalis, Fouqué, Chamisso u. a.), die Vaterlandsdichter Arndt, Körner, von Schenkendorf und Rückert, und die ganze Dichterwelt der Neuzeit; und auf dem Gebiete der Musik schu= fen Händel, Bach, Gluck, Haydn, **Mozart** und **Beethoven** das Beste und Herrlichste, was die Neuzeit an musikalischen Kunst= schöpfungen besitzt.

Alle übrigen Zweige der Kunst — Malerei, Baukunst, Bildhauerei, Bildgießerei, Glasmalerei rc. — fanden zwischen 1648—1800 nur wenig Pflege, nahmen aber sobann einen desto rascheren Aufschwung.

München, war es, das unter der Regierung des kunstsin= nigen Königs Ludwig I. bald der Hauptsitz der bildenden Kunst wurde, und Cornelius, Schnorr, Schwind, Kaulbach, Schadow, Schinkel, Rauch, Schwanthaler, Rietschel u. a. sind Namen, die in der Kunstgeschichte stets zu den gefeiertsten gehören werden.

Auch die **Industrie** und der **Handel** entwickelten sich zwi= schen 1650 und 1800 sehr langsam, und die Continentalsperre hatte nur einen sehr rasch vorübergehenden Einfluß auf die He= bung deutscher Industrie, denn nach Aufhebung dieser Sperre über= schwemmten englische Waaren nur desto mehr den deutschen Markt. Als aber bald darauf der **deutsche Zollverein** in's Leben trat, als rasch hinter einander Schnellposten, Eisenbahnen und Telegra= phenverbindungen entstanden, als die Schifffahrt auf den deutschen Strömen frei wurde und überall Dampfschlot neben Dampfschlot sich erhob: da nahmen alle Zweige der Industrie, sowie Handel und Verkehr auch in Deutschland einen früher nie gekannten Auf= schwung und Umfang.

Neunter Zeitraum.

Von der Stiftung des deutschen Bundes bis zur Wiederentstehung des deutschen Reiches. 1815—1871.

103. Verfassungen und Umtriebe in Deutschland. — Der Carlsbader Congreß. — Der Freiheitskampf der Griechen.

Nach zweiundzwanzigjährigem Kampfe war endlich allgemeiner Friede zurückgekehrt und das deutsche Volk freute sich desselben von ganzem Herzen, wandte sich der Wiederordnung seiner häuslichen und staatlichen Verhältnisse zu und hoffte, daß nach und nach alles, was in den Bundesstatuten in Aussicht gestellt war, sich erfüllen und das daran Mangelhafte sich verbessern werde. Doch nicht alle hegten diese Hoffnung, denn ein nicht geringer Theil, und zwar besonders die deutschen Freiheitsmänner fanden sich durch die neue Gestaltung der Dinge nicht befriedigt, weil der deutschen Nation dem Auslande gegenüber keine politisch genügende und hinreichend ehrenvolle Stellung angewiesen und ein zu großer Theil der Sorge für die innere Wohlfahrt dem guten oder auch bösen Willen der 39 einzelnen Regierungen überlassen war.

Der Artikel 13 der Bundesakte hatte dem deutschen Volke landständische Verfassungen versprochen, und mehrere Regierungen beeilten sich auch, dieses Versprechen zu erfüllen. Schon im Mai 1816 gab Karl August, Großherzog von Sachsen-Weimar seinem Lande eine Verfassung, die alle wesentlichen Bedingungen des modernen Staatslebens: Vertretung aller Staatsbürger, Steuerbewilligungsrecht, Preßfreiheit rc. enthielt; Maximilian I. von Bayern folgte diesem Beispiele am 26. Mai 1818, Baden erhielt sie noch in demselben Jahre, Württemberg im September 1819 und Hessen=Darmstadt im Dezember 1820.

Auch Friedrich Wilhelm III. von Preußen hatte unterm 20. Mai 1815 eine allgemeine Repräsentation des Volkes verhei= ßen; allein die Verwirklichung blieb aus. Dies rief große Un= zufriedenheit hervor, und bald entstanden unter der Universitäts= jugend Vereine, die sich — mehr oder weniger — mit Politik beschäftigten und deßhalb streng überwacht wurden. Als sodann **1817** am Abend des Wartburgfestes — am 18. October 1817 — eine An= zahl Studenten die Schriften mehrerer undeutscher Männer, so z. B. die deutsche Geschichte von Kotzebue, eine Broschüre des preuß. Geheimrathes Schmalz u. a. feierlich verbrannten, nahm diese Ueberwachung noch zu, und der am 23. März 1819 erfolgte Meuchelmord Kotzebue's durch den schwärmerischen Studenten Sand aus Wunsiedel gab, obwohl er nur die That eines Einzel= nen war, einen willkommenen Anlaß zu ernsthaften Maßregeln. Schon im Juli 1819 wurden die Turnplätze geschlossen und viele Verhaftungen gegen Lehrer und Studenten vorgenommen; und der **1819 Karlsbader Kongreß** — im August 1819 — beschränkte die Freiheit der Presse durch die Censur, verbot die Studentenverbin= dungen und alle Turnanstalten, stellte die Universitäten unter die Aufsicht Regierungsbevollmächtigter (Curatoren) und setzte zur Untersuchung der demagogischen Umtriebe eine Centralkommission in Mainz ein, die zwar keinen einzigen Schuldigen entdeckte, aber vielen Unschuldigen die besten Jahre ihres Lebens raubte.

Auch in den romanischen Staaten war man mit der durch den Wiener Congreß geschaffenen neuen Ordnung der Dinge nicht vollständig zufrieden, und es kam daher in Portugal, Spanien und Italien bald zu mehrfachen Verfassungs= und Thronstreitig= keiten, Bürgerkriegen u. s. w. Wichtiger jedoch als diese ist der Befreiungskampf der Griechen von 1821—1827.

Ermuntert durch die mit Rußlands Hilfe erkämpfte Befreiung Ser= biens (1817), erhoben sich 1821 die Griechen in der Moldau, Walachei und in Morea, erklärten 1822 auf dem Congreß zu Epidaurus die Unabhängigkeit der griechischen Nation, bewiesen durch die helbenmüthige Selbstaufopferung auf der Insel Ipsara 1824, zu Missolunghi 1826 2c., daß sie der Freiheit würdig seien und vertrieben nach mehr= jährigen Kämpfen, geführt von Miaulis, Kanaris, Bozzaris u. a., die Türken fast aus ganz Griechenland. Als hierauf die Landung eines ägyptischen Hilfsheeres unter Ibrahim Pascha auf Morea die Sache der Griechen von neuem zu gefährden schien, verlangten England, Frankreich

und Rußland die Freiheit der Griechen. Da die Pforte diese verweigerte, erfolgte in der durch „einen Zufall" herbeigeführten Seeschlacht
bei Navarin 1827 die Vernichtung der ägyptisch-türkischen Flotte 1827
durch die vereinigten Flotten genannter Mächte unter Anführung des
englischen Admirals Codrington, und im nächsten Jahr (1828*)
zwang ein auf Morea gelandetes französisches Befreiungsheer unter
Maison den Ibrahim Pascha zur Rückkehr nach Aegypten. Die Londoner Conferenz erklärte hierauf im Februar 1830 die Unabhängigkeit Griechenlands, und 1833 bestieg der jugendliche Prinz Otto
von Bayern, Sohn Ludwigs I, den Thron des neugebildeten Königs-
reiches.

104. Die französische Julirevolution und ihre Wir-
kungen auf Europa.

Obwohl Ludwig XVIII. von Frankreich seinem Volke eine
Verfassung gab, so war er doch im Herzen dem Absolutismus ergeben. Auch sein Bruder und Nachfolger Karl X. (von 1824
bis 1830) war ein Feind aller Verfassungen und steuerte immer
offener dem altköniglichen Regierungsprinzip entgegen. Allein
auch die Opposition regte sich immer kräftiger, und nach Ernennung des unvolksthümlichen Ministeriums Polignac (1829)
wurde der gewaltsame Ausbruch des Mißvergnügens nur durch
die rasche und ruhmvolle Eroberung des festen Algier (5. Juli
1830), wo das Seeräubersystem vernichtet und eine französische
Kolonie (Algerien) angelegt wurde, noch auf kurze Zeit hinaus-
geschoben. Nach dem Erscheinen der sogenannten Juliordonnanzen,
die allem liberalen Streben Vernichtung drohten, brach aber sofort
(v. 27.—29. Juli) eine blutige Revolution aus, die Karl X. 1839
und die gesammten Bourbonen stürzte und Louis Philipp aus
der Linie Orleans mit beschränkter Gewalt auf den franz. Thron
erhob.

Der Erfolg zu Paris ermuthigte die Unzufriedenen anderer
Länder. Belgien riß sich im September 1830 von Holland los,

---

*) In demselben Jahre begann der russisch-türkische Krieg von
1828—29. Nach dem Siege bei Schumla überschritten die Russen unter
Diebitsch den Balkan und eroberten Adrianopel, und da zu gleicher
Zeit ein zweites russisches Heer auch in Kleinasien siegreich vordrang, so
bewilligte die Pforte durch den Frieden zu Adrianopel den Russen die
Schutzherrschaft über die Moldau und Walachei, diesen beiden Provinzen
eigene Verwaltung und allen Handelsschiffen freie Durchfahrt durch die
Dardanellen und den Bosporus.

wählte Leopold von Sachsen=Koburg (1831) zum König und behauptete — unterstützt von England und Frankreich — ruhmvoll seine Unabhängigkeit; **Polen** aber mußte sich nach muthigem Ringen wieder ergeben; denn die Hauptschlachten bei

1831 Grochow und Ostrolenka giengen für die an Zahl viel geringeren Polen verloren und Warschau wurde am 6. und 7. Sept. durch die Russen unter Paskewitsch mit Sturm genommen, worauf Polen aus einem konstitutionellen Königreiche eine russische Provinz wurde.

Aber auch **Deutschland** fühlte den Einfluß der Julitage. Die Braunschweiger vertrieben ihren bei Adel, Heer und Volk gleich verhaßten Herzog Karl (sein schönes Residenzschloß gieng dabei in Feuer auf), worauf dessen Bruder Wilhelm den Thron bestieg; der Kurfürst von Hessen nahm seinen Sohn und der König Anton von Sachsen seinen Neffen, den spätern König Friedrich August, zum Mitregenten an; Hannover, das seit 1714 eigentlich nur eine britische Provinz war, erhielt einen Vicekönig, und alle vier Staaten bekamen zugleich zeitgemäße Verfassungsurkunden.

Mit diesen und einigen andern Veränderungen waren jedoch die reactionären Großstaaten durchaus nicht zufrieden, und bald fand sich Gelegenheit, gegen allen Liberalismus zu Felde zu ziehen.

1832 Auf dem Hambacher Feste (1832), wo gegen 30,000 Menschen sich versammelt hatten, verlangten die Hauptredner — Dr. Wirth aus Hof, Redacteur der deutschen Tribüne, Dr. Siebenpfeifer u. a. — nichts weniger als die Republikanisirung des geeinigten Deutschlands, ja eine Konföderation des republikanischen Europas, und da einige Hitzköpfe glaubten, das ganze Volk sei schlagfertig und erwarte nur ein Zeichen, so verbanden sie sich mit einigen Polen, Franzosen u. a., überrumpelten — 70 Mann

1833 stark — am 3. April 1833 — die Frankfurter Hauptwache und hofften durch Sprengung der Bundesversammlung, die sie als die Quelle alles Uebels betrachteten', ganz Südwestdeutschland in den Strom der Revolution zu werfen. In einer Stunde war jedoch der ganze Aufstand niedergeschlagen; denn die Bundesversammlung war zum voraus davon unterrichtet, und Metternich, der reactionäre Lenker Oesterreichs, ließ dieses sogenannte **Frankfurter Attentat** absichtlich geschehen; denn es sollte die Handhabe zur Niederwerfung des ganzen Liberalismus geben. Sofort erschienen

die Karlsbader Beschlüsse in „neuer, durchgesehener und vermehr=
ter Auflage;" die Bestimmungen der Wiener Ministerconfe=
renz (1834) sprachen den Ständeversammlungen das Recht ab, **1834**
die Steuern zu verweigern und die Bundesbeschlüsse zu verwerfen,
dehnten die Censur sogar auf die Veröffentlichung der ständischen
Verhandlungen aus und ernannten zur Schlichtung von Streitig=
keiten zwischen Regierungen und Ständen ein nur aus Bevoll=
mächtigten der Regierungen bestehendes Schiedsgericht; zu
Frankfurt wurde — wie 1819 zu Mainz — eine Central=Untersu=
chungskommission gegen demagogische Umtriebe eingesetzt*); Baden
mußte sein freisinniges Preßgesetz aufheben, die Professoren Rot=
teck und Welcker entsetzen und die Universität Freiburg auf einige
Zeit schließen, und selbst Fürsten, denen das liberale Deutschland
früher den deutschen Kaiserthron zugedacht hatte — Ludwig von
Bayern und Wilhelm von Württemberg — ließen sich von der
Reaktion fortreißen.

105. Der deutsche Zollverein 1835. — Frankreichs Rheingelüste 1840. — Thronwechsel in Oesterreich und Preußen.

Wenn auch viele deutsche Fürsten Gegner aller liberalen Be=
strebungen waren, so hatten sie doch meist ein warmes Herz für
das Wohl ihrer Völker, und es erfolgten daher in den einzelnen
Staaten eine Reihe wohlthätiger Einrichtungen, welche die Ver=
besserung der Staatsverwaltung, der Gerichtsverfassung, des Heer=
wesens, des Kirchen= und Schulwesens u. s. w. bezweckten.

Je eifriger aber der einzelne Staat an der Vervollkomm=
uung seiner inneren Wohlfahrt arbeitete, desto mehr fühlte man
die Abgeschlossenheit den anderen Bundesstaaten gegenüber und
die politische Schwäche und Zerrissenheit des deutschen Vaterlandes,
und desto mehr sehnte man sich nach Einheit.

Zu einer politischen Einheit sollte es freilich sobald noch
nicht kommen, aber ohne Folgen waren diese Gefühle doch nicht;

---

*) Ungefähr 1800 Personen, zum Theil die geachtetsten Männer wur=
den ins Gefängniß geworfen und viele derselben geistig und körperlich miß=
handelt. Manche der Geächteten entgiengen der Gefangenschaft durch Flucht,
und bezüglich der Verurtheilten machten manche Fürsten einen großmüthigen
Gebrauch vom Begnadigungsrechte.

denn sie ermöglichten und beschleunigten die Entstehung des deut=
schen Zollvereines, der wiederum einen kräftigen Aufschwung
aller materiellen Interessen erzeugte.

In den zwanziger Jahren gab es so viele Zollschranken als
Staaten; doch schon seit 1819 nahm Preußen mehrere kleinere
Staaten in sein Zollsystem auf, 1828 schloß sich auch Hessen=Darm=
stadt an, und in demselben Jahre kam durch die Bemühungen des
Königs Ludwig von Bayern *) auch ein Zollverein zwischen Bayern
und Württemberg zu Stande. Bald darauf beantragte Preußen,
um den Wohlstand des eigenen Landes zu heben und die mer=
kantilen Interessen des übrigen Deutschlands an sich zu fesseln, die
Aufhebung aller, die freie Handelsbewegung der deutschen Staa=
ten untereinander hemmenden Zollsperren; und es gelang ihm,
1831 Kurhessen, 1833 Bayern, Württemberg, Sachsen und
Thüringen und 1835 Baden und Nassau für den Eintritt zu ge=
1835 winnen, und der so entstandene **deutsche Zollverein** umfaßte ge=
gegen 27 Mill. Menschen, die in eine gewisse Abhängigkeit von
Preußen geriethen, welche auch auf politischem Gebiete ausgebeutet
werden konnte.

Jetzt erst vermochte sich deutsche Industrie und deutscher
Handel zu entfalten. Kostspielige Maschinen brachten bald das
Manufakturwesen zu erstaunlicher Höhe; Fabriken reihten sich an
Fabriken; für größere Unternehmungen bildeten sich Actiengesell=
schaften; zur gegenseitigen Anspornung wurden landwirthschaftliche
und Industie=Ausstellungen veranstaltet und Preise vertheilt, und
auch in Erbauung von Eisenbahnlinien und Canälen, in der Ver=
besserung der Straßen und in Errichtung von Dampfschifffahrts=
cursen blieb Deutschland nicht hinter anderen Ländern zurück.

Ein weiterer Segen des deutschen Zollvereins war, daß das
deutsche Nationalgefühl erstarkte, und das daraus entstehende Be=

---

*) **König Ludwig** (von 1825—1848) erwarb sich große Verdienste
um Bayern. Er berief ausgezeichnete Gelehrte und Künstler nach München,
führte das Institut der Landräthe ein, veranlaßte die Errichtung von 3 po=
lytechnischen und 30 Landwirthschafts= und Gewerbschulen, erbaute den Lud=
wig=Donau=Mainkanal, die Walhalla bei Regensburg, die Befreiungshalle
bei Kelheim, und in München: die Allerheiligen=Hofkirche, die Basilika, die Lud=
wigskirche, die neue Residenz und den Wittelsbacher Palast, die Glyptothek
(für Statuen), die beiden Pinakotheken (für Gemälde), das Odeon, das
Siegesthor 2c., errichtete die Bavaria, viele Denkmäler und Standbilder,
und machte so seine Residenz zur ersten Kunststätte Deutschlands.

wußtsein wachsender Stärke und Macht zeigte sich zunächst darin, daß, als im Jahre 1840 das unruhige Frankreich sein altes Ge= 1840 lüste nach der Rheingrenze unverholen äußerte und große Rüstun= gen vornahm, ganz Deutschland zum Kampfe gegen den Erb= feind bereit war*). Schnell hatten sich die Grenzländer gegen einen Ueberfall gedeckt, und der Wunsch, sich mit dem Gegner zu messen, durchzuckte die ganze deutsche Jugend und die stets schlag= fertigen Heere der mächtigern Bundesglieder.

Doch die Kriegswolke verzog sich wieder; Deutschland aber wußte, daß es nur eines Rufes bedürfe, um alle Gauen Deutsch= lands für des Vaterlandes Ehre zu entflammen und erbaute, um dem Gottesurtheile eines Krieges mit noch größerem Vertrauen entgegen sehen zu können, die mächtigen Bundesfestungen Ulm und Rastadt.

Am 2. März 1835 starb Kaiser Franz von Oesterreich; dem sein körperlich und zuweilen auch geistig leidender Sohn Ferdinand I. (1835—48) folgte. Auf das Geschick Oesterreichs hatte dieser Thronwechsel jedoch nicht den geringsten Einfluß; denn Metternich blieb nach wie vor der allmächtige Lenker dieses Staa= tes, und so lange er das Steuerruder leitete, war an eine Aende= rung des absoluten Systems nicht zu denken.

Ganz anders sah es in Preußen aus; wo Friedrich Wil= helm IV. am 7. Juni 1840 seinem Vater Friedrich Wilhelm III. in der Regierung folgte. Er war zwar schon 46 Jahre alt, aber körperlich und geistig gesund und kräftig und voll Ge= rechtigkeitsliebe und guter Gesinnung für sein Volk. Von ihm erwartete man das Heil des Landes, und seine ersten Maßregeln bestärkten noch diesen Glauben. Geschehenes Unrecht wurde ge= sühnt, eine vollständige Amnestie für politische Vergehen (Bethei= ligung am Hambacher Fest und dem Frankfurter Attentat) er= lassen u. dgl. m. Die sehnlichst gewünschte allgemeine Lan= desvertretung aber genehmigte er nicht, und als er endlich nachgab und am 11. April 1847 einen vereinigten Landtag 1847 einrief und eröffnete, da war es zu spät, denn bald darauf traten Ereignisse ein, die alle gefaßten Pläne über den Haufen warfen.

---

*) In dieser Zeit entstand Beckers „Rheinlied" und die nachmals so be= rühmt gewordene „Wacht am Rhein" von Schneckenburger.

106. Die franz. Februarrevolution 1848 und ihre Wirkungen auf Deutschland.

Eine Revolution hatte den „Bürgerkönig" Louis Philipp auf den Thron gehoben und eine Revolution stürzte ihn wieder. Zwar blühte Frankreich unter seiner Regierung sichtbar auf, zwar hielt er streng jeden Buchstaben der Verfassung: allein dies alles 1848 vermochte ihn nicht zu halten. Am 24. Februar 1848 pflanzte das veränderungssüchtige Paris die rothe Fahne der Revolution auf, eine provisorische Regierung proklamirte die Republik, und Louis Philipp floh mit seiner Familie nach England. Am 21. Juni brach in Paris eine furchtbare socialistische Arbeiter-Insurrection aus; doch der General Cavaignac schlug sie blutig nieder und schützte sodann als Minister-Präsident Paris durch den Belagerungszustand so lange vor neuem Aufruhr, bis Louis Napoleon Bonaparte, ein Neffe des Kaisers Napoleon I., am 10. Dezember 1848 als erster Präsident der Republik gewählt wurde, der die Ordnung kräftig aufrecht erhielt.

Hatte schon die Julirevolution 1830 ihre Wirkungen auf das Ausland geäußert, so that es in noch weit heftigerer Weise die Februarrevolution. Sie erschütterte gleich einem Erdbeben fast ganz Europa, brachte Throne und Reiche zum Wanken und stürzte mit vielem Morschen und Faulen auch viel Hohes und Heiliges in den Staub. In allen Theilen von Deutschland verlangte man laut Entlassung mißliebiger Minister, Verfassungsreformen, Preßfreiheit, Volksbewaffnung, allgemeines Wahlrecht und ein deutsches Parlament, und die Regierungen, zum Theil durch furchtbare Aufstände gelähmt, bewilligten alles.

Hecker und später auch Struwe fielen mit ihren Revolutionsbanden von der Schweiz aus ins Badische ein, wurden aber geschlagen und ihre Banden zersprengt. In Wien brach am 13. März 1848 eine blutige Empörung aus, nöthigte den Kaiser zur Entlassung des Fürsten Metternich und bewirkte eine solche Anarchie, daß Ferdinand am 1. December 1848 zu Gunsten seines 18jährigen Neffen Franz Joseph die Regierung niederlegte. Auch König Ludwig von Bayern sah sich in Folge mehrerer Straßenaufläufe zu München (vom 2—4 März) veranlaßt, der Krone zu entsagen und überließ die Umgestaltung des Landes seinem trefflichen Sohne Maximilian II. (von 1848 bis 1864). Und in der Nacht vom 18. zum 19. März erhob sich auch in Berlin ein blutiger Aufstand. An ein völliges Niederschlagen desselben durch das siegreich vordringende Militär war nicht zu zweifeln; allein schon am 19. zog der König, um weiteres Blutvergießen zu verhäten, seine Truppen aus der Stadt, genehmigte zuvor alle Wünsche des Volkes und versprach, sich an die Spitze der Bewegung in Deutschland zu stellen.

Der Bundestag selbst forderte die Regierungen auf, sofort die Wahl der Nationalvertreter vorzunehmen, schon am 18. Mai 1848 wurde in der Paulskirche zu Frankfurt a/M. die Nationalversammlung eröffnet, und am 29. Juni wählte dieselbe den **Erzherzog Johann** von **Oesterreich** zum **Reichsverweser.**

Kurz vorher war in Schleswig ein **dänisch-deutscher Krieg** ausgebrochen. Die Veranlassung war ein Versuch des dänischen Königs Friedrich VII., das Herzogthum Schleswig aus seiner, auf alten Verträgen beruhenden Verbindung mit Holstein herauszureißen, um es ganz mit Dänemark zu vereinen. Die Herzogthümer erhoben sich dagegen wie ein Mann, bemächtigten sich der Festung Rendsburg, wählten eine provisorische Regierung und erhielten auch von Deutschland Hilfe. Durch freiwillige Beiträge wurde eine deutsche Flotte geschaffen, und ein deutsches Bundesheer unter dem Oberbefehl des preußischen Generals von Wrangel warf die Dänen rasch aus Schleswig hinaus, worauf jedoch Preußen, bedrängt von den mißtrauischen Regierungen Rußlands, Englands und Schwedens, sich zu dem nachtheiligen Waffenstillstand von Malmö (26. August) genöthigt sah, den die deutsche Nationalversammlung anerkannte.

In Frankfurt entstand darüber große Unzufriedenheit, die bald zu einem Aufstande ausartete und auch die Ermordung der preußischen Abgeordneten Auerswald und Lichnowsky zur Folge hatte. Doch der Aufstand wurde nach hartnäckigem Barrikadenkampfe durch herbeigerufene Bundestruppen niedergeschlagen, und ein wiederholter Einfall von Freischaaren unter Struwe's Leitung in Baden hatte gleiches Schicksal.

Da der neue Reichsverweser kein eigenes Land hatte, so glich er einem Arme ohne Schwert. Gar bald erkannte man, daß nur ein mächtiger Fürst Deutschland aus der Verwirrung zu retten vermöge, und deshalb erfolgte, nachdem die deutsche Reichsverfassung durchberathen war, am 28. März 1849 die Wahl 1849 des **Königs von Preußen** zum **deutschen Kaiser.** Dieser jedoch schlug die Kaiserkrone aus, weil sie ihm nur vom Volke, nicht aber auch von den deutschen Fürsten angeboten wurde. „Doch möge Deutschland gewiß sein," fügte er hinzu, „bedarf es des preuß. Schildes und Schwertes gegen äußere oder innere Feinde — ich werde nicht fehlen!"

Als Antwort auf diese Kaiserwahl rief das damit unzufriedene Oesterreich seine Abgeordneten aus Frankfurt zurück, und als hierauf das Parlament das gesammte deutsche Volk aufforderte, die Reichsverfassung zur Anerkennung zu bringen, da folgten auch

Preußen, Bayern, Hannover und Sachsen dem Beispiele Oester=
reichs, worauf die demokratischen Ueberbleibsel der Nationalver=
sammlung — Rumpfparlament genannt — nach Stuttgart über=
siedelten und unter dem Vorwande, die Reichsverfassung durchfüh=
ren zu wollen, darauf ausgiengen, Deutschland in eine Republik
zu verwandeln. Kurz hinter einander entstanden nun in Sachsen
(im Mai) und in Baden, der Rheinpfalz und den übrigen Rhein=
landen (im Mai und Juni) republikanische Erhebungen; allein
preuß. Truppen stellten überall die Ruhe wieder her, und das
Rumpfparlament wurde, da es diese Aufstände gut hieß und un=
terstützte, aufgelöst und eine weitere Versammlung am 18. Juni
1849 gewaltsam verhindert.

Nach Ablauf des Waffenstillstandes zu Malmö eröffnete man die Feind=
seligkeiten wieder. Am 5. April wurde bei Eckernförde ein dänisches
Linienschiff in die Luft geschossen und eine Fregatte genommen, am 13.
April erstürmten bayerische und sächsische Truppen die Düppeler
Schanzen, und am 23. April siegte Bonin bei Kolbing. Am 10.
1850 Juni aber mußte Preußen einen zweiten Waffenstillstand schließen, dem
am 2. Juli 1850 ein fauler Frieden folgte. Hierauf zogen die Dänen
wieder in Schleswig ein, allein die Schleswig=Holsteiner wollten sich
trotz der verlorenen Schlacht bei Idstädt (24. Juli) nicht fügen.
Deshalb zog 1851 nochmals ein österreichisch=preußisches Heer in den Her=
zogthümern ein und bewog dieselben zur Einstellung der Feindseligkeiten,
zur Auflösung des Heeres und damit zum Frieden. — Holstein blieb
unter der Oberaufsicht des deutschen Bundes, die Regierung von Schles=
wig aber lag fortan ganz in den Händen Dänemarks.

Nachdem Preußen die Revolution in den verschiedenen Thei=
len Deutschlands niedergeschlagen hatte, suchte es, seinem königli=
chen Worte getreu, auf friedlichem Wege eine Einigung der deut=
schen Fürsten und Völker, **eine Union** zu Stande zu bringen.
29 kleinere Fürsten wollten Fr. Wilhelm IV. als Reichsvorstand
anerkennen, und auch Sachsen und Hannover wollten unter Be=
dingungen der Union beitreten, weshalb Preußen mit ihnen am
1849 26. Mai 1849 den sogenannten Dreikönigsbund schloß. Darauf
traten am 20. März 1850 Abgeordnete des Volkes in Erfurt zur
Berathung einer neuen Reichsverfassung zusammen, und nach dem
Schlusse dieser Verhandlungen erfolgte eben daselbst am 9. Mai
auch der Fürstencongreß der Union.

Oesterreich dagegen suchte die alte Bundesverfassung wie=
der herzustellen, eröffnete mit Bayern, Württemberg u. a. am
1. Sept. 1850 den aufgelösten Bundestag wieder und bewog Sach=
sen und Hannover zum Austritt aus der Union. Damit sah

Preußen seine Einigkeitsbestrebungen vereitelt, und da es nicht zum deutschen Bundestag zurückkehren wollte, so stand Deutschland, das eben erst so stolze und schöne Kaiserträume geträumt, sich zwiespältig gegenüber, und der kurhessische Verfassungsstreit (Hassenpflug, Bundesexecution durch Bayern und Oesterreich ꝛc.) schien die Veranlassung zu einem Bruderkrieg zu werden. Da jedoch Rußland auf Oesterreichs Seite trat und Preußen sich zu schwach fühlte, so gab letzteres nach. Zu Olmütz einigten sich der preußische und österreichische Minister am 29. Nov. 1850 dahin, die 1850 kurhessischen Verhältnisse gemeinsam zu entscheiden und zur Regelung der Bundesverhältnisse alsbald in Dresden freie Ministerconferenzen aller deutschen Staaten zu eröffnen. Wie beschlossen, so geschah es auch; **bald (1851) tagte der alte Bundestag wieder in Frankfurt,** und Oesterreich stand damit wieder an der Spitze Deutschlands. Preußen aber stellte sich die Aufgabe, die Schlagfertigkeit seines Heeres von Jahr zu Jahr zu erhöhen, und als 1852 die deutsche Flotte unter den Hammer kam, gieng die= 1852 selbe zum größten Theil an Preußen über.

107. Deutschland von 1852 bis 1863. — Der russisch-türkische und italienische Krieg.

In den Jahren 1851 und 1852 wurden zum Zwecke einer alle deutschen Staaten (also auch Oesterreich) umfassenden Handels- und Zolleinigung mehrfache Conferenzen in Dresden, Frankfurt, Wien und Berlin abgehalten. Statt zu vereinen, schienen sie eher die Sprengung des bisherigen Zollvereins zu bewirken; allein mehrere Vorgänge in Frankreich *) erinnerten die deutschen Staaten noch zur rechten Zeit mit lauter Stimme an die Nothwendigkeit eines festen und treuen Zusammenhaltens, und so erfolgte denn am 19. Februar 1853 zu Berlin der Abschluß eines Han= 1853 dels= und Zollvertrages zwischen Oesterreich und Preußen, dem dann sämmtliche Glieder des am 4. April erneuerten und durch die Aufnahme des hannöverischen Steuervereins erweiterten deutschen Zollvereins beitraten.

---

*) Im Dezember 1851 verlängerten die Franzosen die Präsidentschaft Napoleons um 10 Jahre und verliehen ihm das Recht, die Staatsverwaltung nach eigenem Ermessen zu regeln, und am 2. Dez. 1852 erfolgte die feierliche Proklamation Napoleons III. zum Kaiser der Franzosen.

Auch der **russisch=türkische** Krieg (von 1853—1856) sollte zur Entfaltung des deutschen Handels beitragen; denn durch den Frieden zu Paris wurde die Schifffahrt auf der Donau — einer Haupthandelsstraße für Süddeutschland und Oesterreich — vollkommen frei und das schwarze Meer den Handelsschiffen aller Nationen geöffnet.

Die Veranlassung dieses Krieges war folgende: Louis Napoleon hatte den katholischen Christen in Jerusalem mehrere Rechte verschafft, die bisher nur die griechischen Christen besaßen. Der Kaiser von Rußland, eifersüchtig auf diesen Sieg der französischen Regierung, verlangte von der Pforte Aufhebung dieser den Katholiken gewährten Vergünstigungen, Wiedereinsetzung der Griechen in ihre Vorrechte und Garantie dieser Rechte durch einen besonderen Vertrag. Die Pforte, der England und Frankreich Schutz verhießen, lehnte diese Anträge ab, und deshalb besetzte Rußland die Donaufürstenthümer, worauf die Pforte am 25. September 1853 den Krieg erklärte. Bald darauf überschritten die Russen die Donau und vernichteten die türkische Flotte im Hafen von Sinope. Als hierauf Oesterreich zum Schutz seiner Grenzländer in Galizien und Siebenbürgen ein großes Heer aufstellte, zog Rußland, das dadurch seine Bewegungen an der Donau gefährdet sah, sich aus den Donaufürstenthümern zurück, worauf Oesterreich in Folge eines Vertrages dieselben besetzte und dadurch eine Verlegung des Kriegsschauplatzes bewirkte. Schon am 14. September landete ein türkisch=englisch=französisches Corps in der Krimm, gewann am 20. die Schlacht bei der Alma und eroberte nach 11monatlicher Belagerung die heldenmüthig vertheidigte Festung Sebastopol (September 1855). Als sich hierauf (am 22. December) die Festung Kars in Kleinasien den Russen ergeben mußte, hielt Oesterreich — da nun den Anforderungen der Ehre beider Theile Genüge geschehen — die Stunde zu Friedensvermittlungen für gekommen, und da auch Preußen zum Frieden rieth, so gieng Rußland darauf ein, und am 30. März 1856 wurde derselbe zu Paris unterzeichnet.

Wenig Jahre später veranlaßte Napoleon, der sich vorgenommen hatte, Frankreich zur dominirenden Macht in Europa zu machen, den **italienischen Krieg** und hoffte, dadurch in Italien an die Stelle des österreichischen Einflusses den seinigen zu substituiren.

Am Neujahrstage 1859 sprach er bei der Gratulationscour dem österreichischen Gesandten gegenüber von „schlechten Beziehungen zu Oesterreich". Zu gleicher Zeit betonte König Victor Emanuel von Sardinien bei Eröffnung der Kammer feierlich den „Schmerzensschrei Italiens", und in ganz Italien und Frankreich waren die „Berechtigung der Nationalitäten" und die „Revision der Vertäge von 1815" zum Stichworte geworden. Diesen Anzeichen eines kommenden Kriegssturmes gegenüber überschwemmte Oesterreich seine italienischen Besitzungen mit Truppen und auch Sardinien rüstete. Die Diplomatie vermochte den Ausbruch des Krieges nicht zu verhindern, und schon am 26. April überschritten österreichische Truppen den Ticino. Nachdem sich sodann ein großes französisches Hilfscorps mit dem sardinischen Heere vereinigt hatte, verloren die heldenmüthig kämpfenden Oesterreicher in rascher Folge das Gefecht bei Montebello (20. Mai) und die Hauptschlachten bei **Magenta** (4. Juni) und **Solferino** (24. Juni), worauf am 8. Juli ein Waffenstillstand zu Stande kam. 3 Tage später wurden bei einer persönlichen Zusammenkunft Franz Josephs und Napoleons in **Villafranca** bereits die Friedenspräliminarien verabredet, und am 10. November erfolgte der Zür icher Friede, wodurch Oesterreich die Lombardei und seinen Einfluß auf Italien verlor.

Die Kunde von den Friedenspräliminarien zu Villafranca überraschte ganz Europa und besonders Deutschland; denn hier hatte man eben alle Vorbereitungen zu einer Betheiligung am Kriege getroffen. Aber gerade diese in Aussicht stehende Betheiligung Deutschlands unter der Führung Preußens, das bereits sein ganzes Heer mobil gemacht und beim Bund die Aufstellung des 7. und 8. Bundescorps am Oberrhein und den Oberbefehl über die gesammten Streitkräfte Deutschlands verlangt hatte, war die Hauptveranlassung der Friedenspräliminarien; denn Napoleon fühlte sich dem ganzen Deutschland gegenüber um so weniger gewachsen, als die nächste Aufgabe des sardinisch-französischen Heeres in der Eroberung des gewaltigen Festungsvierecks (Mantua, Peschiera, Verona und Legnago) bestand und sicher ein würdiges Seitenstück zu der Belagerung von Sebastopol geworden wäre, und Oesterreich, das während des Krieges öfters in Berlin angeklopft, Preußens Allianz gefordert und den Satz aufgestellt hatte: Napoleon gegenüber handle es sich weniger um den Po als um den Rhein, und auch bei dem Neffen gelte der Grundsatz des Oheims: l'un après l'autre —, fürchtete in der entscheidenden Stunde den Verlust seiner Hegemonie über Deutschland an Preußen. Es begnügte sich daher Napoleon, zumal ihm die Entwicklung in Italien nicht gefiel, mit der Hälfte seines Programmes: „Frei bis zur Adria!" und Oesterreich verzichtete auf die Lombardei.

Am 2. Januar 1861 starb der seit 1857 schwer kranke König Friedrich Wilhelm IV. von Preußen, worauf sein Bruder **Wilhelm I.**, der schon seit 1858 Prinz-Regent von Preußen gewesen, den Thron bestieg. Seine Hauptaufgabe sah er in der vollständigen Heeresreorganisation, und mit Hilfe des Ministerpräsidenten Herrn von Bismark-Schönhausen und des Kriegsministers von Roon führte er dieselbe trotz der Opposition im Abgeordnetenhause zum Heile Deutschlands auch glücklich durch.

Oesterreich sah dieser Machtentwicklung Preußens mit Besorgniß zu. Deshalb legte Kaiser Franz Joseph am 18. **1863** August 1863 der Fürstenversammlung zu Frankfurt ein Bundesreformproject vor, das die Stärkung des österreichischen Einflusses am Bund bezweckte. Da jedoch Preußen am Congresse keinen Theil nahm, so scheiterte das ganze Project, und der Bundestag blieb in seiner alten Form bestehen.

108. Der dänische Krieg 1864.

Am 15. November 1863 starb Friedrich VII. von Dänemark ohne gesetzliche Erben, worauf in Folge des Londoner Protokolls von 1852 der der weiblichen Linie angehörige Herzog Christian von Glücksburg den Thron bestieg und am 18. November eine Verfassung unterzeichnete, wodurch Schleswig vollständig dem dänischen Staate einverleibt und Holstein zu einer tributpflichtigen Provinz gemacht wurde. Gegen diese Verletzung aller Verträge und zugleich gegen die Erbfolge Christians protestirten nicht nur die Herzogthümer, sondern auch viele deutsche Regierungen und der deutsche Bund, und als bald darauf ein deutsches Executionsheer — bestehend aus Sachsen und Hannoveranern — im Namen des Bundes Holstein besetzte, wurde von einem großen Theil des holsteinischen Volkes der nächste Erbe aus der männlichen Linie, der Erbprinz Friedrich von Augustenburg zum Herzog der untheilbaren Fürstenthümer ausgerufen.

Mit dieser Entwickelung der schleswig-holsteinischen Angelegenheit waren jedoch die deutschen Großmächte Preußen und Oesterreich, die das Londoner Protokoll mit unterzeichnet hatten, nicht zufrieden und beschlossen, mit Hintansetzung des Bundes, die Sache **1864** in die eigenen Hände zu nehmen. Am 16. Januar 1864 verlangten beide Mächte, obwohl Bayern *) und die übrigen deutschen

---

*) Wenig Wochen später (am 10. März 1864) starb Bayerns König Max II. (von 1848—1864). Er war stets auf das Wohl seines Volkes

Mittelstaaten dagegen protestirten, bei Kriegsandrohung genaue Einhaltung des Londoner Protokolls, d. h. Aufhebung der Novemberverfassung, und da Dänemark, das sich — jedoch vergebens — auf englische, schwedische und russische Hilfe verließ, eine abschlägige Antwort gab, so überschritt bereits am 1. Februar ein Heer von 72,000 Mann unter Anführung des preußischen Feldmarschalls Wrangel — nämlich 43,500 Preußen unter dem Prinzen Friedrich Karl und 28,500 Oesterreicher unter dem Feld= marschall=Lieutenant Freiherrn von Gablenz — die Eider und drang rasch siegreich vor. Am 2. Februar erstürmte Friedrich Karl die Schanzen bei Missunde; die Oesterreicher siegten am 3. bei Oversell, fanden das Dannewerk schon geräumt und schlugen den dänischen Nachtrab am 6. Februar bei Oeversee; am 18. April erstürmten die Preußen mit großer Bravour die **Düppeler Schanzen**, und die Oesterreicher besetzten am 28. April die vom Feinde verlassene Festung Friedericia und drangen rasch bis zum Lymfiord vor. Der hierauf folgende Waffenstillstand wurde zu einer Conferenz der Unterzeichner des Londoner Pro= tokolls benutzt. Da aber Dänemark auf keinen Vorschlag der deutschen Großmächte eingieng*), so eröffneten diese den Krieg wieder, nahmen am 29. Juni die Insel Alsen, überschritten den Lymfiord und befreiten auch die westfrisischen Inseln Sylt, Föhr u. a. von ihrem Tyrannen, dem dänischen Seekapitain Hammer.

Jetzt erst erkannte Dänemark, daß eine fremde Intervention nicht mehr zu erwarten sei. Es suchte daher um einen neuen Waffenstillstand nach und unterhandelte ernstlich über den Frieden, und am 30. October verzichtete König Christian IX. durch den **Frieden zu Wien** auf alle seine Rechte an Schleswig=Holstein und Lauenburg zu Gunsten des Kaisers von Oesterreich und des Königs von Preußen. Langjähriges Unrecht war dadurch gerächt,

---

bedacht, gab seinem Lande eine neue Gerichtsorganisation (Schwurgerichte, Trennung der Verwaltung von der Rechtspflege 2c.), beförderte Handel, Indu= strie, Fabriken und Ackerbau, war ein eifriger Freund und Beförderer aller Wissenschaft und suchte auch für Deutschlands Einheit, Stärke und Größe zu wirken.

*) Sie verlangten erst Personalunion der Fürstenthümer mit Däne= mark und, als dieses nicht angenommen wurde, vollständige Trennung von Dänemark und staatliche Vereinigung von Schleswig und Holstein unter der Souveränität des Erbprinzen von Augustenburg.

Schleswig durfte wieder seine Muttersprache sprechen, drei deutsche Herzogthümer waren ihrem Vaterlande zurückgegeben.

109. Der deutsche Bruderkrieg 1866.

Die Herzogthümer, ganz Deutschland, ja selbst Oesterreichs Minister glaubten nach dem Wiener Frieden, daß nun der Einsetzung des Augustenburger als Herzog von Schleswig-Holstein nichts mehr im Wege stehe. Allein gar bald sah man, daß Preußens Entschluß, sich in den Herzogthümern festzusetzen, unwiderruflich 1865 feststehe; denn durch eine Note vom 22. Februar 1865 erklärte Bismarck, daß ein selbständiges Schleswig-Holstein nur dann zugelassen werden könne, wenn Preußen die freie Verfügung der gesammten Streitkräfte der Herzogthümer zu Lande und zur See erhalte, und als weder der Herzog von Augustenburg, noch Oesterreich darauf eingieng, trat Preußen, das so hart an seinen Grenzen keinen neuen selbständigen Mittelstaat aufkommen lassen konnte und wollte, immer offener mit seinen Annexionsbestrebungen hervor. Die Möglichkeit eines Krieges zwischen den beiden Besitzern der Herzogthümer wurde von nun an immer wahrscheinlicher, doch kam es noch einmal zu einer Vereinbarung, welche in der sogenannten **Gasteiner Convention** (14. August 1865) ihren Ausdruck fand. Durch dieselbe erhielt — bis beide Mächte sich über den Besitz des Landes definitiv geeinigt haben würden — Oesterreich die Regierung Holsteins und Preußen die Verwaltung Schleswigs, das Oberkommando über den Kieler Hafen, das Besatzungsrecht in Rendsburg und die Oberaufsicht über den zu erbauenden Nordostseekanal, und außerdem überließ Oesterreich Lauenburg gegen die Summe von 2½ Millionen dänischen Reichsthalern erb- und eigenthümlich an Preußen.

Hätte Preußen seinem Alliirten irgend ein Stück Land als Ausgleichungsobject bieten können, so hätte Oesterreich wahrscheinlich eben so gern auf Schleswig-Holstein verzichtet, als auf Lauenburg. Allein ein solches Land war nicht vorhanden und eine Lösung der schleswig-holsteinischen Frage auf diese Weise lag auch nicht im Sinne Bismarcks. Ihm war es überhaupt weniger um Lösung dieser Frage, als um Lösung der deutschen Frage zu thun, und er betrachtete die erste nur als ein Glied der zweiten. Die deutsche Frage endlich einmal zum Austrag zu bringen, Preußen an die Spitze von Deutschland zu stellen und in Deutschland aufgehen zu

lassen, und das verachtete Deutschland zur ersten Macht in Europa
zu machen, das war der kühne, großartige und nationale Plan
des Grafen Bismarck. Dieser Plan aber konnte sich nur durch
einen Sieg über Oesterreich und einen zweiten und glücklichen
Krieg mit Deutschlands Erbfeinde Frankreich verwirklichen, und
diese Kriege, auf die sich Preußen seit Jahren mit größter Energie
vorbereitet hatte, blieben auch nicht lange aus.

Schon im Januar 1866 umwölkte sich der kaum klar ge= **1866**
wordene politische Horizont schon wieder. Eine am 23. Januar
zu Kiel stattgefundene Volksversammlung, welche die Einberufung
einer schleswig = holsteinischen Ständeversammlung, und die Pro-
clamation des Augustenburger verlangte, veranlaßte Preußen zu
einer Note, worin es derartige Demonstrationen für revolutionär
erklärte und die Verantwortung der österreichischen Regierung zu=
schob. Diese wies die Anklage herb zurück, und da sie zu gleicher
Zeit in Böhmen große Truppenmassen zusammen zog, wozu die
in einigen böhmischen Städten ausgebrochene Judenverfolgung un=
möglich einen genügenden Vorwand darbieten konnte, so armirte
auch Preußen im März seine sächsischen und schlesischen Festungen
und schloß am 10. April einen Allianzvertrag mit Italien. Oester=
reich stellte hierauf die Entscheidung der schleswig = holsteinischen
Frage am 1. Juni dem Bundestag anheim und berief durch seinen
Statthalter Gablenz die holsteinischen Stände für den 11. Juni
nach Itzehoe. Dieses Vorgehen Oesterreichs erklärte Preußen als
einen Bruch der Gasteiner Convention, und sofort erhielt Manteuffel, der preußische Gouverneur von Schleswig, den Befehl, mit
seinen Truppen in Holstein einzuziehen, um wieder, wie vor dem
Gasteiner Vertrag, mit dem österreichischen Statthalter eine ge=
meinsame Regierung zu bilden. Gablenz lehnte die Betheiligung
ab, zog sich, als Manteuffel am 10. Juni in Holstein einrückte
und das Zustandekommen der holsteinischen Ständeversammlung
militärisch verhinderte, mit Protest nach Altona zurück und kehrte
hierauf, der Uebermacht weichend, mit seiner 3000 Mann starken
Brigade nach Böhmen zurück. Oesterreich aber stellte am 11. Juni
am Bundestag den Antrag auf unverzügliche Mobilisirung der
Bundesarmee gegen Preußen, weil dieses durch sein Einrücken in
Holstein einen Akt gewaltsamer Selbsthilfe begangen habe. Als
hierauf am 14. Juni dieser Antrag mit 9 gegen 6 Stimmen zum
Beschluß erhoben wurde *), erklärte der preußische Gesandte von

---

*) Für die Mobilisirung stimmten Oesterreich, Bayern, Hannover,

Savigny: „Nach diesem Beschluße sieht Preußen den bisherigen Bundesvertrag als gebrochen an und den deutschen Bund für aufgelöst. Doch ist Preußens König bereit, mit denjenigen Regierungen einen neuen Bund zu schließen, welche ihm die Hand dazu reichen wollen." Nach dieser Erklärung verließ er die Versammlung, und seinem Beispiele folgten in den nächsten Wochen die Gesandten aller derjenigen Länder, die mit Preußen gestimmt hatten.

Dem Bundesbeschluß vom 14. Juni folgte rasch der blutige Krieg. Schon am nächsten Tage forderte Preußen bei Kriegsandrohung Sachsen, Hannover und Kurhessen auf, binnen 12 Stunden ihre Neutralität, Entwaffnung und Zustimmung zur Bundesreform zu erklären, und da sämmtliche Staaten abschlägig antworteten, erfolgte schon am 16. der Einmarsch preußischer Truppen in Hannover und Sachsen.

Das hannöverische Heer zog mit seinem König nach Süden, um sich mit den Truppen der süddeutschen Fürsten — dem 7. und 8. Bundescorps *) unter den Prinzen Karl von Bayern und Alexander von Hessen — zu vereinen. Es wurde aber aufgehalten, schlug sich am 27. bei Langensalza sehr tapfer mit den Preußen und mußte am 28. capituliren. Der König von Sachsen führte seine ganze Armee nach Böhmen und vereinigte sich mit den Oesterreichern unter Benedek; der Kurfürst von Hessen aber wurde auf der Wilhelmshöhe gefangen genommen und nach Stettin gebracht.

Nach der Besetzung Sachsens erklärten am 20. Juni Preußen und Italien an Oesterreich den Krieg, und wenig Tage später drangen die Preußen von 3 Punkten aus in Böhmen ein. Die Elbarmee unter Herwarth von Bitterfeld siegte bei Hünerwasser, vereinigte sich am 27. bei Turnau mit der 1. Armee unter dem Prinzen Friedrich Karl, und die vereinten Heere nahmen am 28. Münchengrätz, am 29. durch einen nächtlichen Sturm Gitschin, und griffen am 3. Juli unter der Oberleitung des Königs von Preußen die Oesterreicher bei Königgrätz oder Sadowa an. Diese mörderische Schlacht hatte anfangs große Chancen für

Württemberg, Sachsen, Kurhessen, Hessen-Darmstadt und einige kleinere Fürstenthümer.

*) Das 7. Armeekorps bildeten die Bayern und das 8. die Württemberger, Badenser, Großhessen, Kurhessen, Nassauer und einige Regimenter Oesterreicher.

Oesterreich; nach der glücklichen Vereinigung mit der unter dem Kronprinzen stehenden II. Armee, die am 28. und 29. Juni sehr heftige Kämpfe bei Trautenau, Nachod und Skalitz ꝛc. zu bestehen hatte, wurden die Oesterreicher jedoch vollständig geschlagen und verloren 40,000 Mann, darunter 21,000 Gefangene, 174 Geschütze und 11 Fahnen.

Mit dieser Riesenschlacht war der Krieg mit Oesterreich so gut, wie entschieden. Die Preußen drangen nun rasch vorwärts, besetzten am 8. Juli Prag, am 12. Brünn und standen nach wenig Tagen vor Wien. Die Oesterreicher aber waren, obwohl der in Italien siegreiche Erzherzog Albrecht den Oberbefehl übernahm und 60,000 Mann Verstärkung mitbrachte, zu einer zweiten Hauptschlacht zu entmuthigt, und da durch die Erfolge der Preußen in Ungarn auch der Rückzug nach Preßburg gefährdet wurde, so suchte Oesterreich wiederholt um einen Waffenstillstand nach, der endlich am 22. Juli auch zu Stande kam. 4 Tage später wurden zu **Nikolsburg** die Friedenspräliminarien unterzeichnet, und am 23. August erfolgte der **Friede zu Prag.**

Oesterreich trat, obwohl es am 24. Juni bei **Custozza** und am 20. Juli in der Seeschlacht bei Lissa zwei glänzende Siege über die Italiener errungen hatte, das ganze Venetien an Italien ab, schied aus dem neu zu gestaltenden Deutschland aus, erkannte alle Einrichtungen an, die Preußen für Norddeutschland vorhatte, sowie alle Veränderungen im Länderbesitz, erklärte sich auch damit einverstanden, „daß die südlich des Mains gelegenen deutschen Staaten in einen Verein zusammen treten, dessen nationale Verbindung mit dem norddeutschen Bunde der näheren Verständigung zwischen beiden vorbehalten bleibt," übertrug alle seine Ansprüche auf Schleswig-Holstein mit der Bedingung an Preußen, „daß die nördlichen Districte wieder mit Dänemark vereinigt werden, wenn die Bevölkerung dieser Districte durch Abstimmung ihren Wunsch nach solcher Wiedervereinigung zu erkennen gibt" und zahlte an Preußen 20 Millionen Thaler Kriegskosten. Außerdem wurde den süddeutschen Staaten, „eine internationale, unabhängige Existenz" und dem Königreich Sachsen seine bisherigen Grenzen ausdrücklich zugesichert, in allen übrigen Dingen aber überließ Oesterreich seine Verbündeten der Gnade des Siegers.

Ebenso glücklich wie in Oesterreich waren die Preußen auch in Mittel- und Westdeutschland. Die 40,000 Mann starke Mainarmee unter Vogel von Falkenstein verhinderte die Vereinigung des 7. und 8. Armeecorps, drängte die Bayern nach mehreren Gefechten bei Cella (3. Juli), Dermbach, Kaltennordheim und Roßdorf (4. Juli) gegen den Main zurück, erkämpfte sich durch das hitzige Gefecht bei Kissingen (am 10.) den Uebergang über

15

die Saale, siegte am gleichen Tage bei Hammelburg, schlug am 13. die Hessen-Darmstädter bei Laufach und am 14. bei Aschaffenburg die Oesterreicher, Hessen, Badenser und Würtemberger, und besetzte am 16. Frankfurt a/M. Die Länder nördlich des Maines lagen nun, wie sich Falkenstein ausdrückte, zu Füßen seiner königlichen Majestät, und der Stadt Frankfurt wurde wegen ihrer allzu starken Sympathie für Oesterreich eine Contribution von 6 Mill. Gulden auferlegt.

Nach 5 tägiger Ruhe suchte die durch die olbenburg-hanseatische Brigade verstärkte preußische Mainarmee unter Manteuffels Oberbefehl den Feind im Süden des Maines auf, besiegte am 23. die Badenser bei Hundheim, am 24. die Oesterreicher, Württemberger, Hessen-Darmstädter und Nassauer bei Tauberbischofsheim, am 25. und 26. die Bayern bei Helmstadt und Roßbrunn, eröffnete am 27. ihr Feuer gegen die Feste Marienberg und zog am 2. August in Würzburg ein. Gleichzeitig war der Großherzog von Mecklenburg-Schwerin, der die preußische zweite Reserve führte, von Leipzig aus über Hof und Bayreuth bis nach Nürnberg (31. Juli) vorgerückt, und noch andere preußische Truppen hatten einen Theil der Rheinpfalz und mehrere württembergische Städte besetzt. Jetzt erst bewilligte Preußen den süddeutschen Staaten einen Waffenstillstand, und dieser führte zu einem allgemeinen Frieden, der in Berlin — jedoch mit jedem Staate besonders — abgeschlossen wurde.

Bayern zahlte 30 Millionen Gulden und trat das Bezirksamt Gersfeld, einen Bezirk um Orb und die Enklave Kaulsdorf ab (10 Q.-M. mit 33,900 Einwohnern), Württemberg zahlte 8 und Baden 6 Millionen Gulden Kriegskosten, Hessen-Darmstadt verlor Hessen-Homburg, einen Theil von Oberhessen und 3 Millionen Gulden und überließ das Besatzungsrecht der Festung Mainz an Preußen, Meiningen trat das Dorf Altlöbnitz ab, Reuß-Greitz zahlte 100,000 Thaler, und Sachsen endlich hatte 10 Millionen Thaler Kriegskosten zu entrichten, mußte dem norddeutschen Bunde beitreten und das preuß. Besatzungsrecht einzelner Punkte anerkennen; Hannover, Kurhessen, Nassau, Frankfurt a/M. und Schleswig-Holstein aber — 1300 Q.-M. mit circa 4½ Millionen Einwohnern — wurden vollständig dem preußischen Staate einverleibt.

Deutschlands Einheit war also durch diesen Krieg wesentlich gefördert worden; denn die gesammten Staaten im Norden des Maines (c. 7540 ☐ M. mit 30 Mill. E.) bildeten nun unter Preußens Führung den **norddeutschen Bund**, und Preußen selbst hatte seine Grenzen bedeutend abgerundet und mit den süddeutschen Staaten Schutz= und Trutzbündnisse abgeschlossen, die zwar vor der Hand noch geheim gehalten wurden, aber bald treffliche Früchte trugen.

110. Der französische Krieg. 1870/71.

Die ungeheueren Erfolge Preußens im Jahre 1866 erregten das Staunen der ganzen Welt. Einige Staaten — so z. B. die Vereinigten Staaten von Nordamerika — äußerten hierüber un= verhohlen ihre Freude und Bewunderung, andere aber vermochten ihren Neid und ihren Aerger nicht zu verbergen, und zu diesen gehörte besonders Frankreich. Napoleon III. erkannte, daß sein Stern im Sinken begriffen sei und daß die Schlacht bei Sadowa Frankreich vom Präsidentenstuhl des europäischen Areopag's herab= gestoßen habe, und sein Unmuth vermehrte sich noch, als ihm bei der neuen Ländertheilung auch nicht das kleinste Stückchen als Beutestück zufiel und Preußen selbst die „unschuldigste" Forderung rundweg abschlug. Ein Krieg mit Preußen war von dieser Zeit an der Lieblingsgedanke fast aller Franzosen; denn Krieg war bei ihnen gleichbedeutend mit Sieg. Napoleon jedoch wußte, daß er diesem Gegner noch nicht gewachsen sei und daß zudem dabei auch sein Thron auf dem Spiele stand. Um aber doch dem Drängen seines Volkes Genüge zu leisten, machte er den Versuch, dem Könige von Holland das Großherzogthum Luxemburg abzukaufen, und wäre ihm dies gelungen, so hätten die Preußen ohne Blut= vergießen einen argen Schlag erhalten; denn das Besatzungsrecht der Festung Luxemburg wäre dann von den Preußen an die Franzosen übergegangen, und diese hätten damit den Schlüssel zu den preußischen Rheinlanden gehabt. Preußen, unterstützt von der öffentlichen Meinung des ganzen Deutschlands, protestirte dagegen energisch, und bald glaubte man allgemein, daß das kaum in die Scheide gesteckte Schwert wieder gezogen werden müsse. Hierzu wollte es Napoleon jedoch zur Zeit noch nicht kommen lassen, und da auch Preußens König seinem Lande den Frieden erhalten wollte, so erklärten sich Preußen und Frankreich mit den Bestimmungen der Londoner Conferenz (11. Mai 1867) einverstanden. 1867

Die Festung Luxemburg wurde geschleift, und das ganze Ländchen blieb bei Holland und wurde als neutrales Land unter den Schutz aller euro= päischen Großmächte gestellt.

Die Luxemburger Angelegenheit endete also ganz gegen Na= poleons Wunsch, und als er kaum 2 Monate später, um sein sehr gesunkenes Ansehen wieder zu heben, an Preußen die Forderung

stellte, endlich die durch den Prager Frieden bestimmte Abtretung
der nördlichen Distrikte von Schleswig an Dänemark vorzuneh=
men, wurde ihm die Antwort, daß Preußen sich Frankreichs Ein=
mischung in diese Angelegenheit allen Ernstes verbitten müsse. Von
diesem Augenblick an war ein Krieg mit Preußen auch bei Napoleon
eine beschlossene Sache. Mit fieberhafter Ungeduld ließ er die Reor=
ganisation seiner Armee vornehmen, und kaum fühlte er sich mächtig
1870 genug, so erklärte er am 15. Juli 1870 den Krieg*). Ganz Frank=
reich jubelte; denn ein unglücklicher Ausgang des Krieges schien un=
möglich zu sein. Die Kriegserklärung kam und wirkte ja wie ein
Blitz aus heiterm Himmel, der Gegner konnte unmöglich gerüstet
sein, Oesterreich, Dänemark und Italien hatten „bei der ersten gün=
stigen Wendung" ihre Betheiligung am Kriege zugesagt, und eine
Neutralität Süddeutschlands gehörte nicht zu den Unmöglichkeiten.
Allein deutsche Treue und deutsche Tapferkeit machten französisches
Raubgelüste zu nichte. Die Fürsten Süddeutschlands hielten, was
sie im Jahre 1866 versprochen und unterschrieben hatten und stell=
ten bereits am 20. Juli ihre Heere unter den Oberbefehl des
Königs von Preußen, und schon nach wenig Tagen zogen Nord=
und Süddeutschlands Söhne in trauter Waffenbrüderschaft hin
nach Westen, ihr Vaterland zu erretten, den deutschen Rhein zu
beschützen, deutsche Städte und Länder wieder zu erkämpfen und
Frankreichs Uebermuth zu brechen. Die erste Armee unter S t e i n=
m e tz sammelte sich zwischen der Saar und Mosel, die zweite unter
dem Prinzen F r i e d r i ch K a r l zwischen Homburg und Kaisers=
lautern und die dritte unter dem K r o n p r i n z e n von P r e u ß e n
an der Nordgrenze des Elsaß, zwischen dem Hardtgebirge und dem
Rhein; an der Spitze des Ganzen stand der greise Heldenkönig
Wilhelm von **Preußen** und dessen Generalstabschef, General von
M o l t k e, und der allmächtige Lenker der Schlachten verlieh den
Deutschen Sieg um Sieg. Am 4. August nahmen preußische

---

*) Die Berufung des Erbprinzen Leopold von Hohenzollern auf den spa=
nischen Thron mußte zur Begründung dienen. Napoleon verlangte, daß
Preußens König den Prinzen zur Verzichtleistung veranlasse, und als König
Wilhelm diese Zumuthung zurück wies, der Erbprinz aber gleichwohl aus
eigener Bewegung entsagte, verlangte der französische Botschafter wiederholt,
König Wilhelm solle sich feierlichst verpflichten, daß auch in Zukunft kein
Mitglied seiner Familie die spanische Krone annehme und dem Kaiser Napo=
leon ein Entschuldigungsschreiben übersenden. König Wilhelm ließ Benedetti
als Antwort die Thüre weisen und hierauf erklärte Frankreich den Krieg.

und bayerische Truppen unter dem Kronprinzen die Stadt Weissenburg und den steilen Geisberg, am 6. siegte dieselbe Armee bei **Wörth**, und am gleichen Tage erstürmten Truppen der ersten Armee die Höhen von Spicheren. Am 9. August begann die Einschließung der starken Festung Straßburg; die Schlachten bei Courcelles, Mars-la-Tour und Gravelotte oder Rezonville — am 14., 16. und 18. August — hatten die Einschließung der I. französischen Armee unter Bazaine in der Festung **Metz** durch Friedrich Karl zur Folge, und die 150,000 Mann starke II. französische Armee unter Mac Mahon wurde nach der Schlacht bei Beaumont (am 30. August) und der noch an demselben Tage stattgefundenen Vereinigung der IV. Armee unter dem sächsischen Kronprinzen mit der III. Armee am 31. in der kleinen Grenzfestung **Sedan** eingeschlossen und mußte sich am 2. Sept. mit 400 Feld- und 184 Festungsgeschützen ergeben.

Der Krieg schien jetzt zu Ende zu sein; denn unter den Gefangenen von Sedan befand sich Napoleon III.; allein Frankreich erklärte sich nun zur Republik, und da diese nichts vom Frieden wissen wollte, so nahm der Krieg seinen Fortgang. Am 19. September war die Cernirung der Riesenstadt **Paris** vollendet; von Ergebung wollte sie aber nichts wissen; denn mit Lebensmitteln und Munition war sie reichlich versehen, und von Tag zu Tag hoffte sie auf Erlösung durch eine französische Armee. Allein die Deutschen schlugen sämmtliche französische Armeen glücklich zurück.

Die über 150,000 Mann starke Armee unter Bazaine fiel durch die Capitulation der Festung **Metz** in die Hände der Deutschen; das Werder'sche Corps, dem sich am 28. Sept. die durch Uhrich tapfer vertheidigte Festung Straßburg ergab, warf am 22. October die sogenannte Ostarmee unter Cambriels über den Orignon gegen Besançon, eröffnete in den ersten Tagen des Novembers die Belagerung der wichtigen Festung **Belfort**, hielt gleichzeitig die Garibaldianer im Schach und brachte ihnen am 26. und 27. November zwischen Dijon und Pasques eine vollständige Niederlage bei; die gegen 60,000 Mann starke französische Nordarmee unter Faidherbe wurde nach mehreren Gefechten (an der Hallue, bei Bapaume ꝛc.) am 19. Januar 1871 bei **St. Quentin** von Goeben so vollständig geschlagen, daß sich die Trümmer erst in Lille wieder zu sammeln vermochten; die um Alençon gebildete Westarmee unter Keratry erlitt bei Chateaubun am 18. October durch Wittich eine Niederlage und wurde durch die Schlachten bei Dreux (am 17. Nov.) durch den Großherzog von Mecklenburg und bei Chateauneuf (am 18. Nov.) durch Wittich völlig zersprengt; und auch die gegen 100,000 Mann starke Loirearmee vermochte nichts Wesentliches auszurichten. Von der Tann, der nach den siegreichen Gefechten bei **Etampes**, **Artenay** und an der **Loire** (am 9., 10. und 11. October) **Orleans** mit Sturm nahm, mußte sich zwar am 7. November, da die Loirearmee unter **Aurelles** mit großer Uebermacht gegen ihn heranrückte, nach **Tours** zurückziehen, nachdem er sich aber mit einem Theil der II. Armee vereinigt hatte, wurde **Aurelles** am 28. November bei **Beaune la Rolande** total geschlagen und **Orleans** am 4. Dezember zum zweitenmal erobert. Die Loirearmee theilte sich nun in 2 Theile. Der westliche Theil unter **Chanzy** mußte sich, verfolgt durch die Armeen des Großherzogs und des Prinzen **Friedrich Carl** unter beständigen Kämpfen zurückziehen und wurde durch die Schlacht bei **Le Mans** am 12. Januar 1871 vollständig zersprengt; der östliche Theil unter **Bourbaki** aber, der sich gegen **Belfort** wandte, brachte das **Werder'sche** Corps in große Gefahr. Nach 3 tägiger heißer Schlacht (vom 15—17. Januar) wurde jedoch **Bourbaki**, obwohl seine Armee die größere war, bei **Abbevillers** geschlagen und nach der glücklichen Vereinigung des Werderschen Corps mit dem Corps des Generals von **Manteuffel** gegen die **schweizerische Grenze** gedrängt, welche er auch am 1. Februar überschritt, worauf seine 80,000 Mann starke Armee entwaffnet wurde.

Um das Heranrücken einer Entsetzungsarmee zu ermöglichen, versuchten die in **Paris** eingeschlossenen Truppen wiederholt die deutsche Belagerungsarmee zu durchbrechen; allein alle Ausfälle wurden von den Deutschen ruhmvoll zurückgeschlagen. Am 5. Januar begann die Beschießung der Forts, und da dabei viele Kugeln den Weg nach Paris fanden, und gleichzeitig auch die Kälte und Hungersnoth täglich zunahm und Krankheiten aller Art sich einstellten, so erschien am 24. Januar **Jules Favre**, der franz. Minister des Auswärtigen, im deutschen Hauptquartier zu Versailles, um über die Kapitulationsbedingungen zu unterhandeln, und am 29. besetzten die deutschen Truppen sämmtliche Forts. Als später noch eine Verlängerung des Waffenstillstandes nöthig wurde, machte man dieselbe von der Uebergabe der Festung **Belfort** abhängig. Am 18. Februar wurde dieselbe den Deutschen übergeben, eine Verlängerung des Waffenstillstandes erfolgte, und am 1. März wurden in **Bordeaux** nach mehrtägigen heftigen Debatten die Friedenspräliminarien von der Nationalversammlung genehmigt. Der definitive Friede aber erfolgte erst am 10. Mai 1871 zu **Frankfurt a/M.** Die Hauptbedingungen waren folgende:

1. **Frankreich** verzichtet zu Gunsten des deutschen Reiches auf **ein Fünftel** von **Lothringen**, darunter **Metz** und **Thionville**; ferner auf **Elsaß**, ausschließlich Belfort.
2. **Frankreich** zahlt binnen 3 Jahren **fünf Milliarden Francs**.
3. Die Räumung der Pariser Forts und der übrigen Departe-

1871

ments erfolgt allmählich und richtet sich nach der Bezahlung der Kriegskosten; die restirenden Summen werden — vom Tage der Ratifikation der Friedensbedingungen an — mit 5% verzinst.

———

Vergleicht man diesen achtmonatlichen gewaltigen Riesenkampf mit anderen Kriegen, so findet man, daß er seines Gleichen in der ganzen Weltgeschichte nicht hat. Wiederholt hatten sich Armeen ergeben müssen, die Napoleon I. für groß genug hielt, um damit Europa zu bekämpfen; nicht eine Schlacht, nicht ein Gefecht endete zu Gunsten der Franzosen, und selbst mit ihrer gewaltigen Kriegs= flotte vermochten sie keine Erfolge zu erringen. Groß waren die Opfer, die dieser Krieg forderte, groß die Gefahren und Mühselig= keiten, die die Deutschen zu überwinden hatten: aber groß waren auch die Erfolge. Der französische Kaiserthron zerbrach in Trüm= mer, der vollständig niedergeschlagene Feind zerfleischte sich schließ= lich selbst, reiche Provinzen wurden dem deutschen Reiche zurück erobert, und die längst herbeigewünschte und vielfach angestrebte **deutsche Einigkeit** ward zur Wirklichkeit. Schon im Novem= ber 1870 erfolgte durch Separatverträge mit den süddeutschen Staaten die Erweiterung des Nordbundes zu einem **deutschen Bunde,** und als bald nachher der hochherzige König **Ludwig II.** von Bayern an sämmtliche deutsche Fürsten und freie Städte die Anforderung stellte, an die Stelle des deutschen Bundes den Namen „deutsches Reich" zu substituiren und dem Oberhaupte des Bundes, dem Könige von Preußen, den Titel eines „deut= schen Kaisers" zu verleihen, da erfolgte unter zustimmendem Jubel der Bevölkerung allseitige Beipflichtung. Am 16. Dezem= ber meldete König Ludwig die Zustimmung der Fürsten nach Versailles, dem Hauptquartier des Königs von Preußen, der Reichs= tag, der Ludwigs Vorschlag am 10. Dezember acceptirte, entsandte eine Adreßdeputation, und am 14. Januar 1871 wurde in dem 1871 Königsschloß zu Versailles **das neue deutsche Reich unter der Krone Hohenzollern** feierlich proklamirt.

Als **Kaiser von Deutschland** und zugleich als Mehrer des Reiches zog Preußens Heldenkönig bald nachher aus dem Kampfe nach Hause, und daß er noch lange walte zum Wohle unseres deutschen Vaterlandes, das gebe Gott!

Die Hauptdaten der Kulturgeschichte.

113 v. Chr. erster Zusammenstoß der Deutschen mit den Römern.

46 Kalenderverbesserung durch Julius Cäsar.

4 v. — 9 n. Chr. die Römer suchen Nordwestdeutschland zu romanisiren.

9 n. Chr. Schlacht im teutoburger Wald.

33 Christi Leiden unter Pontius Pilatus. — Reisen der Apostel.

64 erste Christenverfolgung durch Nero.

180 das Weltsystem des Ptolemäus.

303 letzte (10.) Christenverfolgung unter Diocletian.

312 Constantin der Große erhebt das Christenthum zur Staatsreligion.

375 Bibelübersetzung durch Ulphilas, Bischof der Westgothen. — Hieronymus: Biblia vulgata. — Die Völkerwanderung.

496 die Franken bekennen sich zur katholischen Kirche.

500—800 Ausbreitung des Christenthums unter den Deutschen.

600 Ausbildung des Lehenswesens im fränkischen Reiche.

622 Muhammeds Flucht von Mekka nach Medina. Der Islam.

650 Papier aus Baumwolle bei den Arabern und Chinesen.

732 die Schlacht bei Tours. Bonifazius, Apostel der Deutschen.

800—900 die ersten bergmännischen Versuche auf dem Fichtelgebirge.

843 Messe zu Frankfurt a. M.

860 althochdeutsche Evangelienharmonie durch Otfried.

919—936 Heinrich I. begründet Bürgerthum und deutsches Ritterwesen.

968. Silberbergwerke am Harz. — Schachspiel bei den Persern.

983 erste Spur von Glasmalerei in Tegernsee.

1073 P. Gregor VII. Kampf der Hierarchie wider den weltlichen Staat.

1096—1291 die Kreuzzüge nach dem heiligen Lande.

1140 die erſten Ducaten durch Herzog Roger II. von Apulien.
1180 Magnetnadel in Europa bekannt. Glasfenſter in England.
1184 Straßenpflaſter in Paris.
1190 Meſſe in Leipzig. Blüthe der mittelhochdeutſchen Poeſie. Germaniſcher Bauſtil.
1227 deutſche Cultur in Preußen durch den Deutſchherrenorden.
1241 Hamburg und Lübeck gründen die Hanſa.
1248 Beginn des Cölner Dombaues.
1250 Entdeckung der Zinnbergwerke in Sachſen und Böhmen.
1277 Erwin von Steinbach beginnt den Bau der Thürme des Münſters zu Straßburg. — Verfall der deutſchen Poeſie.
1300 Welthandel der Venetianer und Genueſen: der Compaß. Marko Polo's Reiſen in Centralaſien. — Augsburg und Nürnberg verkehren mit Italien.
1308 Erfindung des Lumpenpapiers.
1330 Schießpulver in Deutſchland bekannt.
1346 Anwendung von Feuerwaffen in der Schlacht bei Crecy.
1348 Gründung der erſten deutſchen Univerſität zu Prag.
1378—1415 die große Kirchenſpaltung. — Concilium zu Conſtanz. Die Huſſiten.
1381 der rheiniſche und ſchwäbiſche Städtebund vereinigt ſich.
1390 erſte Papiermühle in Nürnberg.
1400 die Holzſchneidekunſt in Deutſchland.
1450 Erfindung der Buchdruckerkunſt durch Guttenberg, der Meſſingfabrikation durch Ebner in Nürnberg, der Kupferſtecherkunſt durch Tomaſo Finiguerra in Florenz.
1470 erſte Glasfabrik in Deutſchland.
1480 erſte deutſche Poſt in Tyrol durch die Grafen Thurn und Taxis.
1486 Barth. Diaz gelangt an die Südſpitze von Afrika.
1492 entdeckt Chriſtoph Columbus Amerika.
1495 der ewige Landfrieden durch Kaiſer Max I.
1498 entdeckt Vasko de Gama den Seeweg nach Oſtindien.
1500 der Portugieſe Cabral entdeckt Braſilien. Peter Hele aus Nürnberg erfindet die Taſchenuhren. — Die Fugger in Augsburg werden Grafen und Fürſten. — Die claſſiſchen Studien in Deutſchland.
1500—1600 Blüthe der Kunſt in Italien und Deutſchland: Leonardo da Vinci † 1519, Rafael † 1520, Correggio

† 1534, Michel Angelo † 1564, Tizian † 1576, Albrecht Dürer † 1528, Hans Holbein, L. Kranach ꝛc.

1513 P. Leo X. Bau der Peterskirche in Rom. Ablaßhandel.

1517 Beginn der Reformation.

1518 wurden in Joachimsthal die ersten Thaler geprägt.

1519—22 erste Erdumsegelung durch Ferd. Magellan.

1520 die erste Feuerspritze in Augsburg.

1522 Postverbindung zwischen Wien und Nürnberg.

1522—34 Bibelübersetzung durch Luther, den Begründer der neuhochdeutschen Prosa. Das evangelische Kirchenlied.

1523 Kattundruck in Augsburg.

1528 die Welser in Augsburg senden Handelsschiffe nach Venezuela.

1530 das Spinnrad durch Jürgens in Wolfenbüttel erfunden.

1534 Rauchtabak in Europa.

1538 Erfindung der Taucherglocke.

1543 † Kopernikus, der Begründer des wissenschaftlichen Weltsystems.

1551 Rheinische oder Reichsgulden aus Silber geschlagen.

1555 Religionsfriede zu Augsburg.

1560 Windbüchsen durch Hans Lobsinger in Nürnberg. Verpflanzung der Wollenzeugmanufaktur aus Holland nach Sachsen.

1561 Spitzenklöppelei durch Barbara Uttmann erfunden.

1571 erste Passagierpost zwischen Frankfurt und Leipzig.

1577—79 Drake umschifft die Erde. Kartoffeln kommen nach Europa.

1582 gregorianischer Kalender.

1590 erster Hopfenbau in Bayern.

1597 die erste Zuckersiederei in Augsburg durch Roth.

1602 die holländisch-ostindische Handelscompagnie. Verfall der Hansa.

1615 erste politische Zeitung in Frankfurt a. M.

1618—48 der 30jährige Krieg. — Keppler entdeckt die Gesetze der Planetenbewegung († 1630).

1630 Kaffee in Venedig. Tabakbau um Erlangen und Nürnberg.

1638 Erfindung des Thermometers durch Drebbel aus Alkmar.

1643 Erfindung des Barometers durch Torricelli in Florenz.

1648 westfälischer Friede. — Herrschaft der französischen Sprache und Hofsitte.

1650 Otto von Guericke erfindet die Luftpumpe.

1683 erstes Kaffeehaus in Wien, 1686 in Regensburg u. Nürnberg, 1687 in Hamburg, 1713 in Augsburg 2c.

1685 Auswanderung vieler französischer Protestanten nach Deutschland, Holland 2c. in Folge der Aufhebung des Edictes von Nantes.

1700 blühende Fabrikindustrie am Rhein, in Westfalen, in Steiermark 2c. — Einführung des gregorianischen Kalenders bei den Protestanten. — Erste Dampfmaschine durch Savary in England. — Academie der Wissenschaften in Berlin.

1705 erste Straßenbeleuchtung mit Laternen in Dresden.

1710 Anbau der Kartoffeln in Schwaben und der Pfalz.

1716 † Leibnitz, Begründer der deutschen Philosophie und Erfinder der Differentialrechnung.

1717 Schröder in Dresden erfindet das Pianoforte.

1738 Herculanum und Pompeji aufgefunden.

1747 erste Runkelrübenzuckerfabrik in Freiburg.

1750 Deutschlands erste Assecuranz in Braunschweig.

1750—1832 die classische Epoche der deutschen Nationalliteratur.

1768 erste kaufmännische Lehranstalt in Hamburg. Englische Baumwollenindustrie. James Watt's Dampfmaschine.

1771 Einführung des Kartoffelbau's in Bayern.

1772 Entdeckung der verschiedenen Luftarten.

1773 erste Taubstummenschule in Paris, 1778 in Leipzig.

1776 Unabhängigkeitserklärung der Vereinigten Staaten.

1783 directer Verkehr von Hamburg und Bremen mit Nordamerika. Erfindung des Luftballons durch Montgolfier.

1786 Erfindung des Maschinen-Webstuhles in England.

1789 Beginn der französischen Revolution.

1791 der Galvanismus entdeckt durch Galvani und Volta.

1796 erfindet Sennefelder in München die Lithographie.

1798 die Kuhpockenimpfung durch den englischen Arzt Jenner.

1799 Louis Robert erfindet die Maschine für das endlose Papier.

1800 Einführung der englischen Spinnmaschine auf dem Continent. Hamburg erster Handelsplatz des Continents.

1807 Fulton baut das erste Dampfschiff in Neu-York. Die Continentalsperre begünstigt die Entwicklung der deutschen Industrie.

1813 deutscher Befreiungskrieg.

1817 erste deutsche Industrieausstellung in Cassel.

1819 erste Maschinenpapierfabrik in Deutschland.
1820 Oerstedt entdeckt den Elektromagnetismus.
1821 freie Elbschifffahrt. Erste Eisenbahn in England.
1823 freie Weserschifffahrt.
1825 directer Handelsverkehr von Hamburg und Bremen nach Ostindien und China.
1826 Universität München. Seidenbauvereine in Bayern, Brandenburg und Oesterreich. Münchener Kunstschule: Cornelius, J. Schnorr, H. Heß ꝛc.
1827 Dampfschifffahrt auf dem Rhein.
1831 freie Rheinschifffahrt bis in die See. Entdeckung des magnetischen Pols.
1835 deutscher Zollverein. Hebung der deutschen Industrie.
1835 erste Eisenbahn in Deutschland mit Dampfkraft zwischen Nürnberg und Fürth.
1837 Steintheil in München erfindet den elektromagnetischen Telegraphen.
1838 Dampfschifffahrt nach Nordamerika, auf der Mosel, dem Main, dem Neckar ꝛc. — Die Daguerreotypie.
1845 Eröffnung des Ludwig-Donau-Main Canals.
1846 Erfindung der Schießbaumwolle.
1848 Communismus und Socialismus in Frankreich. Elektromagnetische Telegraphenlinie für den Weltverkehr.
1851 die Welt-Industrieausstellung in London.
1853 Zoll- und Handelsvertrag zwischen dem Zollvereine und Oesterreich.
1854 Industrie-Ausstellung in München. — Eisenbahnlinien, Industrie und Handel mehren sich immer rascher. — Erfindung der Stenographie durch Gabelsberger. — Photographie.
1866 Vollendung des transatlantischen Kabels.
1869 Eröffnung des Suezkanals.
1870 Vollendung des 12,233$\frac{1}{3}$ m. langen Tunnels durch den M. Cenis.

Inhalt.

(Zugleich Verzeichniß der deutschen Kaiser.)

Kurzer Ueberblick über die alte Geschichte.

Geschichte der Deutschen.

Alte Geschichte.

Von 113 v. Chr. bis 843 nach Chr.

Druck von Rud. Günther in Hof.